KB005635

재미있으면 절로 읽는다

책벌레 선생님의

행복한 책놀이

일러두기

1. 맞춤법에 어긋나는 문장은 『한글 맞춤법』(제2017-12호)에 따라 바로잡았으나, 아이들 글은 원문을 가능한 그대로 실었습니다.
2. 책놀이 참가자들의 글과 사진은 동의를 얻어 실었으나, 연락이 닿지 않아 동의를 구하지 못한 경우 ○○○과 같이 표기했습니다.

책벌레 선생님의

행복한 책놀이

권일한 지음

추억은
우리가 먹고 입고 살아가는 기준을 만든다.

책으로 추억을 누리며 자란 아이는
기쁠 때 책으로 축하하고
슬플 때 책으로 견디며
풀리지 않는 문제를 만날 때 책에서 답을 찾는다.

책을 읽게 하는 최고의 비법은
책으로 놀고
책으로 먹고 마시며
책과 함께 시간을 보내는 것이다.
아이가 책을 읽게 하려면 책으로 추억을 선물하라.

들어가며

책은 거대하고 높은 벽이다. 부모는 아이가 벽을 오르기 원한다. 아이는 왜 올라가야 하는지 모른다. 벽 앞에 서면 답답하기만 하다. 재미있는 영상이 얼마나 많은데 하필 글씨 가득한 책이라니……. 벽을 오르고 싶은 마음도 없는데 자꾸 읽으라 하니, 책 읽기가 더 싫어진다. 재미라도 있다면 해볼 텐데. 재미나면 시키지 않아도 벽을 오른다. 아무리 꼬드겨도 거들떠보지 않던 아이가, 재미있으면 벽에 사다리를 세운다.

아이가 책 읽는 모습을 보려면 재미있게 해주어야 한다. 책이 장난감이나 친구처럼 좋아지면 저절로 책을 읽는다. 거실을 서재로 만들고, 독서 학원에 보내도 책을 싫어한다면 방법을 바꾸어야 한다. 사람들이 말하는 독서 비법이 아니라 책놀이터가 필요하다. 아이를 살살 꼬드겨서 책 가까이 데려가야 한다. 잠깐 꼬드기는 수고를 하면 아이가 책을 즐긴다.

어떻게 꼬드길까? 간단하다. 책으로 놀면 된다. 우리 반 아이들은 책을 좋아한다. 책놀이를 했더니 아이들이 도서관에 찾아왔다. 내가 없어도 자기들끼리 책놀이를 하며 놀았다. 밤새 책을 읽는 독서 행사를 했다. 책을 징그러운 곤충 보듯 하던 아이도 자정이 넘을 때까지 책을 읽었다. 독서 플래시몹을 했더니 책을 품에 안고 모여 행복하게 책을 읽었다. 책 내용을 알아볼 때도, 토의 활동도 놀이로 한다. 책을 읽고 나면 놀이가 더 재미있어서 아이들이 책을 읽는다.

다른 학교에 찾아가서도 놀았다. 한 학교에도 가고, 여러 학교가 모인 곳에도 가고, 중학교와 고등학교에 가서도 책놀이를 했다. 대학생, 학부모, 지역아동센터 아이들과 선생님, 교사 연수에서도 책으로 놀았다. 성별, 나이, 직업을 막론하고 책놀이를 하면 금방 친해졌다. 서로 친해지고 책과도 친해졌다. 책의 주제도 책놀이로 단번에 찾아냈다. 실컷 놀고 나서 책이 좋아졌다며 행복해했다. 도서관에서 책 읽는 아이들이 점점 많아졌다.

책 찾기 놀이, 밤샘독서, 독서 플래시몹, 미션 책놀이 같은 책놀이를 하면 아이들이 책을 읽는다. 아이들이 상품을 받는 대신 책놀이를 해 달라고 조른다. 이 모습이 좋아서 책놀이, 독서 행사, 독서 캠프를 계속했다. 아이들과 즐겁게 놀았던 활동, 아이들이 책을 좋아하게 만들었던 방법을 소개한다. 책으로 신나게 놀아보자.

차례

또 하자고 조르는 책놀이

해외에 갈 기회가 생기면 도서관이 있는지 알아봤다. 공공도서관, 대학도서관, 작가를 기념하는 도서관, 어린이도서관, 몇백 년이나 된 도서관, 최근에 만든 도서관을 찾아갔다. 서점을 만나면 빠지지 않고 들어갔다. 외국어를 몰라도 볼 게 많았다. 책 진열 방식, 서점 분위기, 드나드는 사람 수와 사람들의 특징을 살폈다. 도서관, 책마을, 서점을 수십 군데 다니면서 도서관에 대한 생각이 달라졌다.

독일의 울름(Ulm)중앙도서관이 가장 마음에 남았다. 한 층이 어린이도서관이다. 우리나라 도서관과 다르다. 공간만 보면 어린이도서관 같지 않다. 차가운 철제 책장에 바퀴를 달아서 손쉽게 움직인다. 책장을 한쪽으로 옮기면 한 층 전체 공간이 빈다. 이곳에서 무얼 할까? 우리나라 도서관에서는 강의를 위해 가구를 옮기겠지만 울름중앙도서관은 달랐다.

이쪽에서 두 아이가 그림책을 읽는다. 저쪽에서 엄마가 딸과 보드게임을 한다. 옆에 있는 엄마는 책을 읽어준다. 다른 쪽 구석에서는 여러 명이 같이 이야기를 듣는다. 책장 사이에 난 작은 공간마다 아이들이 무언가 한다. 공중에는 아이들 그림이 걸렸다. 연등 같은 작품도 매달려 있다. 철제 책상은 희미해지고, 아이들이 돋보인다. '아~! 도서관이 이래야 하는구나! 좋은 디자인, 멋진 책장과 가구보다 편안하게 노는 분위기가 더 아름답구나!' 생각하게 만드는 도서관이었다.

스마트폰을 보는 아이가 없다. 만화책을 보는 아이도 없다. 책을 보고, 책을 만지고, 책으로 노는 아이들만 있었다. 아름답다. 우리 아이들이 만화책과 스마트폰을 내려놓고 책으로 놀면 좋겠다고 생각했다. 책 읽으면 좋다는 말만 하지 말고 아이들을 도서관에 데려가서 놀아주고 싶었다. 책을 좋아하지 않는 아이도 책을 만지며 노는 방법이 없을까?

그래서 책놀이를 만들었다. 2014년에 책놀이를 시작했다. 아이들이 참 좋아했다. 책놀이에 몇 가지를 더해 독서 캠프를 했다. 새 학기가 시작되면 아이들이 독서 캠프 언제 하느냐고 물었다. 책놀이를 또 하자고 졸랐다. 2017년부터 책놀이를 수업 시간에 활용했다. 그러자 아이들이 자기들끼리 도서관에 모여 책놀이를 했다.

책놀이를 한 아이들은 즐겁게 책을 읽었다. 그래서 계속 책놀이를 했다. 아이들이 조를수록 책놀이도 풍성해졌다. 그 열매를 소개한다.

책놀이란?

1. 책이 재미없다는 아이를 꼬드기는 놀이
2. 독서 행사에 관심 없는 아이를 위한 놀이
3. 책놀이터로 오세요
4. 책놀이 전에 준비해요

1 책이 재미없다는 아이를 꼬드기는 놀이

책 읽는 아이가 귀하고 아름답다. 책을 읽고 토론하고 글을 쓰면 얼마나 좋을까! 어른들은 아이가 책을 읽기를 바란다. 독서와 토론을 중요하게 여긴다. 자신은 읽지 않아도 아이에겐 읽으라고 한다. 책 읽으라는 말이 잔소리로 들리게 자주 말한다. 학교에서도 독서 활동과 행사를 많이 한다. 그래도 책 읽는 아이가 많지 않다.

책은 영상매체보다 진행 속도가 느리다. 재미를 느끼려면 시간이 걸린다. 안타깝게도 아이가 책에 재미를 느끼기 전에 매체들이 먼저 마음을 사로잡아 버린다. 스마트폰이 독서와 글쓰기를 징그러운 벌레로 만든다. 토론은 엄두도 못 낸다. 독서, 글쓰기, 토론이 중요하다고 아무리 말해도 읽는 아이만 읽는다. 쳐다보지 않는 아이도 많다. 왜 누군 책을 좋아하고 누군 싫어할까?

나는 책벌레이다. 내 자녀는 책을 좋아한다. 독서반 아이들은 고등학생이 되어서도 꼬박꼬박 토론하러 왔다. 우리 반 아이들도 책을 점점 많이 읽게 됐다. 내 곁에는 TV, 인터넷보다 책이 더 재미있다고 말하는 아이가 많아졌다. 나는 억지로 시키지 않는다. 몇 아이만 좋아하는 독서퀴즈대회나 골든벨 대신 모두 즐거워하는 독서 활동을 한다. 맛있다는 집은 손님이 먼저 찾고, 좋아하는 일은 시키지 않아도 한다. 독서 활동도 마찬가지다.

새로운 단원을 시작할 때 책놀이를 했다. '가을' 단원이면 가을에 관한 책 찾기, 가을 열매 사진과 그림이 나오는 책 찾기 시합을 했다. 찾아온 책으로 커다랗게 가을 글씨를 만들고, 가을 내용이 나오는 책을 함께 읽었다. 책을 읽어 내야 할 대상이 아니라 갖고 노는 도구로 바꿔주었다. 꼼짝 않고 앉아 책을 읽는 대신, 도서관에서 책으로 놀았다. 책을 읽어야 한다는 부담감이 사라지면서 자연스럽게 책과 친해지길 바랐다.

어느 날 쉬는 시간에 교무실에 갔다 오니 교실에 아이들이 하나도 없었다. 아이들이 모두 도서관에서 논다. 뭐 하는지 물었더니 책놀이가 너무 재미있어서 책놀이 한다고 대답했다. 아이들이 도서관을 책으로 노는 곳으로 생각해서 참 좋았다. 도서관에서 책을 찾고, 만지고, 쌓고, 친구들과 어울려 노는 모습이

예뻤다. 우리반 아이들에게 도서관은 놀이터나 다름없었다.

아이들은 성공의 비법이 아니라 즐거움을 따라간다. 책을 좋아하려면 즐겁게 해주어야 한다. 책이 부담스러운 상대가 아니라 재미있는 친구여야 한다. 책 읽는 즐거움을 느끼기 전에 책 읽으라는 잔소리에 지치면 읽지 않는다. 책을 읽지 않고도 편안하게 즐기는 독서 활동을 하면 책을 읽는다. 그래서 책으로 즐겁게 노는 방법을 고민했다. 아이들이 재미있게 놀면서 책과 친해지게 하는 방법을 찾다가 '책놀이'를 만들었다.

전교생이 열 명인 산골 학교에서 처음 책놀이를 했다. 아이들이 책을 찾고 만지고 놀다가 책에 관심을 가졌다. 책놀이 또 하자고 졸랐다. 산골 아이들이 책을 좋아하는 모습을 보고 도시 학교 아이들을 불러 함께 독서 캠프를 했다. 도시 아이들도 좋아했다. 그때부터 이웃 학교에서, 교사 연수와 학부모 연수에서 책놀이를 했다. 놀이하는 내내 행복했다.

오랫동안 책과 가까이 지냈다. 처음에는 내가 책을 읽었지만 점점 책이 나를 끌어당겼다. 읽고 또 읽다가 책이 없으면 옴짝달싹 못 하는 책의 포로가 되었다. 블랙홀을 만난 듯 책에 빨려들어 과자나 라면 같은 상품 포장지에 쓰인 글까지 모두 읽는 글자중독자가 되었다. 다달이 천 쪽씩 읽다가 이천, 삼천 쪽을 넘었고 한동안은 해마다 오만 쪽씩 읽었다. 책이 나를 읽고, 내가 책을 읽는 책벌레가 되었다.

책을 많이 읽을수록 사람을 멀리하고 책에 갇혀 살 위험이 커졌다. 다달이 천 쪽 정도 읽을 때는 읽기만 했다. 이천 쪽씩 읽을 때는 책 읽지 않는 교사와 학부모를 무시하고 혼자 책 읽기를 즐기는 외톨이가 됐다. 책을 읽는 건 좋지만, 자신을 내세우게 만드는 책 읽기는 위험하다. 이걸 알면서도 나를 돌아보지 못했다는 걸 나중에 알았다.

몇 명만 상을 받고 대다수가 책을 싫어하게 만드는 독서 활동이 싫어졌다. 그제야 책 잘 읽는 소수의 아이들을 응원하는 독서교육을 바꿔야겠다는 생각이 들었다. 삼천 쪽씩 읽으면서 이 좋은 책을 아이들도 좋아하게 만들고 싶었다. 몇 아이만 박수받는 독서퀴즈 대회가 싫어 거꾸로 퀴즈를 만들었다. 아이들 스스로 난이도를 조절하는 퀴즈대회를 운영했다. 공장에서 찍어낸 듯 똑같은 독서감상문에서 벗어나게 하려고 거지 독서감상문, 군대 독서감상문, 비빔밥 독서감상문 이야기를 만들었다. 수박 겉핥기로 읽는 게 안타까워 책을 먹고 입고 씹어 삼키는 독서 캠프를 했다. 책을 찾고, 책에 나오는 음식을 해 먹고, 등장인물과 함께 놀았다. 아이들이 즐거워했다.

책을 많이 읽고도 편협한 사람이 있다. 세상 지식을 다 아는 듯, 자기 뜻을 내세운다. 처음엔 해박한 지식에 놀라지만 나중에는 책을 읽고도 편협한 태도에 놀라게 만드는 사람이다. 함께하지 못하면 사람을 살리지 못한다. 자기 안에 갇혀 편협한 외골수로 살아간다. 나는 아이들 덕분에 외골수가 되지 않았다.

아이들과 책을 붙들고 놀면서 내가 달라졌다. 독서 활동을 새롭게 바꾸기도 했지만 책을 보는 눈, 책을 대하는 태도가 달라졌다. 책 읽기가 새로워지고 풍성해졌다. 뛰어난 몇 명을 가려내는 활동이 줄어들자 참여하는 아이들이 많아졌다. 책을 읽지 않아도 되는 독서 활동을 하고는 책을 읽고 싶다고 했다. 며칠 동안이나 책 이야기를 하는 활동을 해도 아이들이 좋아한다. 일회성 행사에서 느끼지 못한 만족감을 알게 됐나 보다.

새로운 학기가 시작되면 아이들이 밤샘독서 언제 하는지 묻는다. 도농교류 독서 캠프는 제비뽑기를 해야 할 정도로 참가자가 많아졌다. 아이들이 책놀이하자고 조른다. 공부를 모두 책놀이로 하자고 한다. 학급 활동으로 시상할 때 상품으로 책놀이를 해달라고 한다. 그 과목을 좋아하는 아이는 물론, 싫어하던 아이도 책놀이로 수업하자고 조른다. 책놀이 덕분이다.

"선생님, 언제 또 도서관에 가나요?"
책놀이를 하면 도서관에 가고 싶어진다

아이들은 도서관을 조용한 곳으로 생각한다. 활발한 아이는 운동장으로, 조용한 아이는 도서관으로 가야 할 것 같다. 활발한 아이뿐만 아니라 장난꾸러기도 책을 읽게 하려고 도서관 수업을 한다. 하지만 잠시뿐이다. 예절을 먼저 가르치기 때문이다. 주로 하지 말라는 내용이다. "떠들지 마라, 의자를 시끄럽게 빼지 마라, 책장 사이에 앉지 마라, 장난치지 마라…" 이런 말을 들으면 도서관에 가기 싫어진다.

남자 중고등학교 도서관은 인적이 드물다. 단골손님 몇 명만 다닌다. 한 남자 중학교에서 책 다섯 권을 가장 높이 쌓는 이벤트를 했다. 그러자 도서관에 오지 않던 아이들이 책을 쌓으러 왔다. 책만 쌓고 가는 아이가 많지만 그렇게라도 온 학생은 또 올 마음이 생긴다. 도서관에서 책놀이를 하면 도서관에 가자고 조른다.

"저번에 보던 책이네! 그 책은 저기 있지 않았어?"
책으로 놀면 책과 친해진다

다른 나라를 여행하면 낯선 음식을 만난다. 이름을 들었던 음식은 친근감이 간다. 인도에서는 카레와 탄두리치킨을, 영국에서는 피시앤칩스를, 이탈리아에서는 피자와 스파게티를 먹는다. 생소한 이름의 음식, 낯선 모양의 음식은 선뜻 먹기 어렵다. 자주 보거나 들어서 익숙해져야 손이 가기 마련이다.

책놀이를 하면서 책을 찾아다니면 자연스럽게 어디에 어떤 책이 있는지 안다. 책장 가득 꽂힌 책에서 한 권을 빼내는 재미를 느낀다. 조각을 맞추며 책 표지를 찾아다니고, '책 읽자' 놀이를 하면서 책 표지를 자주 보면 익숙해진다. 모둠 친구와 같이 찾은 책, 책놀이 하면서 본 책은 눈에 띈다. 책을 자주 보면 친근해진다. 그러면 읽고 싶은 마음이 커진다.

"이 책 정말 좋아요. 열 번 읽었어요."
책놀이를 하면 '한 권'을 만난다

도서관에 좋은 책이 많아도 모르는 사람 눈에는 한 권씩 들어오지 않는다. 책들이 부담스러운 덩어리로 다가온다. 조지 오웰은 헌책방에서 책을 한 권씩 찾을 때마다 기뻐했다. 서점에 취직한 뒤에는 책이 덩어리로 보여, 읽고 싶은 마음이 사라졌다고 했다. 한 권씩 보여주어야 아이들이 책을 읽는다.

거실에 책장을 만들고 책을 꽂아두어도 책을 읽지 않는 아이가 많다. 책장에 가득 꽂힌 책이 자녀에게는 그냥 벽지처럼 보인다. 읽고 싶은 마음이 나지 않는 덩어리이다. 줄줄이 꽂힌 책 중에 눈에 띄는 한 권이 있어야 아이가 책을 읽는다. 아이가 책을 읽게 하려면 아이가 읽고 싶어 할 책 한 권을 꾸준히 소개하면 된다. 이걸 잘하는 교사나 부모를 만난 아이는 책을 읽는다.

책을 만져보고 책 제목을 훑어보면 읽고 싶은 책이 생긴다. 특히 앞으로 소개할 '세 가지 낱말로 책을 찾아내기', '책에 나온 낱말에 해당하는 물건 가져오기', '자신을 나타내는 책 가져오기' 등을 하면 읽고 싶은 마음이 생긴다. 책놀이는 '한 권'을 보여준다.

"이건 과학 종류잖아. 저쪽 400번에 가야지!"
책놀이를 하면 도서관 어디에 어떤 책이 있는지 안다

호랑이 그림이 가장 많이 나오는 책을 찾아 오는 놀이를 했다. 책 많이 읽은 아이들이 도서 분류기호 400(과학) 책장에서 동물 관련 책을 찾았다. 동물이나 식물 이름 찾기를 하면 과학 책장에 갔다. 역사 인물을 찾을 때는 도서 분류기호 900(역사), 나라 이름은 300(사회)과 900에서 찾았다. 책놀이를 자주 하면 도서관 어디에 어떤 책이 있는지 자연스럽게 알게 된다. 그러면 책이 필요할 때 도서관에 찾아간다. 원하는 책을 쉽게 찾으면 만족감이 생긴다. 또 도서관에 가고 싶어진다. 이처럼 책놀이는 책을 찾아보게 만든다.

지역아동센터 선생님 쉰다섯 명과 책놀이 연수를 했다. 한 분이 연수 후기에 책도 놀이가 될 수 있다는 행복함을 갖고 간다고 쓰셨다. 다른 분은 책놀이 활동을 통해 책이 장식품이 아닌 의미 있는 대상으로 다가왔다고 했다.

얼른 돌아가서 아이들과 책놀이를 해 보고 싶다고 했다. 책놀이를 직접 해 보면 아이들이 이렇게 말하는 소리를 들을 수 있다.

4 책놀이 전에 준비해요

책놀이는 참가자들이 경쟁하면서 책을 찾는 활동이다. 책놀이 전에 미리 준비해야 할 내용을 알아보자.

참가자

글자를 알면 누구나 할 수 있다. 나이 차가 나도 즐겁게 논다. 부모와 자녀가, 저학년과 고학년이 함께한다. 독서 캠프에서 처음 만난 사람들과도 한다. 처음 만나는 사람도 책놀이를 하면 금방 친해진다. 다만 나이 차이가 큰 사람들이 모이거나 글자를 읽지 못하는 유아들만 있을 때는 간단한 놀이만 할 수 있다. 복잡한 놀이를 하려면 글자를 알고 수준이 비슷한 사람이 모여야 한다. 적으면 다섯 명에서 많으면 마흔 명까지 모였을 때 놀이가 가능하며, 스무 명에서 스물다섯 명 정도 모였을 때가 놀이하기에 가장 좋다.

시간

책놀이 종류에 따라 놀이 시간이 달라진다. 학교 수업 시간에는 40분 정도 한다. 새로운 친구를 사귀는 자리이거나 독서 캠프 같은 특별 활동을 할 때는 한두 시간 한다. 지역아동센터 아이들과 책놀이를 했을 때 세 시간을 놀고도 아이들이 더 하자고 졸랐다. 정말 책을 싫어하는 아이들이라면 책을 좋아할 때까지 며칠이라도 책으로 놀아 줄 필요가 있다.

활동

책놀이에는 두 가지 활동이 있다. 하나는 진행자가 제시한 책을 가장 빨리 찾아 오는 활동이다. 예를 들어, 동물 이름이 들어가는 책 빨리 찾아 오기 같은 놀이다. 또 하나는 정해진 시간 동안 알맞은 책을 가져오는 활동과 가져온 책을 응용하는 활동이다. 3분 동안 교장 선생님이 좋아할 책 찾아 오기 같은 놀이를 예로 들 수 있다. 응용 활동은 따로 소개하겠다.

장소

책놀이를 하려면 책이 많이 필요하다. 도서관이 가장 좋다. 책이 있다면 어디라도 좋다. 교실이나 가정집에서도 했다. 책이 없는 곳에서는 참가자들이 열 권씩 책을 가져와서 했다. 책을 찾으러 다녀야 하므로 공간이 넉넉할수록 좋다.

준비물

칠판과 필기구(점수 기록), 시계(시간 재기), 줄자(일정한 높이로 책 쌓기), 저울(책 무게 재기), 활동에 필요한 사람(교장 선생님이 좋아하는 책 찾기를 한다면 교장 선생님), 스마트폰(영상통화로 책을 골라 달라고 할 경우), 책상과 의자, 필기구, 화이트보드(모둠용), 붙임쪽지, 필요에 따라 학습지 형식의 종이

규칙

(가) 한 가지 놀이를 마칠 때마다 가져왔던 책을 제자리에 갖다 두어야 한다. 새 주제로 놀이를 시작하기 전에 책을 제자리에 두지 않으면 정리하기 힘들어진다. 책 정리가 힘들면 책놀이가 하기 싫어진다. 그래서 책놀이를 하기 전에 아이들에게 책을 어디에서 가져왔는지 기억하라고 했다. 다음 책을 가지러 갈 때 이전 놀이에 사용한 책을 제자리에 갖다 두라고 강조했다.

(나) 책을 찾으러 다니면서 다른 참가자와 부딪치면 안 된다. 아이들이 뛰어다니다가 사고가 나지 않게 하려고 강조한다.

(다) 정해진 시간 동안 책을 찾아 오는 활동은 끝나기 30초 전과 20초 전에 "30초 전입니다."와 같이 남은 시간을 알려주고 10초 전부터는 카운트다운을 해준다.

점수 계산

책놀이는 모둠별 활동으로 점수를 준다. 진행자가 제시한 조건에 맞는 책을 찾으면 1점, 다른 모둠 친구들이 낸 문제를 맞히면 1점, 보너스 규칙에 맞게 문제를 내면 1점을 받는다. 난도가 높으면 2점을 준다. 활동이 끝난 뒤에 사탕이나 아이스크림을 나눠준다. 같은 종류의 상품을 참가자 모두 갖게 하면 지나친 경쟁심을 갖지 않는다. 1등에겐 상품을 먼저 고르는 혜택을 준다. 경쟁심이 지나친 아이들과 놀이할 때는 합계 점수를 계산하지 않는다. 놀이 끝날 때마다 '와!' 하며 기분만 내고 누적 점수를 쓰지 않으면 잠깐 이긴 기쁨을 맛보고 지나간다. 누가 몇 번 이겼는지 따지기도 하지만 선생님이 우승자를 가리지 않기 때문에 금방 괜찮아진다.

㉮ 책을 가장 빨리 가져오는 모둠이 점수를 받는다.

진행자가 제시하는 내용에 해당하는 책을 가장 빨리 가져오는 모둠에 1점을 준다. 참가 모둠이 많으면 두세 팀 또는 전체 모둠의 절반 정도에 점수를 준다. 그러나 경쟁심 때문에 아이들이 뛰거나 다투기 쉽다. 점수를 받기 위해 책을 함부로 다루거나 대충 보는 단점도 있다. 그래서 이 방법은 책놀이 시작할 때 흥미를 돋우기 위해 한두 가지만 한다.

㉯ 정해진 시간 동안 책을 찾아 오면 점수를 받는다.

진행자가 제시한 내용에 해당하는 책을 정해진 시간 동안 가져오는 모든 모둠에 점수를 준다. 시간 싸움이라 경쟁하는 활동보다 좋다.

㉰ 모둠에서 문제를 만들고 다른 모둠과 시합해서 점수를 받는다.

서로에게 문제를 내고 맞히는 활동이다. 다른 모둠이 낸 문제의 답을 찾아내면 1점을 받는다. 이때 문제를 낸 모둠도 자기들이 낸 문제를 몇 모둠이 맞히는지에 따라 점수를 받기도 하고 받지 못하기도 한다. 다른 모둠이 정답을 모두 맞히면 문제를 너무 쉽게 내서 점수를 받지 못한다. 반대로 아무도 맞히지 못하면 문제를 너무 어렵게 냈기 때문에 점수를 받지 못한다. 모두 문제를 맞히거나 틀린 경우가 아니면 문제를 낸 모둠도 1점을 받는다.

1등이나 2등 모둠이 문제를 낼 때 다른 모둠 친구들이 다 같이 틀리자고 작전을 짜도 되는지 묻는다. 1등 모둠이 낸 문제를 다 틀리면 1등 모둠이 보너스를 받지 못한다. 좋은 작전이다. "정답을 말하면 안 된다. 정답을 말하지 않으면 작전을 짜도 된다. 다만, 다 틀리자고 해놓고 누군가 정답을 써서 점수를 얻어도 비난하면 안 된다. 이건 속임수가 아니라 전략이다."라고 말한다. 그럼 서로 견제하면서 재미나게 활동한다. 혹시 누군가 실수로 정답을 말하면 그 모둠을 제외한 모둠 모두 답을 써서 공개한다. 정답을 듣고 써도 점수를 받는다.

승부욕이 강해서 다른 팀을 망하게 하고 성실하게 참여한 팀을 무너뜨리려고 속인다면 못 하게 해야 한다. 내가 만나는 강원도 초등학생은 친구에게 상처 주는 말을 하지 않고 선을 지켰지만 학생들이 지나치게 행동한다면 못 하게 해야 한다. 하지 말라고 나무라기보다는 그런 전략을 쓰는 통로를 차단하는 게 낫다.

㉣ 정답을 모를 때 웃긴 답을 쓰면 0.1점을 준다. 0.1점이라고 아이들이 "애걔~" 한다. 그러면 "동점일 때 0.1점을 더 받은 모둠이 이긴다. 정답을 모르는데 0.1점이라도 받는 게 낫지 않니?"라고 하면 웃긴 답을 쓴다. 그런 답은 분위기를 좋게 만든다. 그 외 다른 방법으로 점수를 주어도 좋다. 다만 반드시 일관성 있게 적용해야 한다.

여섯 가지 책놀이 활동

1. 모둠 만들기
2. 사람책 읽기
3. 땡땡책을 찾아라 — 주제 편
4. 땡땡책을 찾아라 — 사람 편
5. 책 읽고 싶게 만드는 퀴즈 놀이
6. 몸으로 느끼는 책놀이

1 모둠 만들기

책놀이는 모둠이 경쟁하며 즐기는 놀이다. 한 모둠에 모둠원이 네 명 이하이고 총 모둠이 여덟 개를 넘지 않아야 재미있다. 모둠원이 다섯 명을 넘으면 의논하기 어렵고, 전체 모둠이 여덟 개를 넘으면 진행하기 힘들다. 또한 모둠이 네 개는 되어야 재미있다.

함께 나눌 책을 정했을 때 모둠 만들기

'깊이 읽는 맛'을 느끼려면 '함께 나눌 책'(보통 '대상 도서'라고 말한다)을 한 권 정해야 한다. 대상 도서를 정한 뒤에 작가의 다른 책, 주제가 비슷한 책, 출판사에서 같은 시리즈로 낸 책, 제목이 비슷한 책 등을 활용해서 모둠을 만든다. 책에 나오는 인물과 내용, 삽화를 활용해도 좋다. 모둠은 아이들이 놀이를 하면서 스스로 정한다. 놀이라서 재미있고 책에 관심도 높아지기 때문이다.

㉮ 책 표지로 모둠 만들기

네 명씩 다섯 모둠으로 전체 스무 명이 책놀이를 한다고 가정한다. 『마당을 나온 암탉』으로 독서 캠프를 한다면 ❶저자인 황선미 작가가 쓴 책들을 검색한다. ❷그중 모둠 수만큼 『나쁜 어린이 표』 『칠성이』 『뒤뜰에 골칫거리가 산다』 『건방진 장루이와 68일』 『과수원을 점령하라』 다섯 권을 골라 ❸표지를 흑백으로 인쇄한다. (흑백으로 인쇄하지 않으면 표지 모양이 아니라 색깔만 보기 때문이다.) A4 또는 A5 크기가 좋다. ❹각 표지를 네 조각으로 잘라 전체 스무 조각을 만든다. ❺한 조각씩 나눠주고 같은 표지 조각을 가진 사람을 찾아 표지 그림을 완성한다. ❻모둠 소개할 때 어떤 책인지 소개한다.

『빨강 연필』을 쓴 신수현 작가는 출간한 책이 많지 않다. 그래서 '연필'을 제목으로 쓴 다른 작가의 책을 검색했다. 『몽당연필도 주소가 있다』 『요술 연필 페니』 『검정 연필 선생님』 『연필을 잡으면 그리고 싶어요』 『알고 보니 연필이 깜장 괴물이라고?』로 모둠을 만들었다.

표지를 흑백으로 인쇄한 뒤 네 조각으로 자른다.
같은 방식으로 책 표지 여러 권을 사람 수만큼 준비하면 된다.

㉯ 대상 도서에 나온 삽화로 모둠 만들기

대상 도서의 삽화를 모둠 수만큼 준비해서 참가자 수에 알맞게 잘라 그림 맞추기를 한다. 예를 들어 네 명씩 다섯 모둠을 만든다면 삽화 다섯 개를 골라 네 조각으로 잘라 사용한다. 대상 도서에 나온 동물, 나무, 꽃, 열매, 장소, 어떤 삽화든 사용해도 된다.

㉰ 등장인물과 관련된 정보를 모아서 모둠 만들기

❶『바보 온달』에 나오는 등장인물을 모둠 수만큼 정한다. (다섯 개의 모둠이라면) 온달, 평강, 고승장군, 임금, 바우 다섯 명을 고른다. ❷각 인물과 관련된 낱말이나 사건을 아래 놀이 조각처럼 각각 네 개씩 정한다. ❸같은 크기로 인쇄하고 잘라 한 조각씩 나눠준다. ❹자신이 가진 조각과 같은 등장인물 설명을 찾아 모둠을 만든다.

놀이 조각

돌 던지는 아이	바우의 친구	고승장군에게 맞음	아차산성에서 죽음
어린 영혼이 변신함	온달과 결혼	온달을 가르친 걸 후회함	고승장군이 좋아한 사람
창피한 일이야	채찍으로 온달을 때림	바우에게 활을 쏨	평강과 결혼하고 싶어 함
별을 찾으러 온 온달을 만남	평강에게 온달 이야기를 함	사냥대회를 엶	호랑이에게 죽을 뻔함
온달 덕분에 살아남	고승에게 활을 맞음	온달과 친한 친구	온달과 같이 죽음

첫 줄은 온달, 둘째 줄은 평강, 셋째 줄은 고승장군, 넷째 줄은 임금, 마지막 줄은 바우에 대한 설명이다.

㉣ 대상 도서에 나오는 문장으로 모둠 만들기

『꼴뚜기』에는 단편소설 여섯 편이 들어있다. 열여덟 명과 독서 활동을 하기 위해 ❶각 단편소설에서 문장을 세 개씩 골랐다. ❷한 문장씩 잘라 열여덟 명에게 나눠줬다. ❸같은 단편소설에 나온 문장을 가진 아이들이 한 모둠이 된다.

첫 번째 단편 **「꼴뚜기」** : 책에 나오는 속담	어물전 망신은 꼴뚜기가 시킨다. 아니 땐 굴뚝에 연기 날까. 돌다리도 두들겨 보고 건너라.
두 번째 단편 **「인생 최대의 위기」** : 책 제목	너는 공부해라 나는 글쓰기로 대학 간다. 억지로 공부해서 망치는 아이 달달 볶는 부모가 아이를 망친다.
세 번째 단편 **「사랑 사랑 누가 말했나」** : 데이트와 관련된 내용	서로 빨리 친해지려면 무조건 같이 공포 영화를 봐야 한다. 첫 선물은 무조건 꽃이지. 왜 날짜까지 세어 가면서 자꾸 확인하려 드는데?
네 번째 단편 **「축구공을 지켜라」** : 구주호의 마음을 나타낸 표현	설상가상으로 자블라니가 노범재 손바닥 위에서 뱅글뱅글 맴을 돌고 있었다. 개개면 개갤수록 인생은 자꾸만 더 피곤해진다는 사실 피날레에 대한 미련이 아직 다 사라진 건 아니었다.
다섯 번째 단편 **「뛰어 봤자 벼룩」** : 좋은 표현	한겨울 빈 들판 같던 길이찬네 좌판에도 꽃 피고 새 우는 봄날이 찾아왔다. 같은 값이면 다홍치마라고 부럽다 못해 맥이 쑥 빠지는 기분이었다.
여섯 번째 단편 **「오! 특별 수업」** : 진딧물을 없애는 방법	식초 섞은 물을 온 텃밭에 뿌려 주기도 하고 담배꽁초를 물에 담가 두었다가 그 물로 이파리를 닦아 주기도 하고 요구르트를 바르면 낫는다고 해서 … 분무기에 담아 찍찍 쏘아 주기까지 했다.

함께 읽을 책이 없을 때 모둠 만들기

함께 읽을 책 없이 책놀이를 할 때에도 책 표지를 활용한다. 아이들에게 소개하고 싶은 책, 알려주고 싶은 책 표지를 인쇄해서 참가자 수에 맞게 잘라 모둠을 만든다.

㉮ 권해주고 싶은 책으로 모둠 만들기

학급 권장도서나 필독서처럼 권해주고 싶은 책 표지를 인쇄해서 참가자 수만큼 잘라 나눠주고 모둠을 만든다. 곧 현장학습을 간다면 해당 지역에 대한 책이나 해당 지역과 관련된 작가의 책을 활용한다. 소개하고 싶은 작가의 책이나 영화로 나온 책도 좋다. 나는 뉴베리 수상 작품을 자주 소개했다.

㉯ 우리 고장과 관련된 책으로 모둠 만들기

삼척 지역 연합 독서 캠프를 할 때 삼척에 근무하는 선생님들(이민혜 선생님 동화 세 권, 이무완 선생님 동시집과 교단일기 두 권, 내가 쓴 책 두 권)이 쓴 책 표지를 인쇄해서 모둠을 만들었다. 자신이 사는 지역의 작가는 아이들이 더 좋아한다.

㉰ '책 읽자' 놀이로 모둠 만들기

아이들은 주로 친한 친구와 끼리끼리 앉는다. 책 표지나 문장으로 모둠 만들기를 할 때 선생님 몰래 조각을 바꿔서 자기들끼리 앉기도 한다. 이때 앉은 자리에서 '책 읽자' 놀이를 하면 자연스럽게 다른 친구와 섞인다.

'책 읽자' 놀이는 책 표지를 코팅해서 만든 카드로 논다. 북딩고, 책딩고, 책빙고 등의 이름으로 알려졌다. 이런 이름들이 무엇을 나타내는지 명확하지 않아 나는 '책 읽자' 놀이라고 부른다. 놀면서 계속 책 읽자고 외치면 책 읽을 마음이 생기리라고 생각했기 때문이다.

❶먼저 놀이에 사용할 카드를 만든다. 특정 저자의 책, 아이에게 소개하고 싶은 책 등을 다섯 종류 이상 골라 책 표지를 인쇄한다. 참가자가 많으면 책 종류도 많아진다. 권정생 선생님 책으로 독서 캠프를 한다면 참가자

들에게 소개하고 싶은 권정생 선생님 책을 고른다. 『강아지똥』 『오소리네 집 꽃밭』 『몽실 언니』 『엄마 까투리』 『랑랑별 때때롱』 표지 그림을 인쇄해서 카드를 만든다. (명함이나 신분증용 코팅용지 중에서 손에 쥐기 편한 크기로 사서 크기에 맞게 인쇄한다. 인쇄한 종이 뒷면은 모두 똑같은 그림이나 사진을 사용해야 한다. 뒤집었을 때 책 표지가 비쳐 보이지 않아야 하기 때문이다.)

❷코팅한 카드를 각자 다섯 장씩 나눠 가진다. (스무 명이면 다섯 종류의 책 표지를 스무 장씩 100장 준비하거나 열 종류의 책 표지를 열 장씩 100장 준비한다.) 아이들이 그린 독서 감상화나 미술 작품으로 카드를 만들어도 되지만 책에 관심을 가지게 하려는 의도에 가장 맞는 그림은 책 표지이다.

❸모두 똑같거나 모두 다른 카드 다섯 장을 먼저 모으면 이긴다. 진행 자가 처음 놀이를 시작할 때 "똑같은 카드 다섯 장 모으기" 또는 "다른 카드 다섯 장 모으기"라고 규칙을 정해주면, 참가자는 같은 카드나 다른 카드를 모아야 한다. 처음 받은 카드가 모두 같거나 달라서 규칙에 딱 맞아도 곧바로 끝내지는 못한다. 적어도 한 번은 카드를 옆 사람에게 넘긴 뒤에 놀이를 끝낼 수 있다. 참가자가 네 명 이하이면 놀이가 빨리 끝난다.

'책 읽자' 놀이 방법은 다음과 같다.

① 마주 보고 동그랗게 앉는다.

② '책 읽자' 카드를 뒤집어 섞어놓고 각자 다섯 장씩 가진다. (이때 바닥에 남는 카드가 없어야 한다.)

③ 진행자가 "똑같은 카드 다섯 장 모으기" 또는 "다른 카드 다섯 장 모으기"라고 규칙을 정해준다.

④ 규칙에 맞는 카드는 계속 갖고, 필요 없는 카드를 오른쪽 사람에게 넘긴다. 모둠 친구들이 "책, 읽, 자"라고 말하며 동시에 카드를 옆으로 보낸다. (이때 카드가 보이지 않도록 뒤집어서 주어야 한다.) 한 장을 오른쪽 사람에게 보내고 왼쪽 사람이 준 카드를 받는다. 모두 똑같은 카드나 다른 카드를 모을 때까지 계속한다. 책, 읽, 자! (카드 넘기고 받기) — 책, 읽, 자! (카드 넘기고 받기) — 책, 읽, 자! (카드 넘기고 받기) ……

⑤ 규칙에 맞게 카드를 다 모은 사람은 "책 읽자!"라고 외치면서 손을 책상 위에 댄다. 그러면 참가자들이 놀이를 멈추고 앞서 외친 사람 손 위에

한 손을 올려놓는다. 마지막으로 손을 올려놓는 사람이 진다. 운동장에서 놀이할 때에는 "책 읽자"라고 외치는 사람이 운동장을 가로질러 철봉에 손을 대면 다음 사람도 따라가서 손을 올려놓아야 한다. 만약 두 아이가 동시에 카드를 모은 경우 먼저 "책 읽자" 외치는 사람이 이긴다. 한 아이가 멀리 있는 곳에 손을 대려고 달리는 동안 다른 아이가 먼저 "책 읽자"를 외치면 먼저 외친 아이 손에 자기 손을 얹어야 한다. 독서 캠프를 하다가 한 아이가 의자에 앉은 선생님 등에 손을 댔는데 선생님이 의자를 끌고 도망가는 바람에 아이들이 줄줄이 따라가서 모두 신나게 웃은 적이 있다.

⑥ 첫 번째 놀이가 끝나면 각 모둠에서 승자가 다음 놀이 진행자 역할을 맡는다.

이때부터 모둠마다 놀이 속도가 달라진다. 카드를 다시 섞어 각자 나눈 다음 진행자가 규칙을 정한다. 물론 진행자는 자기가 가진 카드를 보고 유리하게 규칙을 정한다. 몇 번 놀이를 한 뒤에 전체 진행자(주로 교사)가 "이번에는 1등(또는 꼴찌) 한 사람이 바로 옆 모둠으로 옮겨갈 거야. 계속 같은 자리에 있고 싶으면 어떻게 해야 할까? 다른 모둠으로 가고 싶으면 1등 해야겠지(또는 꼴찌 해야겠지). 작전 잘 짜서 놀아보자."라고 알려준다. 놀이가 끝나면 1등(또는 꼴찌)이 다음 모둠으로 옮긴다. 우리 모둠에서 나간 자리에는 다른 모둠에서 온 아이가 앉는다. 새로운 아이가 오면 서로 소개하고 다시 놀이를 한다. 자리를 옮겨도 각 모둠에 1등이 한 명씩 있으므로 그 아이가 진행한다.

시간을 정해놓고 '책 읽자' 놀이를 한 뒤에 마지막에 앉은 사람끼리 같은 모둠이 된다. 보통 30분 정도 놀이한다. 놀이가 끝나면 카드에 인쇄된 책 제목이 무엇인지 기억하는 시합을 한다. 모둠 친구들과 의논해서 카드에 있던 책 제목을 적는다. 다섯 권 모두 쓰면 2점, 네 권 쓰면 1점을 준다. 이렇게 하면 책 제목에 더 관심을 둔다.

모둠 이름 정하기

모둠 만들기에 사용한 그림 조각이나 문장 내용으로 모둠 이름을 만든다. 『알고 보니 연필이 깜장 괴물이라고?』 조각으로 모인 아이들이 '알괴(알고 보니 괴물)'라고 모둠 이름을 정했다. 이렇게 하면 쉽고 빠르게 이름을 정하고, 대상 도서와 관련된 책이나 내용에 관심을 갖는 장점도 있다.

다른 방법도 있다. 모둠이 세 명이면 세 글자, 네 명이면 네 글자 낱말로 모둠 이름을 만든다. 이때 누구나 아는 낱말을 정해야 한다. 그런 다음 모둠에서 정한 낱말의 각 글자가 책 제목에 들어 있는 책을 찾아 가져온다. 이름을 '스무고개'라고 정한 모둠에서 가져온 책 네 권을 보면, 『스탠리와 요술 램프』 『아주 무서운 날』 『지퍼가 고장났다』 『개똥도 아끼다, 자린고비 일기』로 제목에 각각 '스' '무' '고' '개'라는 글자가 들어있다.

모둠원들끼리 친해지기

㉮ 책 제목으로 낱말 퀴즈 하면서 친해지기

모둠 이름을 정하고 책을 가져와서 모둠 이름 맞히기 놀이를 한다. 한 모둠씩 낱말 순서대로 책을 들고 서면 다른 친구들이 모둠 이름을 알아내는 놀이다. 친구들이 보여주는 책 제목으로 세 글자(또는 네 글자) 이름을 찾아내서 화이트보드에 적는다. 모둠 이름을 맞히면 1점, 자기 모둠 이름을 다른 모둠이 맞히면 1점을 받는다. 단, 모두 맞히거나 모두 틀리면 너무 쉽거나 어렵게 냈으므로 문제를 낸 모둠이 점수를 받지 못한다.

다음 네 권을 고른 모둠의 이름은 무엇일까?*[1]

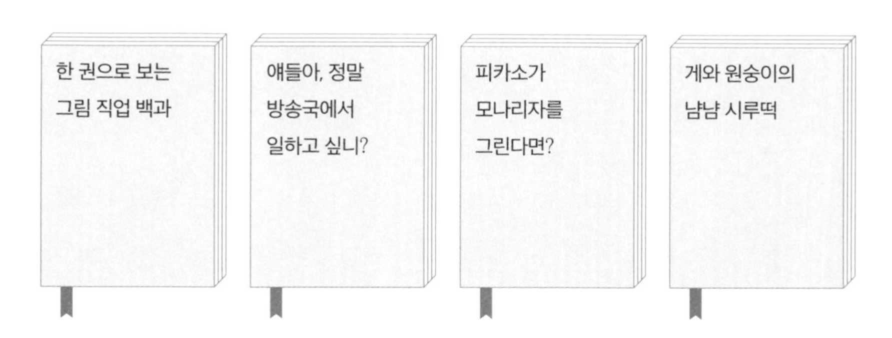

㊁ 하얀 거짓말 놀이로 친해지기

서로 잘 모르는 아이들이 만났다면 '하얀 거짓말' 놀이나 다른 책놀이를 해서 친해지게 도와준다.

하얀 거짓말 놀이는 이렇게 한다. ❶먼저 모둠 친구들이 자기 경험으로 다섯 가지 문장을 만든다. 그중에 하나는 거짓 내용이어야 한다. ❷문제를 모둠 친구들에게 소개하고 거짓인 문장을 찾게 한다. 예를 들어, 다음 중에서 내가 겪지 않은 일을 골라보자.

- 2017년에서 2019년까지 읽은 책이 500권 넘는다.
- 25년 동안 아이들과 문집을 7천 쪽 이상 만들었다.
- 아이들과 급식을 한 달 이상 학교 옥상에서 먹었다.
- 반 아이들과 토끼, 닭, 초파리, 사슴벌레, 햄스터를 키웠다.
- 현장학습 간 날 스케이트 타면서, 바이킹 타면서 책을 읽었다.

❸무엇이 거짓인지 찾고, 모둠 대표를 정한다. ❹모둠 대표가 문제를 내면 다른 모둠 친구들이 의논해서 정답을 찾는다. ❺화이트보드에 정답을 쓰고 어떤 모둠이 맞혔는지 확인한다. 다른 모둠의 문제에서 거짓을 찾아내려고 의논하면서 서로 친해진다.

*1 정답 : 과일가게(이 모둠은 문제를 어렵게 내려고 일부러 제목이 긴 책만 골랐다.)

2 사람책 읽기

사람들은 오랫동안 책이 저마다 다른 무게를 가졌다고 생각했다. 어떤 책은 좋고 어떤 책은 보통이라고 말했다. '서울대가 내놓은 백 권의 책', '대학 가기 전에 반드시 읽어야 할 책' 등의 이름을 내세웠다. 물론 그런 책도 있다. 어느 정도 수준에 오르면 읽어야 할 책이다. 그러나 아이에겐 이런 구분이 어울리지 않는다. 어른이 보기에 좋은 책은 아이에게 맞지 않고, 아이가 좋아하는 책은 부모가 탐탁지 않게 여기기도 한다.

책은 읽는 사람에 따라 가치가 달라진다. 누구에겐 좋은 책이 다른 사람에겐 별로이다. 같은 책도 어제는 별로였다가 오늘 좋아지기도 한다. 독자가 책을 찾는 듯 보이지만 책이 독자를 기다린다. 어떤 책을 어떻게 읽어야 하는지, 이 책은 누구에게 좋고 저 책은 어떻게 좋은지 찾아내는 안목이 필요하다.

사람도 책과 같다. 읽는 방법을 알면 모든 사람이 귀한 책이다. 하루하루 살면서 겪고 느끼는 이야기가 베스트셀러보다 더 귀하다. 상대의 이야기에서 가치를 찾아내고 배울 마음만 있다면 사람은 참 좋은 책이다. 세 사람이 가면 그중에 반드시 내 스승이 있다고 했다.*2 책을 사이에 두고 만나는 사람이라면 더욱 그렇다.

책놀이는 책과 사람을 연결한다. 자신을 나타내는 책을 찾아 소개하고, 친구에게 어울리는 책을 생각한다. 어떤 책이 친구를 나타내는지 퀴즈로 알아내기 때문에 재미있다. 관심사를 다룬 책이나 마음에 드는 책으로 자기를 소개하면서 책을 친구로 만든다. 아이와 책이 한 권씩 연결되는 걸 보면 기쁘다. 자기에게 맞는 책을 찾으면 다른 책보다 더 읽을 마음이 난다. 한 사람을 한 권과 연결해주어 책을 읽게 도와주는 책놀이를 소개한다.

*2 "三人行必有我師"『논어(論語)』의 「술이편(述而篇)」에 나오는 말이다.

사람책 읽기 — 나

자기를 나타내는 책을 찾는다. 저자나 번역자 이름이 자기 이름과 비슷한 책을 가져와도 되지만, 책 제목이나 표지 그림, 책 내용으로 자신을 설명할 수 있는 책이면 더 좋다. 자기가 좋아하는 내용, 평소에 관심 가진 내용을 다룬 책이 좋다.

모둠을 만든 뒤에 가장 먼저 이 놀이를 한다. 책놀이를 처음 하는 아이들은 『짜장 짬뽕 탕수육』처럼 좋아하는 음식이나 물건 이름의 책을 가져온다. 책놀이를 몇 번 하면 자기 특징을 잘 드러내는 책, 마음을 표현하는 책을 가져와 자기를 소개한다.

서로 다른 학교 아이들이 모여서 독서 캠프를 했을 때 한 모둠에서 네 가지 책을 가져왔다. 『봄 여름 가을 겨울 계절아, 사랑해!』를 가져온 아이는 표지 그림처럼 여름을 좋아한다고 했다. 스스로 바보 같다고 생각하는 아이가 『바보 빅터』를, 역사에 관심이 많은 아이가 『지식의 역사』를 가져왔다. 책 주인공 마틸다를 좋아하는 아이가 『마틸다』를 가져왔다. 책을 보여주며 자기를 소개해서 어색하지 않았다.

사람책 읽기 — 친구

자기소개 책을 가져온 뒤에 다른 모둠 친구가 어떤 책을 가져왔는지 알아내는 놀이를 한다. 이 놀이를 하려면 자기를 나타내는 책을 가져올 때 누가 어떤 책을 가져오는지 다른 모둠 친구들이 몰라야 한다. 가방에 담아오거나 옷으로 가려서 가져오라고 미리 알려준다. 그럼 보물을 가져오는 것처럼 감춰서 가져온다.

책을 눈으로만 찾은 뒤에, 모둠 친구들과 함께 책을 가져오는 방법도 있다. 모둠 친구들이 함께 다니며 책을 가져오면 누가 어떤 책을 골랐는지 모른다. 이때는 한 사람이 책을 꺼내야 한다. 가져온 뒤에도 책상 가운데에 쌓아두어 누가 어떤 책을 가져왔는지 모르게 해야 한다.

'사람책 읽기—친구' 놀이 방법은 다음과 같다.

① 각 모둠에서 한 사람만 자기 책을 갖고, 나머지 사람은 책을 서로 바꾸어 다른 사람 책을 갖는다.

② 먼저 문제 낼 모둠의 모둠원이 앞에 나와 각자 가진 책 표지를 보여준다. 다른 모둠 친구들은 앞에 선 아이와 책을 살펴보고 누가 진짜 자기소개 책을 가졌는지 의논한다.

③ 각 모둠에서 대표 한 사람씩 나와서 진짜 자기소개 책을 가졌다고 생각하는 친구 뒤에 선다. 한 친구 뒤에 모두 서기도 하고 서로 다른 친구 뒤에 서기도 한다.

놀이하기 전에 모둠원에게 1, 2, 3, 4번으로 미리 번호를 정하면 진행이 쉽다. 첫 모둠 문제를 맞힐 때는 "1번 친구가 나와 서세요."라고 말한다. 다음 문제에는 "2번 친구 차례입니다."라고 한다. 세 번째 문제를 맞힐 때는 "이제부터는 번호를 부르지 않습니다. 번호대로 돌아가면서 나오세요." 하면 알아서 나온다.

④ 모둠에서 한 명씩 나와 정답이라고 생각하는 사람 뒤에 서면 진행자가 "하나 둘 셋" 신호한다. 문제를 낸 아이 중에서 진짜 자기소개 책을 가진 친구만 그대로 서고 다른 아이들은 제자리에 앉는다. 그럼 정답 뒤에 선 아이들이 환호를 보낸다.

⑤ 올바로 선택한 모둠은 1점을 받는다. 한 모둠이라도 정답을 알아내면 책을 갖고 나온 모둠도 1점을 받는다. 아무도 알아내지 못한 경우나 모두 알아낸 경우에는 문제를 낸 모둠이 보너스 점수를 받지 못한다.

책 제목이나 표지 그림, 책 내용으로 자기 모둠을 소개하고, 다른 모둠 친구가 가져온 책을 맞히는 놀이를 할 수 있다.

⑥ 정답을 찾으러 나온 아이들이 들어간다. 문제를 낸 친구들이 자신을 나타내는 책을 들고 왜 그 책을 골랐는지 소개한다.

⑦ 다른 모둠이 나와서 계속 진행한다.

이 놀이를 하면 친구들이 어떤 책을 가져왔는지 찾으면서 서로 관심을 갖게 된다. 다음과 같이 다양하게 응용하여 진행해도 좋다.

응용 1 ❶모둠원 중 두 사람은 자기 책을 갖고, 나머지 모둠원은 다른 사람 책을 갖고 앞에 나온다. ❷다른 모둠 친구들은 앞에 나온 모둠에서 자기 책을 가진 두 사람을 찾는다. ❸각 모둠에서 두 사람이 나와(두 명을 맞혀야 하므로) 정답이라고 생각하는 사람 뒤에 선다. ❹둘을 동시에 맞히면 1점을 준다. (한 명에 1점씩 2점 주어도 괜찮다.)

응용 2 ❶모든 모둠원이 책을 무작위로 나눠서 들고 앞으로 나온다. ❷다른 모둠 친구들은 앞에 나온 아이들과 책을 모두 알맞게 연결한다. 사람과 책을 모두 정확하게 알아내면 2점, 두 사람 이상 알아내면 1점을 준다.

응용 3 모둠에서 각자 책을 소개하고 가장 재미있게 소개한 사람이 대표로 모둠 친구를 모두 소개한다. 퀴즈가 아니라 발표하는 방식이다.

응용 4 서로 잘 아는 친구들이 캠프를 한다면 친구에게 어울리는 책을 서로 골라준다. 두 사람이 짝을 지어 서로를 소개하는 책, 서로에게 어울리는 책을 가져와서 소개한다. 스스로 생각하는 자신과 친구가 바라보는 모습이 다르기도 하다는 사실을 알게 된다.

응용 5 모둠을 만들기 어려운 경우에는 두 사람이 서로 책을 소개하고, 책을 바꿔 다른 친구들에게 상대방을 소개한다.

응용 6 한 사람은 자신이 읽은 책을, 다른 사람은 읽지 않은 책을 가져온다. 누가 읽은 책을 가져왔는지 알아낸다. 또는 한 사람만 읽고 싶은 책을 가져오거나, 한 사람만 빼고 읽고 싶은 책을 가져와서 놀이한다.

위 경우에도 퀴즈놀이를 마친 뒤에 각자 책과 자신을 연결해서 소개한다. (단 응용 3은 퀴즈가 아니라 발표하는 방식이므로 제외)

책 없이 자기소개하기

책을 직접 가져오기 어려운 상황이라면 ❶우선 동그랗게 앉는다. ❷진행자가 자신을 나타내는 사실 한 가지를 말하면 ❸참가자들이 돌아가며 말하기로 자신을 소개한다. 처음에는 자기소개와 상관없는 간단한 내용으로 시작한다. 간단한 내용을 말하면서 참가자들이 편안해지면 점점 무거운 내용, 자신을 깊이 나타내는 내용을 말한다.

예를 들어 "나는 옥색을 좋아한다."라고 말하면 내 오른쪽에 앉은 아이가 "나는 초록을 좋아한다."라고 말한다. 돌아가면서 자기가 좋아하는 색을 말한 뒤에 차례가 되면 다시 "비가 많이 내리고 이삼일 뒤에 계곡물이 옥색이 된다. 나는 이 빛깔을 정말 좋아한다."라고 말하면 참가자들이 돌아가면서 앞서 소개한 색깔을 좋아하는 까닭을 말한다. 좋아하는 음식이나 물건을 더 말한 뒤에 "나는 남는 시간에 책을 읽는다."라고 말한다. 아이들도 돌아가며 "나는 남는 시간에~"라고 말하고 다시 내 차례가 오면 "나는 권일한이다. 독서 캠프 와서 기대가 많다."라고 말한다.

'색깔'은 대답하기 쉽고 부담이 없다. '남는 시간에 하는 일'은 조금 더 어려운 질문이다. 이 정도 말하면 독서 캠프에 온 소감을 편하게 말한다. 끝으로 "나는 『앵무새 죽이기』라는 책을 좋아한다."라고 말한다. 아이들도 자기가 좋아하는 책을 소개한다. 책을 좋아하는 아이들이 모였다면 쉽게 소개하고 다른 친구의 소개도 잘 듣는다. 책을 좋아하지 않는 아이들이 책이 없는 곳에서 해도 어려워하지 않는다.

도중에 참가자가 즐거워할 내용을 넣으면 좋다. 분위기가 좋으면 자기소개 놀이만 계속해도 좋다. '부모님이 내게 이렇게 해주면 좋겠다, 친구들이 나에게 이렇게 말하거나 행동할 때 마음이 아프다, 나는 어떤 일을 할 때 내가 귀한 사람이라고 느낀다……'를 나누기도 한다. 돌아가며 이야기하는 것만으로도 마음이 따뜻해지며 위로를 받는다.

교사와 학부모를 대상으로 도서관이 아닌 곳에서 연수할 때는 책을 한 권씩 가져오라고 요청했다. 자신을 나타내는 책, 가장 아끼는 책을 가져오라는 안내 문자를 받고 참석한 분들이 한참 고민했다고 한다. 처음 만난 사람들과 사람책 읽기 놀이를 하면서 어색함이 많이 줄었다고 했다. 자신을 책으로 소개하고,

다른 분이 좋아하는 책을 소개받으며 친밀함을 느끼기도 했다.

다른 사람 책 만나기

앞에서 한 활동을 다른 사람 대상으로 한다. 친구를 나타내는 책을 찾고, 친구에게 등장인물 이름으로 별칭을 지어준다. 친구를 생각해서 가져온 책을 친구가 좋아하는지, 동의하지 않는지 살펴보면 즐겁다. 물론 장난으로 친구의 마음을 상하게 하는 분위기가 되지 않게 해야 한다.

누군가에게 책 읽으라고 잔소리하면 속이 시원해진다. "부모님, 친구, 선생님에게 책 읽으라고 강요할 기회를 줄게. 한 사람을 정해서 그 사람에게 읽으라고 잔소리할 책을 골라 와라." 한다. 책을 찾아 오면 직접 잔소리할 기회를 준다. 그럼 잔소리하면서 즐겁게 책을 소개한다.

① 잔소리 들을 대상 한 명을 의논해서 정한다. 이 자리에 없는 사람도 된다. 다만 참가자 대부분이 아는 사람이어야 한다. 교장 선생님은 아이들이 다 알기 때문에 괜찮지만 친구들이 잘 모르는 누구 아빠는 안 된다. 참가자들이 모두 아는 아빠라면 괜찮다.

② ①에게 읽으라고 잔소리할 책을 찾는다.

③ 모둠별로 퀴즈를 한다. 한 모둠씩 앞으로 나와 책을 보여주면서 "이 책을 읽어야 하는 사람은 누구일까?"를 묻는다. 이때 난도에 따라 힌트를 한두 가지 준다. 전교생 60여 명인 시골 학교에서 이 활동을 하면서 '짝수 학년 학생/홀수 학년 학생/교직원' 중 하나로 힌트를 주게 했다. 시골 학교 아이들은 전교생과 교직원을 모두 잘 알기 때문에 이 정도 힌트만 줘도 누군지 알아냈다.

④ 다른 모둠은 친구들이 보여주는 책을 읽어야 하는 사람을 찾아낸다. 정답을 알아내면 1점, 문제를 낸 모둠도 누군가 정답을 맞히면 1점을 받는다. 모두 다 맞히거나 틀리면 점수를 받지 못한다.

아이들이 『엄마는 정말 내 말을 안 들어 줘!』를 소개하며 "이 사람은 우리 말을 너무 안 들어 이 책을 읽어야 한다."라고 소개했다. 책을 읽어야 할 대상은 담임 선생님이었다. 쉬는 시간에 놀고 싶은데 선생님이 계속 청소하라고 해서 골랐다고 했다. 다른 학생은 『배고픔이 없는 세상』을 소개하며 "이 사람은 너무 많이 먹어서 그만 먹으면 좋겠다."라고 문제를 냈다. 먹을 걸 좋아하는 아이가 누구인지 전교생이 다 아는 모양이다. 이구동성으로 한 아이 이름을 썼다.

밤샘독서를 마치며 6학년 아이가 "속 풀이 같은 그런 게임도 했다. 살짝 속이 시원해진 것 같기도 하다. 어쨌든 재미있는 시간이었다."라고 소감을 썼다. 다른 사람에게 책을 읽으라고 잔소리하면서 속이 풀렸나 보다. 자기들 말을 안 듣는 선생님에게 『엄마는 정말 내 말을 안 들어 줘!』를 읽으라고 잔소리하고, 자기를 괴롭히는 오빠에게 『아낌없이 주는 나무』를 떠밀면 속이 시원해진다.

엄마가 읽어야 할 책, 아빠에게 필요한 책, 월요일 아침에 읽으면 좋은 책, 시험 전에 필요한 책……. 이런저런 잔소리 듣던 아이가, 자신이 정한 대상에게 책을 읽으라고 말하기 때문에 이 놀이를 좋아한다. 책놀이를 한 뒤에 책을 한 권 읽자고 하면 아이들이 자기를 나타내는 책이나 누군가에게 읽으라고 떠밀고 싶은 책에 빠져든다.

진행자가 제시하는 내용에 해당하는 책을 찾아 오는 놀이다. 제목이 가장 긴 책, 동물 이름이 들어가는 책을 가져오라고 하면 참가자가 책을 찾아온다. '가장 빨리 찾아 오기' 같은 시합은 아이들이 도서관에서 뛰어다니고 다칠 위험이 있어 바람직하지 않다. 정해진 시간(약 1분에서 5분) 동안 책을 찾아 오는 게 좋다. 저학년이 특히 좋아한다.

제목에 특정 사물이 들어 있는 책 가져오기 ▸ 제한 시간 3분, 난이도 하

동물, 식물, 건물, 자동차, 사람 등 특정 분야를 정한 후, 주제에 알맞은 제목의 책을 찾아 해당 책을 가져오는 놀이다. 예를 들어, '제목에 동물이 들어간 책 가져오기'일 경우 『꼴뚜기』『화요일의 두꺼비』『감기 걸린 물고기』와 같은 책을 가져와야 한다.

배우는 내용과 관련된 책을 찾을 때 좋다. 과학 교과 동식물 단원을 배우기 전에 동물과 식물 이름이 있는 제목의 책을 찾아 오는 놀이를 하면 주제와 관련된 제목이나 그림을 찾으며 앞으로 공부할 내용에 흥미를 갖는다. 또한 아이들이 찾은 책을 수업 시간에 함께 보면서 더 즐겁게 공부한다.

역사, 사회, 과학 등 아이들이 어려워하는 내용도 책을 찾으며 익숙해진다. 1・2학년 통합교과에서 '봄' '여름' '가을' '겨울' 단원을 시작할 때마다 주제에 해당하는 제목이 있는 책을 찾아 오는 놀이를 했다. 아이들이 가져온 책을 모아서 '봄' 글씨를 만들었다.

한 사람이 한 권씩 찾아 오는 것이 규칙이다. 3분 이내에 모둠원 모두가 책을 한 권씩 찾아 오면 1점을 준다. (같은 모둠 친구를 위해 대신 찾아주어도 되는지 여부는 진행자가 미리 결정해서 알려줘야 한다.) 앞에서 가져온 책 제목을 비교해서 가장 긴(또는 짧은) 제목의 책을 가져온 모둠에 보너스 1점을 줘도 된다.

난도를 높여 특정 낱말(예를 들면 희망, 건강, 개나리 등)이 들어 있는 책 찾아 오기(제한 시간 3분, 난이도 중)도 할 수 있다. 도덕이나 사회 교과에서 관련 내용을 배울 때 하면 좋다. 제목뿐만 아니라 책 내용에서 낱말을 찾아도 된다. 주제와 관련된 책을 찾으면 주제에 대한 호기심이 생기고, 주제와 관련된 내용을 알고, 수업 내용과 관련된 책까지 알게 된다.

사회, 과학 단원을 마칠 때 꼭 기억해야 할 낱말로 책 찾기를 하면 아이들이 잘 기억한다. '임오군란'으로 책놀이를 하면 아이들이

"'임' 찾았어. '오, 군, 란'만 찾으면 돼."

"여기 '오' 있어. '군'과 '란'을 찾아봐!"

하면서 '임오군란'을 계속 말한다. 그럼 저절로 '임오군란'을 기억하게 된다. 책 이름, 학교 이름 외에도 사자성어를 찾아 뜻을 묻기도 했다.

특정 사물 그림이 가장 많이 나오는 책 가져오기 ▶ 제한 시간 3분, 난이도 하

한 사람이 한 권만 찾아 오게 한다. 모둠에서 해당 그림이 가장 많은 책을 한 권 찾아 진행자에게 보여준다. 동물은 머리 부분이 나오면 한 마리로 인정, 식물은 전체 모양(줄기와 잎)이 나오면 인정, 자동차는 앞모습이나 옆모습 전체가 나오면 인정한다. 진행자가 규칙을 바꾸어도 되지만 놀이를 시작하기 전 규칙을 정확하게 알려주어야 한다. 해당 그림이 가장 많은 책을 가져온 모둠에 1점을 준다.

부모님이나 선생님이 읽어준 책 찾아 오기 ▶ 제한 시간 3분, 난이도 중

책을 읽어주는 부모님이나 선생님이 있으면 얼마나 좋을까! 그런 경험은 아이의 마음을 건강하게 한다. 그런 경험을 못 했다면 엄마나 아빠, 선생님께 듣고 싶은 책 찾아 오기로 바꾼다. 누군가 읽어주면 좋을 책을 찾는 것만으로도 기분이 좋아진다. 아이들이 찾아 온 책을 그 자리에서 읽어주면 더 좋아한다. 다 읽어주기 힘들면 집에 가져가서 부모님께 읽어달라고 요청해도 좋다.

모둠별 릴레이 책놀이 ▶ 제한 시간 5분, 난이도 중

모둠에서 아이들이 순서를 정해서 릴레이로 책을 가져오는 놀이다. 진행자가 네 가지 낱말(예를 들어 호랑이, 우주, 지구, 웃음)을 제시하면 1번이 '호랑이' 낱말이 있는 책을 가져와서 2번에게 준다. 2번은 호랑이 책을 들고 '우주' 낱말이 있는 책을 찾는다. 3번은 호랑이, 우주 책을 들고 '지구'를 찾는다. 마지막 모둠

원이 '웃음'이라는 낱말이 들어 있는 책을 찾아 책 네 권을 가져오면 이긴다.

이 놀이는 봄, 여름, 가을, 겨울처럼 순서를 알아야 하는 공부에 적합하다. 다음과 같이 응용할 수 있다.

- 일의 자리, 십의 자리, 백의 자리, 천의 자리 숫자가 있는 책을 찾아 온다.
- 대, 한, 민, 국을 찾아 온다.
- 원 모양, 세모 모양, 네모 모양, 둥근 기둥 모양을 찾아 온다.
- 잎, 줄기, 뿌리, 열매처럼 단계로 이루어진 내용을 찾아 온다.

책을 찾지 못하는 아이에게 "너 때문에 졌다."라고 비난하는 분위기라면 하지 않는다.

말꼬리 이어가기 책놀이

끝말잇기와 같은 방법으로 책을 찾아 오는 놀이다. 『눈물바다』—『다 타고난 재주가 있지요』—『요모조모 자연 이야기』—『기찻길 옆 동네』 이런 식으로 찾아 오면 된다. 몇 권을 찾아야 하는지 알려주고 아이들이 정해진 시간 안에 책을 찾게 한다.

'이 책은 누구에게 필요할까?', '그 사람은 어떤 책을 읽어야 할까?' 생각하며 책과 사람을 연결하는 놀이다. 교장 선생님이 가장 좋아할 책, 특정 선생님에게 선물하고 싶은 자동차 그림이나 사진이 있는 책, 자신이 30분 동안 집중해서 읽을 책 가져오기 등을 한다. 3분에서 5분 정도 시간을 주고 1분, 30초, 10초 남았을 때 시간을 알려준다. 저학년과 고학년 모두 좋아한다.

선생님께 선물하고 싶은 물건 사진/그림이 있는 책 가져오기 ▶ 제한 시간 3분, 난이도 중

도시에서 근무하던 여교사가 시골 학교에 부임했다. 그해에 유난히 생활하던 곳에서 멀리 발령받은 교사가 많았다. 책놀이 할 때 "얘들아, 우리 학교에서 가장 세련된 분이 누구지?" 하니 그분을 말한다.

"선생님이 도시에 살다가 시골로 오셔서 힘든 점이 많아요. 우리가 선물하자. 선생님께서 도시에 갈 때 탈 것의 사진이나 그림이 있는 책을 찾아와라. 심사는 도시 선생님이 하신다."

라고 했다. 아이들이 가져온 사진과 그림을 살펴보고 선생님은 자전거 사진이 있는 책을 골랐다. 멋진 자동차로 도시를 달리는 것보다 시골길에서 자전거를 타고 싶다고 했다.

이름이 가장 촌스러운 책 가져오기 ▶ 제한 시간 3분, 난이도 중

도시에서 온 여교사와 가장 어울리지 않는 분이 교무 선생님이다. 우리는 교무 선생님과 여교사를 선녀와 나무꾼, 농부와 도시 아가씨 같은 이미지로 놀렸다. 책놀이를 하면서 물었다.

"우리 학교에서 가장 촌스러운 분이 누구지?"

"○○○ 선생님이요!"

"이번에는 제목이 정말 촌스러운 책을 찾아와라. 심사는 촌스러운 그분이 하실 거야!"

라고 했다. 아이들이 『춘희』 『순자』 같은 제목의 책을 찾아왔다. '촌스럽다'는 말에 거부감이 있거나, 편견이라 생각한다면 설명을 바꾸면 된다. '우리 반에 어울리는 책, 엄마를 생각나게 하는 책, 마음을 따뜻하게 해주는 책, 시험 전날 읽으면 좋은 책 등을 하면 된다.

이름 들어간 책 찾아 오기 ▶ 제한 시간 3분, 난이도 중

6학년이 한 명뿐인 시골 학교에서 겨울방학 직전에 독서 캠프를 했다. 방학 지나면 졸업하는 6학년 아이를 위해 만든 책놀이다. 졸업생 이름인 '남은서'의 '남', '은', '서' 글씨가 제목에 있는 책 세 권을 각각 찾아 와야 한다. 빨리 찾아 오기나 정해진 시간 안에 찾아 오기를 한다.

다른 학교와 연합해 독서 캠프를 할 때는 상대방 학교 이름을 찾아 오는 놀이를 했다. 소달초등학교 아이들은 중앙기독초등학교를 기억하기 위해 '중앙기독'을, 중앙기독초등학교 아이들은 '소달초등'을 찾아 왔다.

'그분'이 좋아할 책 골라 영상 통화하기 ▶ 제한 시간 3분, 난이도 중

시골 학교에서 전교생 열한 명과 함께 먹고, 공부하고, 현장학습을 다녔다. 3학년 선생님이 아이들과 친했다. 선생님은 아이들 데리고 노인정, 마을회관, 아이들 다니는 교회에 가서 우쿨렐레 공연을 했다. 아이들도 선생님을 참 좋아했다. 다른 학교로 전근 가시게 되자 아이들이 선생님을 그리워했다. 미리 영상 통화를 부탁하고 책놀이를 했다.

"얘들아, 지난해에 다른 학교로 가신 교무 부장님 기억나지? 보고 싶어?"

"네, 보고 싶어요."

"그분이 좋아할 책을 찾아보자. 모둠에서 의논하고 한 권을 가져와라. 그럼 영상 통화를 해서 선생님이 한 권을 골라주실 거야."

아이들이 책을 찾아 온 뒤에 영상 통화를 했다. 아이들이 가져온 책 중에 선생님이 읽고 싶은 책을 고르고 아이들과 통화했다. 선생님이 책을 고른 모둠뿐만 아니라 다른 모둠 아이들도 선생님을 보면서 좋아했다. 『바꿔!』로 학생 독서 캠프할 때 박상기 작가, 『망나니 공주처럼』으로 교사 연수할 때는 이금이 작가가 책을 골라주었다. 『딸기 우유 공약』을 쓴 문경민 작가는 아이들 질문에 대답도 해주었다.

영상 통화를 이용한 책놀이 활동 모습.
『딸기 우유 공약』을 쓴 문경민 작가는
아이들 질문에 대답도 해주었다.

가까이 있는 친구가 읽으면 좋은 책을 가져와도 좋다. 부끄럼이 많은 친구에게 용기를 주는 책을, 수다쟁이 친구에게 『말 안 하기 게임』을, 당근을 먹지 않는 친구에게 『엄마는 왜 당근 안 먹는데?』를 갖다준다. 아빠나 엄마가 당근 책을 주면 부담스럽지만 친구는 다르다. 친구가 준 책을 읽고, 책을 소개한 친구에게 소감을 말해도 좋다.

30분 동안 집중해서 읽을 책 찾기 ▶ 제한 시간 3분, 책 바꿀 기회 한 번, 난이도 중

책에 집중하지 못하고 이 책, 저 책 바꾸는 아이를 위해 만들었다. 다른 사람이 준 책을 읽는다면 재미없다고 말할 수 있지만, 이번에는 집중해서 읽을 책을 자신이 골랐다. 책놀이에 성공하려면 30분 동안 집중해서 읽어야 한다. 그래야 점수를 받는다. 자신이 고른 책이라 그런지 아이들이 모두 30분 동안 집중해서 읽었다.

5 책 읽고 싶게 만드는 퀴즈 놀이

앞서 가져온 책으로 내용을 예상하거나 몇 권의 책 제목을 연결해서 낱말이나 문제를 만드는 놀이다. 예상, 추론, 분석이 가능한 고학년에게 적합하다. 보너스 점수를 받는 규칙을 적용하면, 밀고 당기며, 엎치락뒤치락 경쟁하면서 즐거워한다. 저학년이 하기에는 어렵다.

다음 낱말은 어떤 책에 있을까? ▶ 제한 시간 5~7분, 난이도 중

책놀이를 하면 모둠 책상에 책이 쌓인다. 놀이할 때마다 앞서 가져온 책을 제자리에 꽂고 다시 새로운 책을 가져와야 한다. 하지만 이 놀이는 이전에 가져온 책을 그대로 사용할 수 있다.

모둠원 네 명이 책을 한 권씩 가져왔다고 하자.

① 네 명이 각자 가져온 책을 훑어보며 책에 나오는 낱말을 네 개 고른다. (세 명 모둠이면 세 낱말, 다섯 명 모둠은 다섯 낱말) 모둠원이 서로 책을 보여주며 낱말을 소개한다. 모둠원의 책과 낱말을 듣고, 문제로 낼 책 한 권을 정한다.

② 모둠원이 모두 책을 한 권씩 들고 앞에 나와 책 표지를 보여준다. 이때 한 명씩 돌아가며 준비한 낱말을 말한다. (예 : 사랑, 버스, 나무, 바람)

③ 다른 모둠 친구들은 들려준 낱말이 어떤 책에 있는지 추측해서 알아낸다. 문제를 낸 친구들 표정을 보기 위해 앞으로 나와도 된다. 다만 다른 친구가 책 표지 보는 걸 방해하면 안 된다.

④ 각 모둠에서 의논해서 정답을 정한 뒤 한 사람이 나와 정답이라고 생각하는 책을 든 사람 뒤에 선다. 진행자 신호에 따라 정답 책을 든 사람만 서고 나머지는 앉는다.

⑤ 정답을 찾은 모둠에 1점을 준다. 한 모둠이라도 정답을 찾으면 문제를 낸 모둠도 1점을 받는다. 이때 다른 모둠이 모두 정답을 맞히거나 모두 틀리면 문제를 낸 모둠이 보너스를 받지 못한다. 공룡 책을 문제로 낸 모둠의 경우, 티라노사우루스, 트리케라톱스, 벨로시랩터, 브론토사우루

스, 이렇게 네 낱말을 말하니 듣는 사람들이 모두 공룡 책인 것을 단번에 알아맞혔다. 그러면 문제를 낸 모둠은 보너스 점수를 받을 수 없다.

책 표지로 글자 만들어 맞히기 ▶ 제한 시간 5~7분, 난이도 상

아래의 책에서 제목마다 한 글자씩 골라 순서대로 연결하면 네 글자 낱말이 된다. 어떤 낱말일까?*3

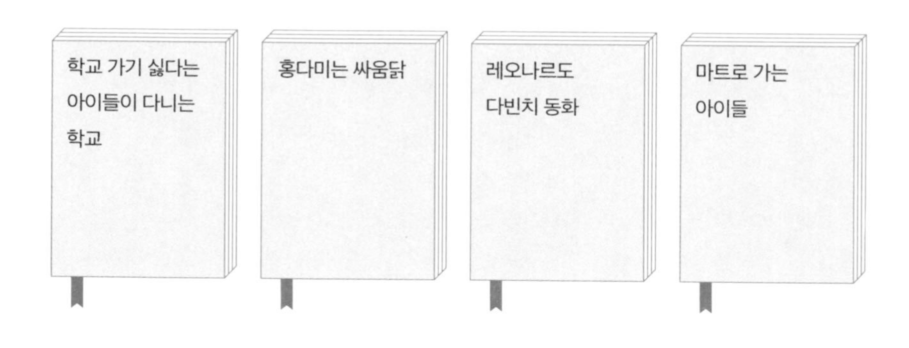

모둠 이름 만들기에 알맞은 활동이다. ❶먼저 네 글자(모둠원이 세 명이면 세 글자)로 된 낱말로 모둠 이름을 정한다. 다른 모둠이 이름을 맞혀야 하므로 누구나 아는 낱말이어야 한다. ❷그리고 모둠 이름의 각 글자가 제목에 들어가는 책을 찾는다. 예를 들어 모둠 이름으로 '돼지갈비'를 정했다면 각각 '돼', '지', '갈', '비'라는 글자가 제목에 들어있는 책을 찾으면 된다. 네 권을 모두 찾으면 준비가 끝난다. ❸모든 모둠이 책을 찾으면 한 모둠씩 앞으로 나와 낱말의 글자 순서대로 책을 보여준다. 다른 모둠 친구들은 어떤 낱말인지 알아낸다. 정답을 알아내면 1점을 받는다.

*3 정답 : 다홍치마

한 부분 거꾸로 퀴즈 ▶ 제한 시간 5~7분, 난이도 상

읽지 않은 책에서 낸 문제의 정답을 알아내는 퀴즈이다. 책 내용을 알아내려고 내용을 예상하다 보면 책을 읽고 싶은 마음이 생긴다.

① 모둠에서 문제로 낼 책을 각자 한 권 골라 서로 제목을 보여준다.

② 진행자가 쪽수를 말하면, 모든 모둠이 ①에서 고른 모둠 책의 해당 쪽을 읽는다. 만약 해당 쪽에 읽을 내용이 없는 모둠이 하나라도 있으면 진행자가 다른 쪽수를 말한다.

③ 모둠 친구들이 방금 읽은 내용에서 퀴즈를 하나 만든다.

④ 모둠별로 돌아가며 문제를 낸다. 다른 모둠에서는 내용을 추측해서 정답을 적는다. 정답을 맞히면 1점을 받는다. 보너스 점수는 없다.

『신기한 방귀 가루』와 『잃어버린 일기장』을 고른 두 모둠에 '123쪽'을 읽고 문제를 만들라고 했다. 모둠원들은 각자 고른 책의 123쪽을 읽고 문제를 만들어 상대 모둠에 다음과 같이 퀴즈를 냈다. 상대 모둠은 의논해서 답을 알려준다. 맞히는 모둠이 이긴다.

책	문제	정답
『신기한 방귀 가루』 123쪽	트롤스와 트륌은 몸의 어느 부위가 동시에 이상해졌다. 어디일까?	배
『잃어버린 일기장』 123쪽	선생님은 혜진이에게 준호와 앉으라고 했다. 왜 혜진이에게 준호와 앉으라고 했을까?	혜진이가 회장이어서

책을 쌓고, 책을 뛰어넘고, 책을 넘어뜨리고, 책을 옮기는 놀이다.

책 가장 높이 쌓기 ▶ 제한 시간 5~7분, 난이도 중

책을 높이 쌓는 놀이다. 앞서 가져온 책 여덟 권 정도로 책을 높이 쌓는다. 모든 모둠이 같은 수의 책으로 놀이를 해야 한다. 정해진 시간 동안 가장 높이 쌓는 모둠이 점수를 받는다. 1등에게만 점수를 줘도 되고, 등수에 따라, 높이에 따라 점수를 다르게 줘도 된다.

어림하여 비슷한 높이로 책 쌓기 ▶ 제한 시간 5분, 난이도 중

진행자가 정해주는 높이에 가장 가깝게 쌓는 놀이다. ❶놀이하는 날짜로 높이를 정해줄 수 있다. 3월 5일이면 53cm, 7월 21일이면 127cm, 10월 15일이면 115cm를 쌓으라는 식이다. ❷목표 높이에서 ±5cm이면 3점, ±10cm이면 2점, ±15cm이면 1점을 준다. (아이에 맞게 높이를 바꾸어 놀이한다.)

2학년 수학 시간에 어림하기 내용으로 공개수업을 했다. 아이 손으로 한 뼘이 15cm, 손바닥 길이는 10cm, 손바닥 폭은 5cm, 손톱은 1cm임을 배운 뒤, 연필, 필통, 책, 책상의 길이를 어림해 보도록 했다. 그런 다음, 수업 날짜가 6월 12일이어서 62cm 높이로 책을 쌓으라고 했다.

15cm, 10cm, 6cm, 1cm가 어느 정도 길이인지는 교과서에서 이미 배웠다. 그러나 책에서 배운 내용을 실생활에 어떻게 응용하는지 잘 모른다. 실제로 활용한 적이 없기 때문에 높이를 어림하는 경우도 드물다. 손바닥 길이와 넓이, 신발 크기를 활용하면 비슷한 높이로 어림할 거라고 말해주었다. 그렇게 했더니 단위길이로 어림해 책을 쌓았다.

무게 어림하기 ▸ 제한 시간 5분, 난이도 상

고학년과 책놀이 할 때에 책 무게를 어림하는 과제를 냈다. 3월 4일에 하면 340g, 4월 5일이면 450g, 8월 14일이면 무게가 418g인 책을 찾아 오라고 했다. 보통 어린이책 무게가 300~600g 정도여서 어떤 날짜이건 300~600g 사이가 되게 문제를 냈다.

❶책을 찾으러 가기 전 비교 대상(대상 도서, 교사가 고른 책, 스마트폰 등)을 미리 보여주고 무게를 알려준다. ❷아이들이 비교 대상을 들어보고 적당한 무게의 책을 가져오면 ❸확인한다. 418g인 책을 찾아 오는 과제일 경우, ±20g(398~438g)이면 3점, ±40g(378~458g)이면 2점, ±60g(358~478g)이면 1점을 준다. 아이들이 정말 좋아하는 놀이다.

쪽수 어림하기 ▸ 제한 시간 5분, 난이도 중

책의 두께를 보고 쪽수를 어림하는 놀이로, 선생님이 말하는 쪽에 가장 가까운 책을 가져오면 된다. 1~2학년에서 50까지의 수, 100까지의 수, 100 넘는 수를 배울 때 하면 재미있고 유익하다.

비교 대상 책을 한 권 보여주며 "이 책은 156쪽이다. 100쪽에 가장 가까운 책을 가져와라. 단, 책을 펼쳐보면 안 된다."라고 말한다. 그리고 아이들이 가져온 책의 쪽수를 확인해 ±10쪽(90~110쪽)은 3점, ±20쪽(80~120쪽)은 2점, ±30쪽(70~130쪽)은 1점을 준다.

일정 간격으로 놓인 책 뛰어넘기 ▸ 제한 시간 없음, 난이도 중

책을 일정한 간격으로 세우고 두 발로 뛰어넘는 놀이다. 열 권 정도의 책을 가깝게 또는 길게 세우고 뛰어넘는다. 직선이나 곡선으로 모양을 만들어도 된다. 빨리 뛰어넘기 시합은 다칠 위험이 있으므로 하지 않았다. 아이들은 독서캠프 때마다 책 뛰어넘기 하자고 졸랐다.

종이 공으로 책 맞히기 ▸ 제한 시간 없음, 난이도 중

책을 세워놓고 종이를 뭉쳐 만든 공으로 맞추는 놀이다. 던질 곳에서 각 1m, 2m, 3m, 4m, 5m 떨어진 곳에 책을 세워 놓고, 한 명씩 돌아가며 각

지점에 세워둔 책을 맞춘다. 책을 넘어뜨리지 않아도 된다. 그냥 맞추기만 하면 된다.

1m부터 5m까지 순서대로 맞추는 방식도 가능하다. 한 번 맞추면 다시 한 번 던질 기회를 준다. 정해진 시간 안에 5m까지 성공하면 이긴다. 5m까지 못 가면 정해진 시간 동안 가장 멀리 가는 사람이 이긴다.

던지는 횟수를 정해놓고 5m까지 성공하면 이기는 놀이를 해도 된다. 성공한 사람이 하나도 없을 경우 가장 먼 거리를 성공한 사람이 이긴다. 또는 1m를 맞추면 1점, 2m를 맞추면 2점을 주는 식으로 성공할 때마다 1~5점을 주고, 다섯 번(또는 열 번) 던져 얻은 점수를 모두 더해 순위를 정할 수도 있다.

모둠 대항전도 가능하다. 각 모둠에서 순서를 정하고 한 사람씩 나와 시합한다.

야구 경기하기*4 ▶ 제한 시간 없음, 난이도 상

책으로 야구장을 만들고 종이 야구공으로 책을 쓰러뜨리는 놀이다.

① 모둠별로 아홉 글자로 된 이름을 각각 정한다. 모둠 이름에는 수업의 핵심 용어가 하나씩 들어가면 좋다. 예를 들어 초등 4학년 사회 3단원 '지역의 공공 기관과 주민 참여'를 배울 때는 공공기관 이름을 모둠 이름에 넣어 아홉 글자로 만들어 본다. '불 다 끄는 최강 소방서', '도둑 잡는 도계 경찰서', '병 고치는 도계 보건소' 등으로 모둠 이름을 정하면 도서관에서 책을 찾으며 공공기관의 기능과 이름을 반복해서 말하게 되므로 학습 내용을 더 잘 익힐 수 있다.

② 모둠별로 책을 아홉 권씩 가져온다. 이때 모둠 이름에 들어간 글자가 책 제목에 있어야 한다.

③ 야구 경기 때 아홉 명의 수비수들이 배치되는 모습을 칠판에 그려주고, 같은 모양으로 아홉 권의 책을 바닥에 세워 배치한다. 단 책 간격이 좁으면 도미노 효과가 발생하여 연속으로 책이 쓰러질 수 있으므로 간격

*4 이준수 선생님(2018년 강원도 삼척시 도계초 근무)이 수업한 내용이다. 이준수 선생님이 원고를 썼다.

을 적당히 띄워야 한다.

④ 종이로 만든 야구공을 던져 책을 넘어뜨리면 1점을 받는다. 공은 한 회에 세 번씩 던질 수 있다. (가까이 있는 책 1점, 멀리 있는 책 2점을 주어도 된다.) 야구공은 신문지를 뭉쳐서 만들어도 되고, 버리는 책, 잡지를 써도 된다. 가끔 책을 너무 어려운 대상으로 생각하는 아이들이 있다. 그럴 때면 과감히 폐기 대상 도서를 찢으며 놀아보자.

⑤ 시간이나 학급 상황에 따라 3~9회로 진행한다. 마지막 회가 끝나면 점수를 합산하여 승패를 가린다. 경기 결과를 발표할 때 "불 다 끄는 최강 소방서 5점, 도둑 잡는 도계 경찰서 7점, 병 고치는 도계 보건소 3점"과 같이 다시 한 번 팀 이름을 읽으며 학습내용을 확인한다.

⑥ 추가 규칙 : 승리한 팀 책 중 한 권을 '오늘 함께 읽을 책'으로 정한다고 미리 말한다. 자기가 고른 책을 읽고 싶어서 더 열심히 참여한다.

미션 책놀이

1. 세계 책의 날(4월 23일) 기념 미션 책놀이
2. 도시 아이들과 함께하는 마을 탐험 미션 책놀이
3. 여름방학 맞이 독서 캠프 미션 책놀이

미션 책놀이는 몇 가지 책놀이를 연결한 활동이다. 한 가지 미션을 성공하면 다음 미션에 도전한다. 어떤 선생님이 좋아할 책을 가져오고(미션 1), 정해진 높이만큼 책을 쌓고(미션 2), 이어지는 몇 가지 활동(미션 3, 4, 5 등)을 끝내야 한다. 미션을 빨리 끝낸 순서대로 순위를 정해도 괜찮지만 제한 시간 동안 미션을 완수하는 활동이 더 좋다.

아이들은 미션 책놀이를 '런닝맨' 같은 예능 프로그램으로 받아들인다. 그래서 뛰어다니고, 다른 모둠을 방해하기도 한다. 한곳에서 미션을 계속 수행하면 복잡하고 시끄러워진다. 미션 1을 도서관에서 하면 미션 2는 교실에서, 미션 3은 운동장에서, 미션 4는 다시 도서관에서 할 계획을 세워야 한다. 도서관에서 책을 고르고, 운동장 구석에 감춰진 미션 종이를 찾고, 어떤 선생님이 좋아하는 책을 들고 그분이 계신 교실로 가는 등 여러 장소를 골고루 다녀야 한다.

모든 모둠이 동시에 미션 1부터 순서대로 하면 복잡할 수 있다. 비슷한 시간에 미션을 끝내고 여러 모둠이 계속 같이 다니기 때문이다. 1모둠이 미션 1부터, 2모둠이 미션 2부터, 7모둠이 미션 7부터 시작하는 방법도 있다. 7개 모둠이 서로 다른 미션을 수행하며 다음 미션을 차례대로 하는 방법이다. 이때는 위의 미션 1처럼 다른 모둠과 같이하는 미션을 빼야 한다. 또한 위의 미션 2와 미션 3처럼 연결되는 미션도 빼야 한다.

미션 책놀이는 미리 준비해야 한다. 책 표지 인쇄물을 운동장에 감춰두는 등의 준비를 해야 하고, 도와줄 사람을 찾아야 한다. 세 가지 사례를 소개한다.

1 세계 책의 날(4월 23일) 기념 미션 책놀이

세계 책의 날을 기념하여 미션 책놀이 신청서(59쪽)를 도서관에 붙였다. 무얼 하는 거냐고 물어도 그냥 재미있다고만 대답했다. 궁금하면 신청하라고, 그럼 알게 된다고 했다. 아이들이 두세 명씩 모둠을 만들어 신청서에 이름을 썼다. 학생 수가 많으면 서너 명씩 모둠을 만들게 한다.

신청이 끝나면 미션 책놀이 규칙을 설명했다.

- 미션을 수행하는 과정에서 꺼낸 책은 반드시 제자리에 갖다 둔다.
- 다른 모둠과 다투지 말고 다른 모둠을 방해하지 말고 정정당당하게 미션을 수행한다.
- 실내에서 뛰어다니거나 운동장에 신발을 신고 나갔다는 신고가 들어오면 미션 완수 시간에서 1분 손해를 받는다. 다른 팀과 말다툼을 하거나 싸우면 2분 손해를 받는다.
- 미션 내용을 스스로 해석하면(선생님의 설명을 듣지 않고 미션을 수행하면) 미션 완수 시간에서 1분 이익을 받는다.

A5 용지에 큰 글씨로 인쇄한 미션 확인 종이(59쪽)를 만들어 나눠주었다. 미션은 일곱 가지이며 보너스와 감점 내용도 같이 넣었다. 첫 번째 미션을 끝내면 종이에 확인받고 두 번째 미션 종이를 받는다. 미션에서 활용한 책은 미션을 끝낸 후 바로 제자리에 갖다 놓아야 다음 미션을 할 수 있다.

사진을 찍어서 선생님에게 전송하는 미션이 있으므로 아이들이 휴대 전화를 가져가는지 사전에 확인한다. 각각의 미션 수행 방법은 다음과 같다.

미션 책놀이 신청서

순	모둠 이름	신청자			인원
1	집현전	성삼문	박팽년	신숙주	3명
2	강릉 시인	허균	허난설헌	×	2명
3	어벤저스	토르	캡틴	아이언맨	3명

일곱 가지 미션 내용과 보너스, 감점 내용이 함께 적힌 미션 확인 종이

	미션 이름	선생님 확인
1	선생님, 책 읽으세요	
2	책 보물찾기	
3	낱말 가져오기	
4	책을 우리 곁으로	
5	500g을 찾아라	
6	책을 읽어드려요	
7	낱말로 책 만들기	
보너스, 감점		
선생님께 설명 듣기		
실내에서 뛰지 않기		
운동장에 신발 신고 가기		
다른 팀과 다투지 않기		
창의성 점수		
미션 완수 시간 총계		

미션 1 : 선생님, 책 읽으세요

❶먼저 미션을 수행할 상대 모둠을 만나야 한다. ❷미션을 수행할 대상 선생님 한 분을 두 모둠이 함께 의논해서 정한다. ❸그 선생님이 읽고 싶어 할 책을 모둠별로 한 권씩 골라 상대 모둠과 같이 선생님께 간다. ❹각 모둠에서 준비한 책 두 권을 선생님께 보여드리고 선생님이 읽고 싶은 책 한 권을 골라 달라고 한다.

❺선생님이 선택한 책을 고른 팀은 다음 단계인 미션 2를 하러 간다. 선택받지 않은 모둠은 책을 갖다 놓고 새 책을 찾아 다른 모둠과 함께 같은 방법으로 다시 도전한다. ❻세 번 실패하면 자동으로 미션 2로 간다. 다른 선생님께 가도 된다.

첫해엔 마지막 모둠이 통과하기까지 10분 걸렸는데 이듬해엔 5분 만에 모두 통과했다.

미션 2 : 책 보물찾기

"우리 학교에서 가장 굵은 나무 주위에 보물 안내 종이가 숨겨져 있다. 반드시 한 장만 찾아 종이에 있는 물건을 선생님께 가져와라."

하고 미션을 안내한다. 미션 2를 하기 위해서는 진행자가 몇 가지 준비를 미리 해야 한다.

❶학교 도서관에 있는 책 열 권을 골라 ❷A5 종이에 표지를 인쇄해서 딱지로 접어 운동장에 있는 나무 주위에 숨겨놓아야 한다. ❸아이들이 나무에 가서 종이를 찾고, ❹종이에 인쇄된 책을 도서관에서 찾아 가져와야 한다.

아이들은 보물 안내 종이를 쉽게 찾았지만 도서관에서 책을 찾기 힘들어 했다. 역사, 과학, 문학 등으로 분야를 알려주었더니 책을 찾아냈다.

미션 3 : 낱말 가져오기

미션 2에서 찾은 보물 책을 펼쳐, 책에 나오는 낱말 중 하나를 주변에서 찾아 가져와야 한다. 각 팀은 세계 책의 날과 관련된 숫자 4와 23으로 +, −, ×, ÷를 활용해서 4+23=27쪽, 4×23쪽=92쪽, 4×4+23=39쪽 같은 쪽수를 정한다. 그 쪽에 있는 낱말을 가져온다.

아이들이 와서 해당 쪽을 정한 과정을 설명하고 어떤 물건을 가져왔는지 보여주었다. '공기'를 고른 모둠이 손을 모아 공기를 가져왔고, '친구'를 고른 모둠에서는 다른 모둠 친구를 데려왔다.

미션 4 : 책을 우리 곁으로

❶학교 밖에 있는 물건(예: 버스, 은행나무, 잔디, 골대 등)을 하나 정한다. ❷그 낱말이나 그림이 나오는 책을 찾는다. ❸모둠 친구가 그 물건을 들거나 물건 옆에 가서 책이 보이게 사진을 찍어 선생님 핸드폰으로 전송한다. ❹선생님이 핸드폰을 확인하면 다음 미션으로 넘어간다.

나무, 식물을 고른 아이들이 많았다. '버스'를 골라 스쿨버스 관련 책을 들고 버스 옆에서 사진을 찍은 모둠도 있다. 『얘들아, 학교 가자』 표지에는 아이들이 운동장에서 노는 모습이 나온다. 철봉 주위에 몇 명이 갖가지 자세로 선 모습이 나오는데, 한 모둠 아이들이 그대로 따라 찍었다. 아이디어가 좋아서 보너스 2분을 주었다.

미션 5 : 500g을 찾아라

500g에 가장 가까운 책을 찾아야 한다. 보통 스마트폰 무게가 200g 정도이다. 500g에 가깝다고 생각하는 책을 한 권 골라 2학년 선생님께 가져가서 무게를 잰다. 책 무게가 450~550g 사이면 미션 성공!

책 무게가 500g보다 무거우면 2학년 선생님과 가위바위보를 해서 이겨야 한다. 500g보다 가벼우면 2학년 선생님에게 져야 한다. 500g이 넘었는데 가위바위보에서 지거나, 500g이 넘지 않는데 가위바위보에 이기면 가져온 책을 갖다 놓고 500g에 가까운 다른 책으로 다시 도전해야 한다. 미션 시작 전 2학년 선생님께 저울을 갖다주며 미리 부탁했다.

미션 6 : 책을 읽어드려요

그림책을 한 권 골라 우리 학교 교직원 아무나(담임 선생님 제외) 찾아가서 읽어드린다. 책 표지 위에 모둠 친구들과 그분 손가락으로 멋진 모양을 만들어 사진을 찍어 선생님께 전송하면 미션 성공이다. (창의성이 좋은 모양을 만들면 1분 보너스 있음)

남자 셋이 모인 모둠 아이들이 빨리 통과하려고 유아가 읽는 책을 가져갔다가 선생님이 다른 책을 요구해서 시간이 더 늦었다. 1학년 선생님은 아이들이 읽어준 책이 재미있다며 다음 날 1학년 아이들에게 읽어주셨다.

이듬해엔 손가락으로 모양 만들기를 빼고 다른 내용을 넣었다. 들어준 분과 사진을 찍고, 사진과 함께 소감 한 문장을 문자로 보내라고 했다. 영어 선생님께 『아빠, 꽃밭 만들러 가요』를 읽어준 아이들은 "같이 꽃을 심는 느낌이다."라는 소감을 보내주었다. 『세상에서 가장 재미있는 책』을 들은 행정실 주무관은 "해적 소녀처럼 멋진 사람이 되고 싶다."라고 소감을 말해주었다.

2학년 선생님은 적극적으로 나서서 소감을 동영상으로 찍어주셨다. 교장 선생님께 간 아이들은 책 읽는 모습 전체를 동영상으로 찍는 줄 알고, 몇 번이나 시도하다가 그만 꼴찌를 했다. 그래도 교장 선생님과 동영상 찍은 이야기를 하며 즐거워했다.

미션 7 : 낱말로 책 만들기

우리 학교 놀이터에 낱말 종이를 뿌려놓았다. 하나만 찾아 제목이나 내용에 그 낱말이 있는 책을 가져온다. 같은 낱말이라도 200쪽 넘는 책을 가져오면 보너스 1분을 준다.

사랑, 시간, 결혼, 학교, 숙제, 태양계, 물고기, 학년, 영화, 과자, 컴퓨터, 스마트폰이라는 낱말이 쓰인 종이 열두 장을 작게 접어 놀이터에 숨겨놓았다. "과일 이름 아무거나, 과자 이름 아무거나, 운동 종목 이름 아무거나, 우리 학교 학생 이름 누구나, 나무 이름 아무거나, 나라 이름 아무거나"를 감춰놓아도 된다.

이듬해엔 학교 텃밭에 종이를 숨겼다. 아이들이 고구마 줄기 사이, 배추 속, 호박 아래, 풀 속에 숨은 종이를 찾으며 즐거워했다. 책놀이가 끝난 뒤에 한 아이가 종이를 그냥 두면 오염되지 않느냐고 물었다. 그래서 종이를 찾아 오면 과자와 바꿔준다고 했다. 저녁 먹고 아이들이 종이 찾겠다고 사방을 뒤졌다. 책놀이는 끝났지만 아이들은 계속 추억을 찾아다녔다.

일곱 가지 미션을 끝마치고 보너스와 감점 시간을 계산해서 가장 빨리 끝낸 모둠이 이긴다. 네 모둠이 56분, 56분 10초, 56분 30초, 57분에 미션을 끝냈다. 두 모둠은 한 시간을 지나 도전 기회를 잃었다.

한 시간 안에 미션을 끝낸 네 모둠 중에 두 모둠이 시간 빼앗아오기에 도전했다. 시간 빼앗아오기는 도전하고 싶은 모둠만 한다. 미션을 수행하면서 마지막에 찾은 책에서 무작위로 쪽을 골라 펼쳤다. 해당 쪽 내용을 읽고 상대편 모둠에 거꾸로 퀴즈[*1]를 냈다. 상대방이 낸 퀴즈를 먼저 맞히는 팀이 상대의 시간 1분을 가져가기로 했다. 그런데 몇 번이나 퀴즈를 냈지만 맞히지 못했다. 그래서 내가 말하는 쪽과 가까운 쪽을 펼치는 모둠이 이기기로 바꾸었다. 이긴 모둠 시간을 1분 줄이고 진 모둠 시간을 1분 늘렸다. 시간 빼앗아오기에서 이긴 모둠이 1등을 했다.

미션 책놀이를 모두 마치면 후기를 쓴다. 아이들 대부분 "덥다", "배고프다", "재미있다", "또 하고 싶다"라고 썼다. 신나게 뛰어다니며 미션을 하다가 배가 너무 고파졌다고 한다. 아이들이 저녁을 싹싹 먹었다.

*1 거꾸로 퀴즈 놀이방법은 79쪽에 자세히 나온다.

2 도시 아이들과 함께하는 마을 탐험 미션 책놀이

예전에는 자녀를 기르는 부모 세대가 아이의 할아버지와 할머니 가까이에 살았다. 아이들은 자연스럽게 할아버지와 할머니 돌봄을 받으며 옛날이야기를 들었다. 어르신들은 예절을 알려주시고 마을의 역사와 산과 바위에 얽힌 이야기도 해주셨다. 아이들이 할머니 이야기를 들으며 잠들었고 할아버지와 할머니를 통해 마을을 알아갔다.

지금은 아이들이 할아버지, 할머니와 점점 멀어진다. 할아버지, 할머니들은 오래전부터 내려오던 이야기를 다음 세대에 전달한다. 마을에 얽힌 이야기, 마을의 변천과정, 당신들이 살아온 시대의 이야기가 전해지려면 아이들에게 이야기를 듣는 기회를 주어야 한다.

2015년부터 수원의 사립학교와 독서 캠프를 같이했다. 도시 아이들과 시골 아이들이 토론하고 글을 쓰는 추억을 갖게 되어 좋았다. 4년째인 2018년 캠프를 계획하며 도시 아이들이 할아버지와 할머니 이야기를 듣지 못했을 거라는 생각이 들었다. 시골 아이들은 할아버지와 할머니 가까이 살지만 그분들의 삶은 잘 모른다. 무엇보다 아이들을 보기 어려운 시골인지라 아이들이 찾아가면 할아버지와 할머니들이 좋아하실 것 같았다.

시골 아이들이 도시 아이들에게 마을을 소개하고 할아버지와 할머니를 찾아가 이야기를 듣게 하고 싶었다. 도시 아이들이 시골 환경을 부러워하는 걸 보며 시골 아이들이 마을을 귀하게 여기면 좋겠다고 생각했다. 이번 책놀이는 의미를 찾는 활동이므로 시간을 제한하지 않았다. 아이들이 친해지고 나서 둘째 날에 미션 책놀이를 했다. 미션 내용은 다음과 같다.

미션 1

학교 주위 밭에서 곡식 사진을 찍고, 도서관에서 그 곡식이 나오는 책을 찾는다. (독서 캠프를 한 7월에는 콩, 옥수수, 파, 참깨, 들깨, 당근, 고구마, 호박 등이 자란다.)

도시 아이들이 곡식을 전혀 몰랐다. 콩, 당근, 고구마 열매는 보았지만 자라는 과정을 보지 못했으니 당연하다. 옥수수 꼭대기에 난 수술을 쌀이라고 부르는 아이도 있었다. 시골 아이들이 알려주었다.

미션 2

보물 지도를 학교 옆 냇가에 감춰놓았다. 한 모둠에 하나씩 찾고, 아래 세 가지 중에서 하나를 실행하고 도서관으로 돌아온다.

- 물수제비 다섯 번 이상 성공하는 영상 찍기
- 돌을 열두 개 이상 쌓은 돌탑 사진 찍기
- 길게 자란 풀을 뜯어 두 사람이 긴 줄넘기 돌리고 한 사람이 두 번 또는 두 사람이 함께 한 번 뛰어넘는 영상 찍기

도시 아이들이 물수제비를 잘 던져서 놀랐다. 돌탑 쌓는 시간보다 빨리 물수제비에 성공했다. 풀로 긴 줄넘기 돌리기는 아무도 하지 않았다.

미션 3

미션 2에서 찾은 보물 지도에는 책 표지 사진과 숫자 일곱 개를 써놓았다. 12314, 35121, 45619, 78210, 90107, 121712, 561314 숫자를 아래처럼 해석하면 '웃는 얼굴로 박수'라는 미션을 알게 된다. 진행자에게 웃는 얼굴로 박수를 치면 미션 성공이다.

12314 : 12쪽 3번째 줄 14번째 글씨 — 웃
35121 : 35쪽 12번째 줄 첫 번째 글씨 — 는
45619 : 45쪽 6번째 줄 19번째 글씨 — 얼
78210 : 78쪽 2번째 줄 10번째 글씨 — 굴
90107 : 90쪽 10번째 줄 7번째 글씨 — 로
121712 : 121쪽 7번째 줄 12번째 글씨 — 박 (12쪽 17줄 12번째 가능)
561314 : 56쪽 13번째 줄 14번째 글씨 — 수

이와 같은 방식으로 다음 책들도 활용할 수 있다.

도서명	숫자로 만든 미션 암호
『천국의 이야기꾼 권정생』	79315, 19163, 159521, 24103, 210161, 31514, 61133 가위바위보 하자
『루이 브라이』	111016, 99166, 72214, 501516, 451119, 9994, 70187 눈 감고 글자 쓰기
『바람을 길들인 풍차 소년』	120610, 22148, 2652017, 230173, 263825, 113187, 111314 입으로 바람 불기
『키다리 아저씨』	159161, 631722, 461511, 1891116, 692211, 24612, 86163 키 순서로 서 있기
『위대한 책벌레들 2』	681513, 100118, 31205, 1201813, 9732, 53315, 75418 책 읽는 연기하기
『시턴 동물 이야기』	11611, 1431212, 2061410, 8713, 2071015, 71161, 6564 동물 이름 말하기
『깜둥 바가지 아줌마』	1281611, 8183, 16498, 1651314, 155620, 60173, 442113 한 사람 업고 오기
『마트로 가는 아이들』	211815, 179614, 9769, 571213, 191123, 1011111, 23820 과자 먹는 척하기
『우리들의 당당한 권리』	18183, 5649, 651126, 33226, 3135, 3927, 1788 주먹 쥐고 흔들기
『우리 겨레 수학 이야기』	138104, 67617, 11574, 131110, 1781318, 158157, 155916 손으로 십(10) 만들기

미션 4

[1]동네 할아버지나 할머니께 읽어드릴 그림책을 한 권 찾고, [2]그분들에게 여쭤보고 싶은 질문 두 개를 정한다. [3]질문을 선생님께 보여드리고 할아버지와 할머니를 찾아간다. [4]책을 읽어드리고, 준비한 질문에 대한 대답을 듣고, 소감을 여쭤본다.

아이들이 준비한 책과 질문을 가지고 할아버지, 할머니를 찾아갔을 때 몇 분은 미리 연락을 드려 만났지만 덜컥 찾아가 만난 분도 있다. 그래도 아이들을 반갑게 맞아주셨다. 보릿고개 넘기느라, 멀리 나무하러 가느라, 일본군에게 쫓기느라 고생한 이야기를 해주셨다. 일만 하느라 한글을 읽지 못하는 어린아이가 할머니가 될 때까지 눈치껏 살아온 이야기, 지금도 일본말을 안다는 이야기뿐만 아니라 친구와 놀고, 수학경시대회 나가고, 노래 배우며 즐거웠던 어린 시절 이야기도 해주셨다. 할아버지, 할머니도 아이였을 때가 있다고 느낀 시간이었다. 할아버지와 할머니에게 이야기 들은 시간이 좋은 책을 읽는 것보다 더 마음에 남는다.

미션 5

할아버지와 할머니께 들은 내용을 소개하고 글을 써보자. 두 아이가 쓴 글을 소개한다.

심재몽(미로초 6학년)

우리 할머니를 면담했다. 우리 할머니의 초등학교 이야기, 미로의 장점 등을 물어보았다. 평소에 우리 외할머니인데도 불구하고 왜 안 물어보았는지 후회스럽다. 또 오랜만에 할머니께 책도 읽어드렸다. 조금 어색하고 쑥스러웠다. 또 조금 버릇없는 행동이지만 우리 할머니 말이 길어지려고 하면 내가 툭툭 쳐서 신호를 드렸다. 죄송하고 후회스럽다. 어렸을 적에 초등학교를 8km 걸어서 다니고, 손이 트도록 학교 청소하고 물 뜨러 가고…… 하는 소리를 듣는 순간 할머니께 잘해드려야겠다는 생각이 들었다. 면담이 끝나고 우리 할아버지가 "더운데 내 차 타고 학교 가!"라고 하셨다. 이 순간 할아버지의 존재가 너무 고마웠다. 앞으로 효도해야겠다.

변다인(미로초 4학년)

할머니를 만나 이야기를 들었다. 첫 번째 질문으로 초등학교 다닐 때 무얼 하셨느냐고 질문했다. 초등학교 다니고 싶은데 집안일이 너무 많아 다 하고서야 학교에 갈 수 있으셨다고 한다. 그거 하나 질문했을 뿐인데 할머니 눈이 촉촉해지셨다. 어릴 때 생각이 많이 나셨나 보다. 다음 질문에도 목소리가 많이 떨리셨는데 눈도 더 촉촉해지셨다. 애경슈퍼 할머니 이야기를 들으니 우리 할머니가 기억이 난다. 할머니는 내가 1학년 때 돌아가셨다. 그때 할머니한테 많이 물어봐 드릴 걸 그랬나 보다. 어제도 오늘도 난 왜 이렇게 생각이 많아지는 것일까? 오늘은 우리 할머니가 많이 생각난 하루였다.

전교생 열 명과 여름방학을 맞으면서 독서 캠프를 했다. 학부모와 함께 독서 캠프를 계획했는데 학부모 모두 저녁에 오겠다고 했다. 직장에 나가지 않는 학부모가 여럿 있었지만 아이들과 활동하는 걸 꺼렸다. 아빠 한 명만 왔다. 그래서 저학년과 고학년으로 나눠 미션 책놀이를 했다. 저학년은 선생님 한 명이 도우미를 했고 고학년은 아빠가 도우미를 했다. 나는 전체 진행을 맡았다.

미션 책놀이를 계획할 때 Level 1과 Level 2를 준비했다. 학부모와 함께 도전할 수준을 정하고 미션을 수행하려고 했다. 이때 2학기에 읽을 책을 미리 사서 도서관에 펼쳐놓고 책을 눈에 익히려 했다. 학부모와 함께하지 못하기 때문에 저학년이 Level 1, 고학년이 Level 2에 도전했다. 고학년 네 명은 주어진 시간 안에 미션 끝내기에 도전했다. 저학년 여섯 명은 세 명씩 두 팀으로 나눠 경쟁했다.*2

*2 참가자가 스무 명 이상이면 네다섯 명씩 모둠으로 활동한다. 미션 1에서 각자 한 권씩 고르고, 미션 2에서 모둠원이 함께 책을 50cm로 쌓는다. 미션 3에서 저마다 가져온 책을 읽고, 미션 4에서 모둠 대항 책놀이를 한다. 미션 5에서 모둠 수만큼 종이를 인쇄하고 쪽지를 찾게 한다. 미션 6과 7은 그대로 한다.

미션 1

새로 들어온 책 중에서 각자 읽고 싶은 책을 다섯 권 고른다. 돌아가면서 책을 고른 까닭을 말한다. (2번 미션 시작할 때부터 시간을 재는 까닭은 아이들이 책을 신중하게 고르게 하기 위해서이다. 1번 미션부터 시간을 재면 시간을 아끼려고 아무 책이나 고를 수 있다.)

미션 2

서로 책을 소개하고 자신이 고른 책 다섯 권으로 50cm 높이에 가깝게 쌓는다. 50cm에 가장 가깝게 쌓은 사람이 조장이다.

미션 3

자신이 고른 다섯 권 중에 한 권을 20분 동안 읽는다. 이때 다섯 권 중에 어떤 책을 읽는지 다른 사람이 모르게 해야 한다. 책을 여러 권 겹쳐서 표지가 보이지 않게 하거나 다른 사람이 보지 않는 곳에서 읽는다.

미션 4

한 곳에 같이 모여서 누가 어떤 책을 읽었는지 맞히기 놀이를 한다. 한 명이 자기가 고른 다섯 권을 보여주면서 읽은 책을 설명하면, 다른 사람들은 그 사람이 읽은 책이 어떤 책인지 다섯 권 제목 중에서 하나를 맞힌다. 정답을 알아내면 아이스크림을 받는다.

미션 5

책 네 권을 정해 책마다 표지를 세 장씩 인쇄한 후 한 곳에 한 책씩 네 군데에 숨겨놓았다. 쪽지를 찾아라.

- 우리 학교에서 일어나는 모든 일을 책임지는 분이 앉는 곳에 하나
- 우리 학교에서 바닥이 온통 초록색인 곳에 하나
- 우리 학교를 상징하는 나무 구멍 속에 하나
- 봄에는 딸기, 여름에는 방울토마토, 가을에는 콩을 주는 곳에 하나

미션 6

쪽지에 적힌 책을 도서관에서 찾아라. (미리 준비한 책 제목 : 『원숭이가 없으면 초콜릿도 없다』 『콧구멍 왕자』 『세상의 모든 음악』 『박씨전』)

미션 7

책 제목에 쓰인 글자를 이용해서 우리 학교 학생, 교사, 직원 이름을 만들고 그 사람을 데려와라.

예) 원숭이가 없으면 초콜릿도 없다. 세상의 모든 음악, 콧구멍 왕자

(정답 : 이상구 선생님)

Level 1에 참여한 아이들이 각자 읽고 싶은 책을 다섯 권씩 골라 50cm를 예상해서 쌓았다. 50cm에 가장 가깝게 쌓은 아이가 조장을 맡았다. 그러고 나서 아이들은 미션 3을 수행하느라 도서관 이곳저곳에 흩어져 20분 동안 책을 읽었다.

도우미 선생님이 20분 끝났다고 말하자 아이들이 세 명씩 두 군데에 모였다. 한 아이가 처음에 고른 책 다섯 권을 펼쳐놓고 자기가 읽은 책 내용을 말했다. 그러자 다른 두 아이가 어떤 책인지 골랐다. 맞힌 아이는 아이스크림 쿠폰을 받았다. 세 명이 돌아가며 책을 찾은 뒤에 자기 자리에 책을 두고 다음 미션 내용을 들었다.

세 명이 함께 쪽지를 찾으러 다녔다. 우리 학교에서 일어나는 일을 책임지는 분이 계신 교장실 소파 아래에서 쪽지를 찾았다. 바닥이 온통 초록색인 골프 연습 교실, 운동장에 자라는 벚나무, 학교 텃밭에서 쪽지를 한 장 찾았다. 각 장소에 쪽지를 여러 장 숨겨놓아서 두 모둠 모두 쪽지를 잘 찾았다.

여기서부터는 경쟁 활동이다. 쪽지를 여러 장 두었지만 책은 한 권씩밖에 없다. 먼저 찾는 모둠이 이긴다. 한 모둠이 책을 세 권, 다른 모둠이 책을 한 권 가져갔다. 마지막 미션이 남았다. 책 제목에 있는 낱말을 조합해서 우리 학교에 있는 사람 이름을 만들어 데려와야 한다. 아무리 궁리해도 찾지 못해서 두 모둠 책을 하나로 합쳤다. 미션 활동을 시작하고 90분이 지나기 전에 함께 찾으라 했다. 10분을 남겨두고 두 모둠이 힘을 합쳐 이상구 선생님을 모셔왔다. 그래서 공동우승이라고 축하해줬다.

미션 1

새로 들어온 책 중에서 각자 읽고 싶은 책을 다섯 권 고른다. 돌아가면서 그 책을 고른 까닭을 말한다.

미션 2

책 소개를 마치면 자신이 고른 책으로 100cm 높이에 가깝게 쌓도록 한다. 100cm에 가장 가깝게 쌓은 사람이 조장이다.

미션 3

5~6학년 교실 학급문고에서 책 제목이 가장 긴 책을 찾아 한 사람만 그 책에 나오는 아이처럼 분장하고 사진을 찍어서 선생님께 보내라. (모자를 쓰고 목도리를 한 아이가 표지에 나오는 책이었는데 책 제목이 기억나지 않는다.)

미션 4

자기에게 가장 필요한 책을 가져와라. 겁이 많다면 『난 뭐든지 할 수 있어』나 『두려움에게 인사하는 법』을, 지금의 자기 모습이 싫은 아이는 『달라질 거야』를, 잔소리를 듣기 싫어하는 아이는 『잔소리 해방의 날』을 가져온다. 선생님께 책을 보여주며 책을 고른 까닭을 말한다. 선생님이 판단하기에, 책과 책을 고른 아이가 어울리지 않다면 책을 다시 가져와야 한다.

미션 5

모두 힘을 합쳐 책을 200cm 높이로 쌓고 사진을 찍어 보내라. (조건 : 각자 고른 책 다섯 권을 모두 활용하라. 4번 미션에서 고른 책은 반드시 세워서 쌓아야 한다.)

미션 6

쌓은 책 중에 꼭대기에 있는 책을 꺼낸다. 이때 책이 무너지면 미션 5를 다시 해야 한다. 책을 살펴보고 책에 나오는 물건을 주변에서 세 개 골라 한 개씩 들고 점프 샷을 찍는다. 도우미가 사진을 찍고, 네 명 중 세 명이 공중에 떠 있어야 성공이다. 발 모양이 똑같아야 한다.

미션 7

우리 학교에서 가장 줄기가 굵은 벚나무 주변에 숨겨진 마지막 미션 카드를 찾아 미션을 완성하라.

미션 8 : 마지막 미션

우리 학교에서 가장 많이 변한 사람을 한 명 골라 어떻게 변했는지 200자 이상으로 쓴다.

추가 규칙

모두 힘을 합쳐 서로 도와주는 분위기라면 10분 추가한다. 서로 비난하고 독촉하며 큰소리치면 추가 시간 없다.

동생들과 마찬가지로 책을 다섯 권 고르고 까닭을 말했다. 저학년은 얇은 책을 고르기 때문에 20분 동안 읽었지만 고학년은 두꺼운 책을 고를 거라 예상해서 20분 읽기를 하지 않았다. 100cm로 쌓아 조장을 정하고 5~6학년 교실 학급문고에서 가장 긴 제목의 책을 찾아 분장했다.

'EQ의 천재들' 시리즈에서 한 권씩 골라 도서관으로 내려왔다. 장난꾸러기가 『점잖씨』를, 얌전한 아이가 『수다양』을 골라왔다. 아이들이 자신을 잘 알고 있었다. 5~6학년이 넷이라 함께 200cm로 책을 쌓았다. 의자를 놓고 티격태격하면서도 성공했다. 굉장히 즐거워했다. 꼭대기에 있는 책을 꺼내 함께 책에 나오는 낱말을 찾았다. 그중에 직접 가져올 수 있는 낱말을 골라 운동장에서 점프 샷을 찍었다. 사진은 도우미를 해주신 아빠가 찍어주었다. 마지막 미션 카드를 찾아 미션을 완성했다. 이런 미션을 주면 평소에 글을 쓰기 싫어하는 아이도 열심히 쓴다.

내용을 알아보는 책놀이

1. 아무도 상처받지 않는 퀴즈, 거꾸로 독서퀴즈
2. 주거니 받거니, 핑퐁게임
3. 주요 낱말을 찾는 놀이
4. 말 이어가기 놀이
5. 우리끼리 독서퀴즈
6. 두뇌싸움

책놀이는 책에 관심이 없던 아이를 책 쪽으로 끌어당긴다. 그러나 어른들은 조금만 도와주고 격려하면 책을 읽을 아이에게 "무슨 내용인지 알아?" "벌써 다 읽었다고? 다 읽은 거 맞아?" 하며 찬물을 끼얹기도 한다. 내용을 아는지 조급하게 확인하거나 수준을 파악하려 들면 안 된다. 읽는 습관이 생길 때까지 격려하고 칭찬하며 기다려야 한다.

책을 읽을 때는 내용 이해와 주제 파악이 중요하다. 학원과 학습지는 이를 문제로 만들어 풀이를 시킨다. 주요 내용과 주제에 대한 문제의 답을 찾아내면 '안다'라고 인정한다. 그러나 전체 내용에서 일부 조각을 떼 내어 만든 문제를 푼다고 내용을 아는 건 아니다. 정말 내용을 이해했는지 알고 싶으면 토론하고 글을 써야 한다. 그러면 주제를 얼마나 아는지 드러난다. 책을 자기만의 눈으로 읽으면 글도 쓴다.

많은 교사와 학부모가 책을 읽고 자기 생각을 내세우는 게 중요하다고 말하면서도 어떻게 가르치는지 모르겠다고 한다. 토론과 글쓰기를 지도하는 건 더 어렵다. 어쩔 수 없이 학원에 보낸다. 그럼 학원에서는 아이들을 문제 풀이로 내몬다. 이런 악순환은 아이를 망가뜨린다. 독서, 토론, 글쓰기를 제대로 해보지도 못하고 질리게 만든다.

토론하려면 내용을 알아야 한다. 글을 쓰려면 자신만의 관점이 있어야 한다. 아이들은 내용 이해하기, 자기 관점으로 주제 찾기를 어려워한다. 어려우면 하기 싫어진다. 아이에게 부담을 주지 않고도 책 내용을 이해하도록 돕는 방법이 있다. 거꾸로 퀴즈는 책을 읽지 않고 책 내용에 관심을 갖게 한다. 핑퐁게임과 낱말을 알아보는 놀이, 말 이어가기 놀이는 책을 읽은 뒤에 책 내용과 주제를 알게 해준다. 놀이라서 즐거워한다. 특히 주제를 찾기 힘들어하는 아이들에게 도움을 주는 활동이다. 우리끼리 독서퀴즈는 재미있게 책 내용을 알아보는 방법이다.

여섯 가지 책놀이와 미션 책놀이에 이어 이번에는 내용을 이해하는 책놀이다. 책놀이로 내용을 알아보면 내용 이해가 재미있어지고, 주제 파악이 쉬워진다. 그럼 토론하고 글을 쓸 마음도 생긴다. 재미로 시작한 책놀이가 깊이로 이어진다.

1 아무도 상처받지 않는 퀴즈, 거꾸로 독서퀴즈

독서퀴즈는 책을 읽고 내용을 얼마나 아는지 확인하는 활동이다. 많은 아이가 참여할 수 있으며 진행하기 쉬워 독서골든벨과 함께 독서 행사의 단골손님이 되었다. 그러나 두 활동은 소수만 기쁘게 한다. 책을 잘 읽는 몇 사람은 즐거워하지만 많은 아이를 좌절시킨다. 대부분의 아이는 독서퀴즈 대회에 참여하지 않는다. 모두 즐겁게 참여하는 독서퀴즈대회를 하려면 어떻게 해야 할까? 답을 몰라도 괜찮고, 틀려도 좌절감을 느끼지 않는 토론대회를 하려면?

거꾸로 독서퀴즈는 책을 읽기 전에 독서퀴즈를 한다. 책을 읽지 않고 퀴즈를 맞히려면 추측해야 한다. 말이 좋아 추측이지 그냥 찍어야 한다. 책읽기를 싫어하는 아이들, 독서퀴즈대회에 참가하지 않았던 아이들이 좋아한다. 공부 잘하는 친구, 책 많이 읽는 친구, 부러워하는 친구와 똑같은 조건에서 시합하기 때문이다. 자신과 친구 모두 책을 안 읽었으니 잘 찍는 사람이 이긴다. 거꾸로 독서퀴즈는 인기 만점이다.

독서 관련 대회에 자주 나가는 아이도 일등 해야 한다는 부담이 없어서 좋아한다. 독서골든벨을 하면 한 문제만 틀려도 실패다. 한 문제를 몰라 떨어진 뒤에 계속 아는 문제가 나오면 책 읽을 마음이 싹 가신다. 독서퀴즈대회에서 우승하려면 틀리지 말아야 한다. 독서골든벨은 누군가를 좌절시키는 경기다. 그러나 거꾸로 퀴즈는 틀려도 괜찮다. 책을 읽지 않았으니 틀리는 게 당연하고 맞으면 행운이다. 그래서 마음 편하게 참여한다.

거꾸로 독서퀴즈 놀이 방법

① 거꾸로 퀴즈를 하려면 아이들이 읽지 않은 책을 골라야 한다. 어렵지 않다. 좋은 책은 많고 아이들이 읽는 책은 범위가 넓지 않다. 아이들에게 권하고 싶은 책을 고른다.

② 책을 읽으며 핵심 인물과 내용을 찾아 문제를 만든다. 아이들이 문제를 풀면서 전체 줄거리를 예상하게 하는 문제가 좋다. 퀴즈를 다 풀고 나서 '아, 책이 이런 내용이겠구나!' 생각할 수 있는 문제, 책에 관심을 갖고 줄거리를 상상하게 하는 문제가 좋다.

③ 선생님이 하나씩 문제를 내고 아이들이 답을 적는다. 한 문제를 풀 때마다 곧바로 정답을 알려주는 경우와 그렇지 않은 경우의 두 가지 방식으로 놀이한다.

| 문제를 풀 때마다 정답을 알려주는 경우 |

문제를 풀 때마다 정답을 알려준 뒤에 아이들이 줄거리를 추측한다. 문제와 정답을 다 알려준 뒤에 모든 퀴즈 내용을 바탕으로 책 내용을 상상해서 줄거리를 쓴다. 책의 주요 내용을 퀴즈로 내기 때문에 실제 줄거리와 비슷하게 상상한다.

| 정답을 알려주지 않을 경우 |

문제를 다 낸 뒤에 각자 책을 읽으며 답을 찾게 한다.

"책을 읽으며 자신이 어떤 문제의 답을 맞혔는지 찾아보자. 많이 맞힌다고 좋은 게 아냐! 자기가 얼마나 맞고 틀렸는지 정확하게 알아내면 돼. 다 틀려도 괜찮아. 다 틀렸다는 걸 알아내면 대단한 거야. 자기가 무엇을 모르는지 아는 건 굉장한 일이야. 소크라테스도 자기 자신을 알라고 했어. 자기가 어느 정도 수준인지 아는 게 백 점 맞는 것보다 더 멋져!"

라고 하면 즐겁게 책을 읽으며 정답을 찾는다. 이 방법은 읽기 집중력 강화에 도움이 된다. 사람마다 읽기 집중력이 다르다. 읽기 집중력이 3분인 아이는 3분 이내에 흥미를 끄는 내용이 나오지 않으면 재미없다고 책을 덮는다. 책 앞부분만 뒤적이다 책을 덮는 아이를 종종 봤을 것이다. 1학년은 읽기 집중력이 굉장히 짧다. 1분 이내에 책을 계속 읽을지 바꿀지 결정한다.

읽기 집중력이 부족한 아이는 책을 읽는 시간이 길어질수록 집중하기 힘들어한다. 읽기 싫은 마음이 커질 때 거꾸로 퀴즈에 냈던 문제가 나오면 '아, 이 문제구나!' 하면서 답을 찾는다. 그러면 읽기 싫던 마음이 가라앉아 처음 읽을 때의 집중력으로 다시 읽기 시작한다. 읽기 집중력이 5분인 아이를 위해 5분 읽을 분량마다 거꾸로 퀴즈를 하나씩 내면 아이가 20분, 30분 계속 책을 읽는다.

우리 반 아이들은 읽기 공부할 때 거꾸로 퀴즈를 하자고 한다. 교과서 지문을 읽고 내용 파악 문제를 풀면 부담스럽다고 한다. 거꾸로 퀴즈로 내용을 확인하는 게 훨씬 좋다고 한다. 틀린 문제 확인하는 걸 부담스러워하는 아이들을 위해 거꾸로 퀴즈를 자주 한다. 교과서 지문으로 거꾸로 퀴즈를 하면 공부할 지문에 관심을 기울이고, 긴 지문도 쉽게 읽는다.

그러나 이때는 교과 진도를 조정해야 한다. 학원에서 미리 내용을 가르치기 때문에 아이들이 이미 아는 내용에 답한다. 그러면 거꾸로 독서퀴즈의 의미가 없다. 이럴 때는 국어 교과를 3단원부터 시작한다. 학교에서 1단원을 배울 때 학원에서 2단원을 가르치기 때문이다. 마지막 단원을 배운 뒤에 1, 2단원을 가르치면 된다.

거꾸로 퀴즈는 책을 잘 읽지 않는 아이들의 참여를 이끈다. 책을 많이 읽은 아이와 경쟁하는 대회가 아니기 때문이다. 그렇다고 거꾸로 퀴즈가 단순히 찍기 대회는 아니다. 배경지식을 많이 알수록 문제를 맞히기 쉽다. 앞서 낸 문제를 잘 들으면 나중에 내는 문제의 정답을 맞히기도 한다. 정답을 알려주건 알려주지 않건 거꾸로 퀴즈를 하면 아이들이 책에 흥미를 갖는다.

거꾸로 독서퀴즈 실습

『책벌레들의 비밀 후원 작전』은 네 자매가 수다를 떨며 사건을 일으키는 이야기를 담았다. 루스, 나오미, 레이첼, 피비는 아프리카에 사는 조셉을 도와주기 위해 다달이 10파운드씩 보내는 후원 신청을 한다. 처음에는 용돈을 모으고, 심부름하고, 소파나 의자 뒤에 떨어진 동전을 모았다. 그러나 시간이 지날수록 돈을 마련하기 어려워지자 이상한 방법을 시도한다.

『책벌레들의 비밀 후원 작전』은 책을 좋아하는 아이라면 읽고 또 읽을 책이다. 그러나 책을 좋아하지 않는 아이에겐 300쪽이 넘는 괴물 같은 책이다. 두꺼운 책을 읽게 도와주려고 거꾸로 퀴즈를 준비했다. 중심 내용으로 문제를 만들었다. 정답을 알려주는 방식으로 퀴즈대회를 한 뒤에 줄거리를 예상해서 쓰라고 했다.

- 네 자매가 도와준 아이는 어느 대륙에 살까?
- 네 자매는 다달이 몇 파운드씩 후원했을까?
- 네 자매가 처음에 돈을 마련한 방법은 무엇일까?
- 앞의 방법으로 후원금을 마련하기 힘들어지자 네 자매가 돈을 벌기 위해 이상한 방법을 시도한다. 어떤 방법일까?
- 루스, 나오미, 레이첼, 피비 네 명 모두 조셉을 만나러 갔을까? 못 갔을까? (○×퀴즈)
- 네 자매가 조셉을 만나러 가는 비용을 어떻게 마련했을까?
- 위의 문제를 바탕으로 책의 줄거리를 써보자.

아이들이 아시아와 아프리카라고 대답했다. 아프리카가 가난하다는 사실을 알고 있다. 후원금 액수 문제를 냈을 때 4학년 남자아이가 영국 화폐 단위와 환율을 물었다. 파운드를 사용하며 당시 환율이 2,300원가량이라고 알려줬다. 10파운드, 2만 원이 작다고 생각했는지 20파운드 이상을 적었다. 조셉을 후원하기 위해 용돈을 모았다는 내용은 잘 추측했다. 그러나 돈을 모은 방법은 잔디 깎기(정원 가꾸기) 외에는 찾지 못했다. 영국과 달리 우리나라에는 아이들이 일해서 돈을 버는 문화가 없기 때문인 것 같다.

위의 문제와 답을 잘 연결하면 『책벌레들의 비밀 후원 작전』 줄거리를 예상한다. 1~6학년 모두에게 줄거리를 써보라고 했다. 대부분 윤서인처럼 썼는데 4학년 배하랑은 작가가 된 것처럼 글을 썼다.

윤서인(3학년)

루스, 나오미, 레이첼, 피비는 엄마 몰래 아프리카에 사는 조셉이라는 아이를 도와준다. 처음엔 용돈으로 돈을 보내는데 용돈이 부족해서 이웃에 사는 할머니 친구가 되어주고, 도시락을 만들어서 팔았다. 나중에 아프리카에 가는데 엄마, 아빠 돈으로 간 게 아니고 이웃에 사는 할머니가 돌아가시면서 유산을 남기셨다. 자매들은 비행기를 타고 가는 도중에도 너무 슬퍼 울면서 갔다.

서인이가 쓴 줄거리는 책 내용과 비슷하다. 거꾸로 퀴즈를 하면 책의 진짜 줄거리와 비슷하게 쓰는 아이가 꽤 많다. 그럴 때마다 과장해서 너스레를 떨며 칭찬한다.

"우와! 넌, 작가구나. 진짜 『책벌레들의 비밀 후원 작전』과 줄거리가 똑같아. 어쩜 작가와 똑같이 생각했니? 어이, 윤 작가! 이런 능력이 있는 줄 몰랐다!"

하면 아이가 정말 좋아한다. 그럴 때 또 말한다.

"그런데 너와 작가가 다른 점이 있어. 이것만 알면 너도 진짜 작가가 될 텐데, 뭔지 아니?"

평소에 글을 자세히 쓰라고 말해도 아이들은 잘 듣지 않는다. 똑같은 이야기를 이런 분위기에서 하면 듣는다. 자기가 작가라는데 듣지 않을 아이가 없다.

"네가 열 줄로 쓴 줄거리를 작가는 300쪽으로 썼어. 너는 '루스, 나오미, 레이첼, 피비는~'이라고 썼지? 작가는 루스를 서너 쪽으로 설명해. 루스의 행동과 말로 루스가 어떤 아이인지 보여줘. 나오미와 레이첼과 피비도 서너 쪽씩, 어떤 때는 열 쪽 넘게 써. 또 너는 '엄마 몰래'라고 네 글자로 쓴 내용을 작가는 대여섯 쪽 써. 엄마 몰래 도서관에서 어떻게 후원에 관심을 갖고 신청서를 보냈는지 묘사해. 네가 진짜 작가가 되려면 한두 줄에 써버릴 내용을 자세하게 써야 해. 그러기 위해서 설명과 묘사를 한단다. 네가 자세하게 설명하고 묘사하면 진짜 작가가 되는 거야!"
하고 말해준다.

글을 쓸 때에 "얘들아, 작가가 우리와 뭐가 다르지?" 하면 아이들이 자세하게 쓰는 거라고 대답한다. 그러면 우리도 작가처럼 설명하고 묘사해보자고 한다. 그럼 아래와 같은 글을 써낸다.

배하랑(4학년)

오늘은 학교에서 책읽기 대회를 하였다. 나오미에게 아프리카에 대한 책 한 권이 있었다. 나오미는 책을 너무 좋아한 나머지 집에 오면서 끝까지 읽었다. 나오미가 맨 끝장을 펼칠 때 조색을 도와달라는 글이 있었다. 나오미는 아이를 너무 도와주고 싶어 자매들에게 사실을 알렸다. 사실을 안 자매들은 아이를 도와주기로 했다.

피비가 돈은 어떻게 모으는지 물었다. 그때부터 네 자매는 고민에 빠졌다. 루스가 용돈으로 모으자고 했다. 그때부터 네 자매는 10파운드를 모으기로 했다. 돈을 모으고 또 모아도 모이지 않아 네 자매는 일을 시작했다. 40분 걸리는 곳에 마당이 아주 더러워 보이는 집이 보였다. 집도 무서워서 더욱 들어가기 싫었지만 조색을 위해 들어갔다.

멜빵을 하고 조금 뚱뚱한 할아버지가 나오셨다. 갑자기 되게 유쾌한 목소리로 "그럼 해봐!"라고 말하였다. 네 자매는 조색을 도와줄 마음으로 열심히 일하였다. 할아버지에게 인사하고 가벼운 걸음으로 돌아갔다. 자매는 기쁜 마음으로 잠을 청했다.

루스 : 얘들아, 할아버지 되게 좋은 분 같지?
피비 : 그런데… 할아버지가 아파 보였어.

피비가 말한 순간 네 자매는 침묵했다. 그리고 잠을 청했다.

다음 날 오후, 네 자매는 유쾌한 목소리로 학교에 다녀왔다고 알려드렸다. 그리고 할아버지 집으로 빨리 갔다. 어제보다 훨씬 더 빨리 가는 것 같았다. 할아버지는 어제보다 조금 더 아파 보였지만 웃음은 계속 이어지고……

레이첼 : 오늘은 무엇을 할까요?

할아버지 : 오늘은 나하고 놀아주면 돼! 나는 TV도 없고 놀아줄 사람도 없거든.

네 자매 : 알았어요.

네 자매는 시간이 가는 줄도 모르고 계속 놀았다. 저녁이 되자 자매는 즐겁게 나왔다. 엄마에게 많이 혼났지만 즐거운 하루였다. 다음 날도 할아버지와 즐겁게 놀았다. 어느 날 잠을 잘 때 엄마와 아빠가 나누는 소리를 피비가 들었다.

"옆집 토비 할아버지가 돌아가셨대!"

피비는 이 소식을 네 자매에게 알렸다.

다음 날 아침에 무거운 걸음으로 달려갔다. 할아버지 집에 가니 편지 한 장이 도장, 통장과 함께 있었다.

"네 자매에게. 나를 재미있게 해줘서 고맙다. 저 옆에 있는 통장은 너희들 일당이다. 토비 할아버지."

통장을 보니 돈이 엄청 많이 있었다. 덕분에 아프리카에 가게 되었다. 편지에는 '고마워!'라고 적혀 있었다.

여섯 문제만으로 줄거리를 정말 잘 썼다. 평소에 글쓰기를 좋아하는 아이가 아니었는데 거꾸로 퀴즈를 하면서 상상의 세계에 빠져들어 대사까지 썼다. 하랑이가 쓴 글에, 나오미가 우연히 조셉을 도와달라는 글을 보았다고 했는데 실제 책 내용과 비슷하다. 외로운 할아버지가 아이들을 좋아하는 내용도 똑같다. 할아버지가 돌아가시며 아이들에게 고마워한 내용도 책에 나온다. 책을 읽기 전에 어떤 내용일지 상상하면서 아이들이 『책벌레들의 책 없는 방학』을 무척이나 읽고 싶어 했다.

하랑이가 쓴 글을 읽어주고 작가라고 칭찬했다. 그리고 덧붙였다.

"작가처럼 글을 썼어. 줄거리가 정말 비슷해. 그러나 진짜 작가는 한 가지가 달라. 네가 쓴 줄거리는 한두 쪽이지! 작가는 네가 쓴 내용을 삼백 쪽으로 자세하게 써. '설명과 묘사'를 사용해서 눈에 보이듯 보여주는 거야. 하랑이가 '오늘은'이라고 썼잖아. 작가는 '오늘'이 어떤 날인지 네다섯 쪽으로 써. '학교에서'라고 썼지. 작가는 학교 모습, 학교에서 일어나는 일을 몇 쪽이나 묘사해. 하랑이는 돈을 모으고 또 모아도 모이지 않아 일을 시작했다고 썼지. 작가는 이걸 수십 쪽으로 늘려 쓴단다. 어떻게 돈을 모았는지 사건으로 직접 보여주는 거야. 글을 잘 쓰려면 설명과 묘사를 써야 해. 그걸 자세하게 쓴다고 말하는 거야. 진짜 작가는 읽는 사람들이 관심을 가질 내용을 자세하게 묘사하고 설명해. 우리가 작가처럼 쓰진 못하겠지만 일기 쓸 때만이라도 자세하게 쓰려고 노력해봐. 그럼 정말 작가가 될 거야!"

하면서 설명과 묘사를 자세하게 알려주었다.

국어 시간에 설명과 묘사를 배워도 실제로 글을 쓸 때는 설명하고 묘사할 마음이 들지 않았을 것이다. 그러나 자신이 작가가 되어 글을 쓴 뒤에 설명과 묘사를 써야 한다고 들으면 실제로 글을 쓸 때 설명하고 묘사하려고 노력한다.

보통 거꾸로 퀴즈를 하면 줄거리를 쓰고 마무리한다. 소달 초등학교에서 독서 캠프를 할 때 한 가지를 더 했다. 『책벌레들의 비밀 후원 작전』에서 네 자매가 조섹을 도와준 것처럼 우리는 누구를 도와주고 싶은지 발표했다. 아이들이 저마다 도와주고 싶은 대상을 골라 글을 썼다. 아프리카 아이를 돕고 싶다, 동생이 글씨를 잘 쓰도록 도와주겠다, 세 집밖에 없는 산골에 사는 동생 동네에 가게를 만들어주고 싶다, 동생이 화를 참도록 도와주겠다, 오빠가 발이 아프기 때문에 도와주겠다고 했다. 네 자매가 우연히 후원을 시작하고 다른 사람을 돕는 일에 점점 빠져든 것처럼 우리 아이들도 친구, 언니와 오빠, 누나, 동생과 가족을 도와주는 마음이 점점 커지리라 믿는다.

독서 캠프 끝나고 아이들이 학급문고와 도서관에서 『책벌레들의 비밀 후원 작전』을 쓴 힐러리 매케이의 책을 뒤지고 다녔다. 줄곧 교실에 꽂혀 있었는데도 보지 않더니 독서 캠프를 계기로 서로 보겠다고 나섰다. 독서 캠프 상품으로 힐러리 매케이 책을 준다고 하니 빨리 달라고 쫓아다닌다. 다른 학교에서도 국어 시간에 내용을 읽고 문제를 풀지 말고, 거꾸로 퀴즈를 한 뒤에 내용을 읽자고 졸랐다. 거꾸로 퀴즈는 아이들이 좋아하는 놀이다.

삽화를 활용한 거꾸로 퀴즈도 가능하다. 『바꿔!』는 엄마와 딸이 1주일 동안 몸이 바뀌면서 일어나는 일을 썼다. 엄마의 마음, 딸의 마음, 소녀들의 관계를 토론하기 좋은 책이다. 이 책에는 삽화가 여러 점 들어있다. 삽화를 보면 책 내용을 짐작할 수 있다. 삽화를 보여주고 책 내용을 예상하는 활동도 재미있다. 거꾸로 삽화 퀴즈로 몇 가지 사건을 예상하고 줄거리를 쓴다.

- 삽화 1(책 11쪽)은 주인공 마리네 집의 아침 모습이다. 엄마가 급하게 일하러 가고 마리는 혼자 샌드위치를 먹는다.
- 삽화 2(책 15쪽)는 마리가 화영이네 모둠으로 가는 모습이다. 화영이는 마리를 자기네 모둠에 받아주지 않으려 한다. 화영이 모둠 친구들은 마리가 의자를 들고 올 때 귓속말로 수군댄다.
- 삽화 3(책 33쪽)은 방과 후에 마리와 엄마가 통화하는 장면이다. 엄마는 칼로 오이를 썰면서 어깨 위에 핸드폰을 올려놓고 움츠리며 전화를 받는다.
- 삽화 4(책 62쪽)는 저녁 모습이다. 엄마는 설거지를 하고, 마리는 화가 나서 방으로 들어간다. 아빠는 소파에 누워 TV를 본다.
- 다음 삽화 5(책 141쪽)에서는 마리와 엄마가 같이 화를 낸다.
- 마지막 삽화 6(책 178쪽)은 마리가 엄마를 안으며 웃는 모습이다.

삽화 여섯 개 내용을 연결하면 전체 줄거리를 예상할 수 있다. 삽화를 보고 줄거리를 쓰는 활동을 하면 된다. 붙임쪽지를 나눠주고 삽화에 말풍선을 넣는 활동을 해보자. 삽화에 어울리는 말을 실감 나게 쓴다면 실제로 그런 일을 겪었을 가능성이 크다. 아침에 일찍 출근하며 알아서 학교 다녀오라고 말하는 엄마가 있다면 아이가 엄마에게 듣던 말대로 말풍선을 넣을 것이다. 귓속말로 수군대는 말을 잘 썼다면 그런 일을 겪었을 수 있다(가해자로든 피해자로든). 삽화를 통해 가정과 학교에서 아이가 처한 상황을 알게 되는 경우도 있다.

2 주거니 받거니, 핑퐁게임

탁구(핑퐁)는 두 사람이 공을 상대편에게 보내는 스포츠이다. 책을 읽고 나서 하는 핑퐁게임은 탁구공 대신 책에 나온 낱말과 내용을 주고받는다. 인문, 사회, 과학…… 어떤 종류의 책이라도 되지만 이야기책(동화)이 가장 좋다. 동화책을 읽고 등장인물(동물 포함) 핑퐁게임을 해보자.

핑퐁게임 놀이 방법

① 참가자를 두 편으로 나눈다. 참가자가 서른 명 넘으면 세 편이나 네 편으로 나눈다. 모둠 활동 도중에 핑퐁게임을 하면 두 모둠을 한편으로 합치기도 한다. 첫 놀이에서는 1모둠이 2모둠과 한편을 하고, 두 번째 놀이에서는 1모둠이 3모둠과 한편을 한다. 편을 계속 바꾸면 지나치게 경쟁하는 관계를 막을 수 있다.

② 진행자가 '책에 나오는 등장인물 말하기'를 제시하면 같은 편끼리 돌아가며 등장인물을 말해야 한다. 이때 동물과 식물을 포함할지 진행자가 정해주어야 한다. 가, 나, 다 세 모둠이 『바보 온달』을 읽고 놀이를 한다면 가-온달, 나-평강, 다-임금, 또는 가-고승장군, 나-온달의 어머니, 다-문지기, 또는 가-바우, 나-닭, 다-호랑이 같은 순서로 번갈아가며 말한다. 세부 규칙이 세 가지 있다.

- 이미 말한 낱말을 다시 말하면 안 된다.
- 10초 이내에 낱말을 말해야 한다.
- 한 사람이 연속으로 말하지 못한다.

가 모둠에서 승현이가 가장 잘한다고 하자. 승현이가 온달을 말하면 다음 차례에는 승현이가 말할 수 없다. 그래야 여러 사람이 돌아가며 말한다. 승현이가 친구에게 알려줄 수는 있지만 직접 말하지는 못한다. 승현이는 같은 편의 다른 사람이 말한 다음 차례에 말해야 한다.

몇 아이만 계속 말한다면 "어느 정도 시간이 지났는데도 끝나지 않으면 한 번이라도 말한 사람 수가 많은 쪽이 이긴다. 여러 사람이 말하는 게 유리하겠지!" 하고 말해준다. 참여하는 아이가 많아진다.

③ 끝까지 대답하는 모둠이 이긴다.

④ 이름을 특정하지 않고 엄마, 아빠, 할머니라고 대답한 사람이 있으면, 다음 사람들은 누구 엄마, 누구 아빠, 누구 할머니는 말하지 못한다. 모든 엄마, 아빠, 할머니가 한 단어에 다 포함되었기 때문이다. 만약 이름을 특정해 '누구 엄마'를 말하면 다음 모둠이 다른 엄마를 말해도 된다.

등장인물 말하기 놀이가 끝나면 같은 방법으로 책에 나오는 낱말을 돌아가며 말한다. 등장인물 말하기는 2~3분이면 끝난다. 책에 나오는 낱말은 5분까지 걸릴 때도 있다. 승자가 나올 때까지 계속하면 책에 어떤 낱말이 나왔는지 어느 정도 안다. 책을 제대로 읽지 않은 아이들도 등장인물과 책에 나온 낱말을 계속 들으면 책 내용을 짐작하거나 이해한다.

핑퐁게임 응용하기

| 책 내용을 자세하게 알고 싶을 때 |

『바보 온달』의 등장인물을 자세하게 알고 싶다면 온달 핑퐁게임, 평강 핑퐁게임, 고승장군 핑퐁게임을 한다. 온달 핑퐁게임은, 온달에 대한 내용을 번갈아 가며 말한 뒤에 온달이 어떤 사람인지 모둠별로 정리한다. 이렇게 핑퐁게임을 하면 온달이 한 일과 관련 사건뿐만 아니라 온달의 성격과 변화 모습도 이해한다.

| 꼭 알아야 하는 내용을 조사할 때 |

시간이나 장소가 중요한 이야기를 읽는다면 "이번에는 핑퐁게임 주제를 미리 알려줄게. 이 책은 시간과 장소를 꼭 알아야 해. 시간과 장소를 설명하는 낱말이 나올 때마다 표시해놓아라."라고 말하며 미리 조사하게 한다. 그럼 놀이에서 이기려고 열심히 조사한다.

| 아이들이 토론을 준비하지 않았거나 토론 경험이 적을 때 |

『돌 씹어 먹는 아이』에 나오는 단편 「혀를 사 왔지」를 읽고 친구의 잘못을

솔직하게 알려줘야 한다는 논제로 찬반토론을 했다. 책 내용, 찬성 측 의견, 반대 측 의견을 잘 알아야 깊이 토론한다. 그러나 아이들에게 준비하는 시간을 줘도 무얼 할지 몰랐다. 그래서 「혀를 사 왔지」에 나오는 내용 알아보기 핑퐁게임을 했다. 이어서 친구의 잘못을 솔직하게 말해줄 때의 좋은 점과 나쁜 점을 핑퐁게임으로 알아보았다. 내용을 알아보고, 의견을 정리하고, 친구의 잘못을 솔직하게 말할지 말지 결정한다. 핑퐁게임을 하면서 저절로 토론 준비가 되었다.

| 책을 자기 생각으로 정리할 때 |

책 내용을 한 낱말로 표현하는 놀이는 정말 중요한 활동이다. 아이들이 한 낱말로 내용을 표현하는 게 무슨 뜻인지 모르기 때문에 아이들이 잘 아는 『강아지똥』으로 규칙을 설명하고 시작한다. 『강아지똥』은 '똥' 이야기이다. '꽃' 이야기, '친구' 이야기이기도 하다. 우정, 친구, 외로움에 대한 이야기도 된다. 한 낱말을 말하고 그 낱말로 책 내용을 설명한다. 편끼리 돌아가며 다른 낱말로 설명한다.

책에 나오지 않는 낱말 하나로 책을 설명하는 게 더 좋다. 『강아지똥』에는 '필요'라는 낱말이 나오지 않는다. 농부가 진흙은 필요하다고 생각했지만 강아지똥은 필요 없다고 생각했다. 이 책은 사람들이 필요하다고 생각하는 것이 서로 다르다는 걸 말하는 책이다. 아래처럼 주고받을 수 있다.

'우정'	강아지똥과 민들레 사이에 우정이 생겼다. 이 책은 우정에 대한 내용이다.
'슬픔'	아저씨가 강아지똥을 놔두고 진흙만 가져갔을 때 슬펐을 것이다.
'희생'	강아지똥이 자기 몸을 희생해서 민들레꽃이 피었다.
'함께'	민들레와 강아지똥은 함께했다.
'외로움'	강아지똥은 혼자 남아서 외로웠다.

이렇게 하면 책 내용을 자기만의 주제로 요약하게 된다.

중고등학생도 책을 읽는 방법을 잘 모른다. 책을 읽고 줄거리는 말해도 어떤 시선으로 책을 읽었는지 말하는 학생이 적다. 책을 읽고 서로 의견을 나누며 자기 생각을 말한 경험이 적기 때문이다. 핑퐁게임을 하면서 책 내용을 낱말로 표현하고 설명하면 책을 자기만의 생각으로 정리한다. 책을 자기만의 관점으로 읽으라고 설명하면 이해하지 못하는 학생도 핑퐁게임을 하면 조금씩 능력이 생긴다. 그러면 어느 순간 줄거리만 읽지 않고 책 내용을 자기 눈으로 해석하기 시작한다.

핑퐁게임 실습

이틀 동안 연이어 지역아동센터 선생님들, 사립초등학교 학부모들과 독서토론 연수를 했다. 『바보 온달』을 읽고 책에 나오지 않는 낱말로 핑퐁게임 낱말 말하기를 했다.

지역아동센터 선생님들	시선(편견), 별을 따라, 가면, 능력(경쟁력), 모자 가정, 인간승리, 신분상승, 드라마, 굴레, 멘토, 교육제도
사립초 학부모들	흐름(주류), 제자리, 변화, 명예, 더딤, 행복, 인정, 강인함, 재력, 소유욕(욕심)
강원도 학부모들	어리석음, 관점, 배려, 사랑, 삶의 가치, 욕심, 환경, 인정, 별똥별, 뿌듯함, 행복, 긍정, 부부싸움

지역아동센터 선생님들은 '시선(편견), 별을 따라, 가면, 능력(경쟁력), 모자 가정, 인간승리, 신분상승, 드라마, 굴레, 멘토, 교육제도'를 말했다. 모자 가정이라는 말에 참가한 선생님들 모두 '아~' 하고 소리를 냈다. 온달이 엄마와 살았으니 모자 가정이 맞다. 지역아동센터에도 모자 가정이 많다. 그래서 온달을 모자 가정으로 읽었다.

사립초등학교 학부모들은 '흐름(주류), 제자리, 변화, 명예, 더딤, 행복, 인정, 강인함, 재력, 소유욕(욕심)'이라고 대답했다. 지역아동센터 선생님들과 사립초등학교 학부모들의 대답이 다르다. 사립초 학부모들은 '편견, 상처 받은 아이가 쓰는 가면(persona), 벗어나기 어려운 굴레, 멘토' 같은 낱말은 말하지 않았다. 그분들 눈에 『바보 온달』은 인간승리나 신분상승 이야기가 아니다. 그들은 온달을 '모자 가정'으로 읽지 않는다. 같은 책을 읽었지만 같은 책이 아니다. 두 무리는 똑같은 책을 서로 다르게 읽었다. 다른 일을 겪었고, 다른 환경에서 살았으니 당연하다.

얼마 뒤에 동네 학부모들과 연수했을 때는 '어리석음, 관점, 배려, 사랑, 삶의 가치, 욕심, 환경, 인정, 별똥별, 뿌듯함, 행복, 긍정, 부부싸움'이라고 대답했다. 강원도 시골 학부모들은 지역아동센터 선생님들처럼 어려운 처지에서 인간승리하는 신분상승 이야기로 읽지 않았다. 사립 학부모들처럼 재력과 소유욕으로 읽지도 않았다. 사랑하고 배려하며 행복하게 살기를 바랐다. 온달이 살아가는 환경을 생각하고 부부싸움과도 연결했다.

연수를 마치고 돌아오면서 가난한 아이를 만나는 지역아동센터 선생님들과 부유한 사립초등학교 학부모들이 함께 토론하면 좋겠다고 생각했다. 또한 도시 학부모들과 강원도 시골 학부모들이 함께 토론하면 좋겠다. 직업, 소득수준, 환경, 사는 지역이 다른 사람들이 함께 토론하면 좋겠다. 누가 옳고 누가 그르냐를 따지는 토론이 아니라 자신이 미처 생각하지 못한 다른 해석을 들으면 좋겠다. 그러면 서로를 이해하지 않을까! 서로 비난하지 않고, 이해하려고 노력한다면 새로운 일이 일어나지 않을까!

한 낱말로 핑퐁게임을 할 때 참가자들이 말하는 주제를 모두 칠판에 쓴다. 칠판에 쓴 낱말로 여러 가지 빙고놀이를 한다. 마음에 드는 낱말을 골라 제목으로 정하고 독서감상문을 쓴다. 우정을 골랐다면 우정을 나눈 친구 이야기를 쓰고 강아지똥과 민들레의 우정을 쓴다. 강아지똥이 자신을 희생해서 민들레꽃을 피운 내용을 쓰고 부모님의 희생이나 누군가의 희생을 쓴다. 책 내용과 자기 이야기가 한 가지 주제로 어우러진 글이 좋은 독서감상문이다. '멘토'를 제목으로 평강이 바보 온달에게 좋은 멘토가 되는 이야기와 함께 지역아동센터 선생님 이야기를 써도 좋은 독서감상문이다.

전국 단위 독서감상문 대회 심사를 했는데 줄거리만 쓴 글이 너무 많았다. 아이들이 독서감상문에 줄거리만 쓰는 까닭은 쓰고 싶은 주제가 없기 때문이다. 책을 한 낱말로 표현하면 독서감상문을 편하게 생각한다. 책을 자기 눈으로 읽지 못하고 독서감상문을 쓰면 줄거리만 나온다. 핑퐁게임은 글쓰기에도 도움이 된다.

『우물 파는 아이들』은 내전을 피해 도망가는 아이 이야기이다. 걷고 또 걸어도 희망이 보이지 않는다. 굶고, 가족이 죽고, 자신도 죽을 위기를 넘긴다. 이런 책을 읽고 독서감상문을 쓰면 현실에서 동떨어진 정답을 쓰기 쉽다. 마음에 와닿지 않고 뜬구름 잡는 이야기를 쓰는 것보다 한 가지 주제를 정해 자기 이야기를 쓰는 게 낫다.

민하는 『우물 파는 아이들』을 '여행'으로 읽었다. 1문단에 여행한 경험을 쓰고 2문단에 주인공 살바의 여행을 썼다. 3문단을 써야 글이 완성되지만 2문단에서 멈췄다. 그래도 이렇게 쓰는 게 낫다. 자신만의 눈으로 읽은 이야기를 쓰면 책 읽는 눈이 달라진다. 민하는 중고등학생 시절에도 혼자 글을 썼다. 내가 생각하지 못한 눈으로 책을 읽었고, 글이 점점 깊어졌다. 이렇게 쓰는 독서감상문이 일기처럼 쉽게 쓴 글로 보일 수도 있다. 그러나 자기만의 눈으로 읽어낸 이야기를 써야 진짜 글을 쓴다.

권민하(6학년)

나는 여행을 다녔다. 어떤 여행은 재미있었고 어떤 여행은 힘들었다. 또 어떤 여행은 재미있는 점과 힘든 점이 섞여 있었다. 힘든 점 중에서는 덥다는 것과 집이 아니라는 점이 있다. 우리 가족이랑 다투기도 했지만 그렇게 큰 일은 아니다. 하지만 새로운 것을 보는 것이 좋고 재미도 있어서, 그런 점은 신경 쓰지 않아도 된다. 차를 타고 다니고, 밥도 제때에(조금 늦을 때도 있지만) 먹는다. 떼를 쓰면 해달라는 것을 다 해주고 사달라는 것도 조금은 사준다. 수학여행은 자기가 돈이 있기 때문에 음식을 사 먹는다. 꼭 필요한 것이 아니어도 사고 싶은 것은 살 수 있다. 나는 힘든 여행을 다닌 적이 없다. 그러니까, 가끔 사소한 일이 조금 생기는, 그런 '아주 편한?' 여행을 했다.

살바는 여행을 한다. 전쟁이 벌어진 수단을 피해서 동쪽으로, 에티오피아로 간다. 사막을 건너고, 사자가 많이 있는 곳도 지나야 한다. 또 같이 있던 친구와 삼촌도 잃었다. 다음에는 에티오피아 정부에 쫓겨 남쪽에 있는 케냐로 간다. 아주 힘든 길이다. 내가 한 여행처럼 음식을 먹을 수도, 원할 때 쉴 수도 없다. 참 힘든 길이다.

니아는 물을 구하러 걷는다. 신발도 없이. 길에 있는 넝쿨과 가시 때문에 방해가 된다. 그러고는 흙탕물을 담아 곧바로 집으로 돌아온다. 집에 와도 간단히 끼니를 때우고 다시 간다. 니아는 그 힘든 길을 하루에 두 번이나 왔다 갔다 해야 한다. 니아는 나처럼 신발이 있지 않다. 차를 탈 수도 없다. 가끔도 아니고 매일 그래야 한다. 그 아이들은 내가 하는 여행 같은 여행을 하지 못한다.

책에 나오는 낱말을 맞히는 놀이다. 낱말을 알아서 좋고, 낱말을 통해 책 내용을 이해해서 좋다. 공부, 레크리에이션, 상담 등의 활동에서 다양하게 응용할 수 있다.

초성 퀴즈

책에 나오는 주요 낱말과 문장의 초성을 보고 낱말과 문장을 알아내는 놀이다. 모둠이 의논해서 화이트보드에 써도 되고, 가장 빨리 정답을 알아낸 모둠에 점수를 주어도 된다. 『수상한 아이가 전학 왔다』를 토론할 때 다음 문제를 냈다.

ㅅㄹㅎ

ㅊㅎㅅㅈ

ㅇㄴㅎㅁ ㅇㄱ ㅁㅇㅈ ㅈㅁ ㄱㅁㅎ ㅇㅇㅇ

ㄲㅊㄲㅊ ㅋㅁㄱ ㄷㄴㅈ ㅁㄹㄱ ㅎㄷ ㄱ ㄱㅇㄷ

ㅌㅁㄴ ㄷ ㅇㅅ ㅈㅎㅅㅇ ㅇㄴㅇ ㅌㅁㄴ ㅇㄹ ㅈ ㅎㄴㅇ

‘심리학, 초현실적’은 중요한 내용으로 나온다. “왜냐하면 이건 말이지 정말 기묘한 일이야”, “꼬치꼬치 캐묻고 다니지 말라고 했던 것 같은데”는 중요한 문장이다. 특히 “토미는 더 이상 전학생이 아니야. 토미는 우리 중 하나야”는 친구들이 토미를 받아들이는 결론을 보여준다. 아이들이 정답을 찾기 어려워하면 책을 보게 한다.

초성퀴즈로 낱말 대신 행동이나 대사를 써도 좋다. 『망나니 공주처럼』에 대사가 많다. 왕자, 망나니 공주, 털보 왕, 자두, 앵두 공주 다섯 명의 대사를 하나씩 골라 초성퀴즈를 낸다. 대사를 정확하게 쓰고 누가 한 말인지 쓴다. 같은 방법으로 행동을 퀴즈로 내도 재미있다.

낱말 눈치 게임

진행자가 제시하는 조건에 맞게 대상 도서에 나오는 낱말을 쓰는 놀이다. 두 가지가 있다.

① 다른 모둠과 똑같은 낱말 쓰기

대상 도서에 나오는 낱말을 쓰되, 다른 모둠이 쓸 것 같은 낱말을 써야 한다. 6개 모둠에서 4개 모둠이 '방한모'를 쓰고 2개 모둠이 '전학생'을 쓰면 '방한모'를 쓴 모둠이 1점씩 받고 전학생을 쓴 모둠은 점수가 없다. 다만 예외가 있다. 한 모둠만 다른 낱말을 쓰고 나머지 모둠이 모두 같은 낱말을 쓰면 다른 낱말을 쓴 모둠이 2점을 받는다. 다른 모둠이 쓸 것 같은 낱말을 써서 쉽게 1점을 받을지, 완전히 다른 낱말을 써서 2점을 노릴지 판단해야 한다. 완전히 다른 낱말을 쓴 모둠이 여럿이면 점수를 받을 수 없다. 『바꿔!』로 활동했을 때 5개 모둠이 '바꿔'라 썼고 한 모둠만 '베이커리'를 썼다. 그래서 베이커리를 쓴 모둠에게 2점을 주었다.

② 다른 모둠과 다른 낱말 쓰기

다른 모둠이 쓰지 않은 낱말을 쓰면 1점을 받는다. 다만 모두 다른 낱말을 쓰고, 두 모둠이 같은 낱말을 쓰면 두 모둠만 점수를 2점씩 받는다. 아무도 쓰지 않을 낱말을 쓰면 안전하지만 2점을 받으려고 모험하는 모둠도 있다. 낱말 눈치 게임은 전략 게임이다. 다른 모둠 눈치를 보며 낱말을 찾아내는 게 재미있나 보다. 아이들이 서로 눈치를 보며 즐겁게 참여한다. 낱말을 쓰는 대신 특정한 장면, 특정 인물의 행동, 장소나 사건을 써도 된다.

이마 폭탄을 제거하라

❶각자 대상 도서에서 중요하다고 생각하는 낱말을 하나씩 정해 붙임쪽지에 쓴다. ❷다른 친구를 만나 상대방의 이마에 붙임쪽지를 붙여준다. 이마에 있는 낱말을 누구나 읽지만 본인은 모른다. 자기 이마에 있는 낱말이 무엇인지 찾아내야 한다. ❸정답을 찾아낸 사람에게 1점씩 준다. 1~4학년이 좋아하는 놀이

다. 5~6학년은 외모에 관심이 많은 시기라 이마에 붙임쪽지 붙이는 걸 싫어하기도 한다. 화장 지워진다고 싫어하는 경우도 있으므로 아이들 특징에 맞게 해야 한다.

이마에 붙임쪽지를 붙이고 돌아다니며 스무고개와 비슷한 방법으로 놀이를 한다. 손가락을 모두 펴고 한 사람을 만나 '그렇다, 아니다'로 대답하는 질문을 한다. 서로 한 번씩 질문하고 대답한 뒤에 다른 사람을 만난다. 질문할 때마다 손가락을 접는다. 다섯 손가락이 남으면 질문 기회가 다섯 번 남았다는 뜻이다. 정답을 알면 교사에게 와서 정답을 말한다. 맞으면 교사가 폭탄(붙임쪽지)을 제거해준다. 틀리면 손가락을 한 번 더 접는다. 열 손가락을 다 접기 전에 낱말을 알아내야 한다.

지워내기 빙고

❶세로로 일곱 줄에서 여덟 줄인 표를 만들어 모둠별로 나눠준다. ❷아이들은 한 낱말로 말하기 핑퐁게임에서 말한 낱말 또는 책에 나오는 낱말을 하나씩 쓴다. ❸낱말을 쓴 뒤에 모둠이 돌아가면서 낱말을 하나씩 부른다. ❹부른 낱말이 가장자리(가장 위와 가장 아래에 있는 낱말)에 있으면 지운다. 낱말이 가장 아래나 위에 없으면 지우지 못한다. 예를 들어 자기나 다른 모둠이 꼴뚜기를 부르면 지운다. 다음에는 생선 가게, 선생님을 지울 수 있다. 자기 모둠 차례가 되면 남은 낱말 중에 가장 위나 아래의 낱말을 부른다. 다른 모둠이 말한 낱말을 다시 말해도 된다. 낱말을 모두 지우면 이긴다.

낱말을 부르는 순서는 무작위로 고른다. 예를 들어 시작할 때 "12월이 생일인 친구!"를 찾아 먼저 부른다. 그리고 그 친구가 다른 모둠을 골라서 순서를 이어간다.

꼴뚜기
생선 가게
어물전
독도
포크
편식
반찬
선생님

모든 모둠이 한 번씩 말하면 순서를 바꿔서 다시 부른다. 두 번째 기회에서 "7월이 생일인 친구!"를 불렀는데 두 명이라고 하자. 그럼 가위바위보를 한다. 이긴 사람이 낱말을 부르고 7월이 생일인 다른 친구를 시킨다. 그 친구 모둠이 낱말을 부른 뒤에 아직 말하지 않은 다른 모둠을 시킨다. 같은 방법으로 돌아가며 말한다. 몇 모둠이 낱말을 부르고, 일부 모둠이 남았을 때 빙고를 완성한 모둠이 생겨도 모든 모둠이 같은 횟수만큼 낱말을 말할 때까지 놀이를 계속한다. 그래야 공정하다.

더하기 빙고, 빼기 빙고

핑퐁게임을 하면서 나온 낱말을 칠판에 써놓고 빙고놀이를 한다. 네 줄씩 네 칸인 열여섯 칸 빙고 종이를 나눠주고 칠판에 있는 낱말을 쓴다.

더하기 빙고는 칠판에 쓴 낱말에 몇 가지 낱말을 더 쓰는 놀이다. 칠판에 쓰인 것 중에 몇 낱말을 그대로 쓰고, 몇 낱말을 마음대로 쓸지 정해주어야 한다. 빼기 빙고는 칠판에 있는 낱말 중에서 몇 개를 빼고 쓴다. 몇 개를 뺄지도 진행자가 정해준다.

모두 낱말을 쓰면 한 모둠씩 돌아가며 빙고 놀이를 한다. 보통 세 줄을 완성하면 이긴다. ㄱ자 모양을 완성하는 빙고, ×자 빙고, ㄷ자 빙고 등으로 응용해도 재미있다.

초성 낱말 빙고 놀이판

초성으로 알아내기와 빙고를 응용한 놀이다. 진행자가 정답지를 미리 만들어야 한다. 네 칸 네 줄인 열여섯 칸 빙고를 만들고 책에 나온 낱말을 칸에 하나씩 쓴다. 각 낱말에 점수를 쓰고 초성만 써서 문제지를 준비한다. 점수는 무작위로 주어도 되고 중요하다고 생각하는 낱말에 높은 점수를 주어도 된다.

두 번째 줄 세 번째 칸은 보너스 칸이다. 쉽게 대립되는 두 낱말 중에서 하나를 고르게 한다. 『망나니 공주처럼』으로 놀이를 할 경우 책에 나오는 두 마리 말의 이름 중에서 하나를 고른다. 정해놓은 낱말 이름과 같은 낱말을 고른 아이는 100점을 받는다. 미리 정답표를 완성한 뒤에 초성만 남기고 문제지를 만들어야 한다.

정답표

(20점) 공부	(30점) 당근	(30점) 모범	(30점) 민가
(40점) 발가락	(30점) 부군	말 (100점) 흰바람	(20점) 사냥
(30점) 위엄	(40점) 왕국	(30점) 정원	(40점) 전쟁
(30점) 전설	(30점) 찔레	(20점) 체험	(20점) 품위

아이들이 풀어야 하는 문제지

(20점) ㄱ	(30점) ㄷ	(30점) ㅁ	(30점) ㅁ
(40점) ㅂ	(30점) ㅂ	(100점) 흰바람, 검은새	(20점) ㅅ
(30점) ㅇ	(40점) ㅇ	(30점) ㅈ	(40점) ㅈ
(30점) ㅈ	(30점) ㅉ	(20점) ㅊ	(20점) ㅍ

아이들은 책을 보고 초성에 알맞은 낱말을 쓴다. 한 칸에 낱말 몇 개(3~5개)를 쓸지 정해주어야 한다. 한 곳에 쓴 낱말을 다른 곳에 써도 된다. 아이들이 낱말을 다 쓰면 진행자가 한 칸씩 정답을 부른다. 100점 문제는 마지막에 정답을 알려준다. 정답을 맞히면 빗금이나 색칠로 표시를 한다. 가로, 세로, 대각선으로 한 줄 전체를 다 맞히면 보너스 100점을 받는다.

이 외에도 낱말을 알아보는 놀이가 많다. 중요 낱말을 10~15개 써놓고 책에 나오지 않는 낱말을 찾아내는 놀이, 낱말 찾기 놀이, 낱말 퍼즐 만들기나 풀기도 아이들이 좋아한다.

가로와 세로를 열다섯 칸씩 만들고, 칸마다 한 글자씩 넣은 다음 가로, 세로, 대각선 방향으로 낱말을 연결해서 책에 나오는 낱말을 찾는 놀이(아래 그림 예시)도 있다. 낱말 퍼즐을 만들어 나눠주어도 되고 낱말 퍼즐을 만들어보라고 해도 된다. 이구동성, 몸으로 말해요 등 몸을 움직이는 놀이도 있다. 여기에 소개하지 않은 다른 놀이를 응용해도 된다.

『망나니 공주처럼』 낱말 퍼즐 만들기

① 망	1 나	니	■	2 자
■	라	■	② 앵	두
4 요	■	■	■	■
리	■	■	3③ 전	설
④ 사	돈	■	쟁	■

『망나니 공주처럼』 낱말 연결하기*1

가	시	나	무	허
로	골	은	하	수
등	짜	모	인	아
벗	정	친	범	비
등	나	무	인	간

*1 정답은 하인, 모범

4 말 이어가기 놀이

말 이어가기는 핑퐁게임과 같은 방법으로 낱말 대신 문장을 말하는 놀이다. 3~4학년 독서반 아이들과 토론하려고 『쇠똥 굴러가는 날』을 읽었다. 열 명 중에 두 명이 책을 읽지 않았다. 책을 읽지 않은 아이에게 책 내용을 알려주려고 말 이어가기 놀이를 만들었다.

❶먼저 서로 마주 보며 둥글게 앉는다. 핑퐁 게임은 참가자가 많아도 할 수 있지만 말 이어가기 놀이는 열 명 넘으면 하기 어렵다. ❷진행자가 책 내용으로 문장을 하나 말한다. 처음에는 쉽고 간단한 내용을 말하고 점점 어렵고 복잡한 내용을 제시한다. 예를 들어 "이 책에는 한준이가 나온다."라고 말한다. ❸진행자 오른쪽 또는 왼쪽에 앉은 사람이 "이 책에는 한준이와 외삼촌이 나온다."라고 말한다. 다음 사람이 문장을 계속 이어간다. 책을 읽지 않은 아이가 말할 차례가 되자 책 표지에 있는 쇠똥구리를 보고 "이 책에는 한준이와 외삼촌과 큰 개와 쇠똥구리가 나온다."라고 대답했다. 놀이가 끝난 뒤에 책을 읽지 않은 아이가, 한준이와 외삼촌과 큰 개와 쇠똥구리가 나온 책을 읽어야겠다고 했다.

❹참가자가 돌아가며 한 번씩 말하면 진행자가 다른 문장으로 바꾼다. 도중에 문장을 말하지 못하면 의자를 뒤로 밀어서 따로 앉거나 가운데 앉는다. 그렇다고 벌칙을 받는 건 아니다. 친구들의 말을 잘 듣고 마지막 사람이 말한 내용까지 기억해서 말해야 한다. 이때 말 이어가기 놀이에 성공한 사람에게 1점씩 주어도 된다. 문장을 말하지 못했지만 친구들이 말한 내용을 기억하면 점수를 받는다. 점수를 주는 방식은 모든 참가자가 계속 참여하게 해주어 더 좋다.

아래의 문장을 활용한다.

- 저는 등장인물 중에 누가 마음에 듭니다.
- 책 내용 중에서 어떤 장면이 가장 좋았습니다.
- 등장인물의 어떤 행동은 이해가 가지 않았습니다.
- 책이 이렇게 끝나서 좋았습니다.
- 책이 저렇게 끝나면 좋지 않을까요?
- 이 책은 누가 읽으면 좋겠습니다.

- 책을 읽으며 제가 겪었던 일이 생각났습니다. 그 일은~
- 제가 등장인물 누구라면 이렇게 했을 겁니다. 왜냐하면~
- 저는 누구의 행동이 옳다고(그르다고) 생각합니다. 왜냐하면~
- 저는 등장인물 중에 누구와 가족이 되고 싶습니다. 왜냐하면~
- 이 책에 어울리는 색깔은 무엇입니다. 왜냐하면~
- 제가 이 책에 등장한다면 누구로 나오고 싶습니다. 왜냐하면~
- 책에 새로운 인물을 보낸다면 이런 사람을 등장시키고 싶어요. 왜냐하면~

말 이어가기 놀이만 잘해도 책 내용을 이해하고 주제까지 찾을 수 있다. 토론만큼 책으로 이야기를 나누는 효과가 있다. "저는 작가가 무엇 때문에 이 책을 썼다고 생각합니다."라는 문장에 대답을 잘한다면 곧바로 글을 써도 된다. 쉬우면서도 깊이 이야기하게 하는 놀이다.

5 우리끼리 독서퀴즈

보통 독서퀴즈는 교사가 문제를 내고 아이들이 정답을 찾는다. 우리끼리 독서퀴즈*[1]는 아이들이 낸 문제를 다른 아이들이 맞힌다. 문제를 내려면 책 내용을 알아야 한다. 직접 문제를 내면서 책 내용을 이리저리 살피면 내용에 관심이 커진다. 자기가 낸 문제를 친구들이 맞히기 때문에 재미있다. 아이들이 우리끼리 독서퀴즈를 참 좋아했다.

우리끼리 독서퀴즈 놀이 방법

① 각자 책을 보면서 쉬운 문제와 어려운 문제를 하나씩 만든다. 문제를 만들면서 책을 살피면 내용을 자세하게 알게 된다.

② 각자 문제를 만든 뒤에 모둠 친구들과 의논해서 쉬운 문제, 어려운 문제를 하나씩 모둠 대표 문제로 정한다.

③ 한 모둠씩 돌아가며 문제를 낸다. 1모둠 → 2모둠 → 3모둠…… 순서로 쉬운 문제를 낸 뒤에 반대 순서로 어려운 문제를 낸다. 쉬운 문제로 퀴즈 대회를 한 뒤에 점수가 낮은 모둠부터 어려운 문제를 내도 재미있다. 한 모둠이 문제를 내면 다른 모둠은 조원들과 의논해서 답을 찾는다.

④ 문제를 내고 맞힐 때마다 점수를 계산한다.

- 다른 모둠이 낸 문제를 맞히면 한 문제에 1점씩 얻는다.
- 다른 모둠이 낸 쉬운 문제를 한 문제도 틀리지 않고 모두 맞히면 보너스 3점, 다른 모둠에서 낸 어려운 문제를 모두 맞히면 보너스 5점을 받는다.
- 여섯 모둠이 퀴즈대회를 한다면 자신을 제외한 다섯 모둠이 낸 문제를 두 개씩 맞혀야 하므로 문제가 모두 열 개이다. 쉬운 문제 다섯 개, 어려운 문제 다섯 개를 모두 맞히면 '각 1점씩 10점 + 쉬운 문제 보너스 3점 + 어려운 문제 보너스 5점'으로 18점을 받는다. 여기까지는 문제를 맞히고 얻는

* 1 『책벌레 선생님의 행복한 독서토론』 126~131쪽을 보면 우리끼리 독서퀴즈 내용을 더 자세하게 알 수 있다.

점수다. 그러나 문제를 많이 맞힌다고 이기는 게 아니다. 이기려면 문제를 잘 내야 한다.

- 자기들이 낸 문제를 몇 개 모둠이 맞히는가에 따라 보너스 점수가 달라진다. 쉬운 문제의 경우 문제를 맞히는 다섯 모둠 중에 네 모둠이 맞히면 보너스 4점, 세 모둠이 맞히면 3점, 두 모둠이 맞히면 2점, 한 모둠이 맞히면 1점을 문제 낸 모둠에게 준다. 네 모둠이 맞히면 '쉬운 문제' 수준에 가장 맞게 냈다는 뜻이다. 다섯 모둠이 모두 맞히면 너무 쉽게 내서 보너스가 없고, 다섯 모둠이 다 틀리면 어렵게 냈기 때문에 보너스를 받지 못한다.

⑤ 어려운 문제를 제대로 만들면 한두 모둠이 맞힐 것이다. 따라서 다섯 모둠 중에 한 모둠이 맞히면 보너스 4점, 두 모둠 3점, 세 모둠 2점, 네 모둠이 맞히면 1점을 보너스로 받는다. 한 모둠만 맞힐 정도로 어렵게 내면 문제를 잘 만들었다는 뜻이므로 보너스 점수가 더 높다. 전체 모둠이 여덟 모둠이면 한 번에 받는 보너스도 최대 6점으로 높아진다.

문제를 잘 만든 모둠에 보너스 점수를 주면 다음에 문제를 잘 내려고 한다. 다만 우리끼리 독서퀴즈는 아이들이 문제를 내고 맞히는 놀이이므로 크게 영향을 주지 않는 범위에서 점수를 주어야 한다. 독서반에서 할 때는 문제를 잘 만든 모둠에 2점을 주었다. 독서반 이외의 활동에서는 1점을 주었다. 꾸준히 독서 활동을 해야 하므로 좋은 문제를 만드는 안목을 길러주고 싶었기 때문이다.

점수 규칙을 알려주면 아이들이 문제를 잘 만들려고 노력한다. 쉬운 문제와 어려운 문제 열 개를 다 맞히면 10점을 받지만 다 맞히기 어렵다. 그렇지만 문제를 잘 만들면 보너스가 생긴다. 그랬더니 아이들이 여기저기 책을 찾아가며 "이건 다 알겠지? 이건 너무 어려운가?" 하며 의논했다. 재미있게 책 내용을 살펴보는 방법이다. 문제를 먼저 만들고 나서 다른 모둠에서 낼 문제를 예상하며 공부하는 아이도 생긴다.

문제를 만든 뒤에 한 조씩 앞으로 나와 퀴즈대회를 했다.

"도저히 모르겠으면 웃기는 답이라도 써라. 친구들을 웃기면 0.1점 준다. 동점일 때 0.1점 더 받으면 이기겠지!"

했더니 동네 짜장면집 이름부터 재미난 답이 여럿 나왔다. 문제 내고, 깔깔대며 웃고, 보너스 계산하며 즐겁게 내용을 알아봤다. 1등 하는 모둠을 견제하려고 다 맞히자, 다 틀리자 하며 눈치 싸움도 했다.

점수는 한 문제 풀 때마다 확인해서 칠판에 적거나 아래 표를 나눠주고 한꺼번에 계산한다. 아이들은 엎치락뒤치락하는 모습을 볼 수 있기 때문에 칠판에 적는 걸 더 좋아했다. 아래 표는 3조가 만들었다. 3조가 낸 문제를 네 조가 맞혀서 보너스 4점을 받았다. 만약 두 조가 똑같은 문제를 내면 다른 네 조가 답을 맞히고 두 조가 보너스를 같이 받는다.

『수일이와 수일이』 3조 점수 표

조	쉬운 문제	정답	점수
1조	덕실이와 수일이가 만든 암호는 무엇인가?	어른들은 안 믿어	1
2조	수일이가 가짜 수일이를 만들 때 사용한 방법은?	손톱을 먹였다. (손톱을 두었다.)	0
3조 (우리)	수일이가 덕실이에게 준 공은 무엇인가?	고무공, 야구공	4
…	…	…	…
조	어려운 문제	정답	점수
…	…	…	…
총점			

3조는 1번 문제를 맞혀서 1점, 2번 문제를 틀려서 0점이다. 3번 문제는 자기들이 냈는데 네 조가 문제를 맞혀서 보너스 4점을 받았다. 2조가 낸 문제를 틀렸기 때문에 쉬운 문제를 다 맞히면 받는 보너스는 받지 못한다. 어려운 문제도 같은 방법으로 한다.

선생님 퀴즈

우리끼리 독서퀴즈를 처음 하는 아이들은 특정한 이름이나 숫자 같은 내용으로 문제를 낸다. 토론하려면 책 내용을 잘 알아야 한다. 아이들이 좋은 내용을 문제로 내지 않을 때를 대비해서 진행자가 퀴즈를 준비한다. 중요한 내용을 짚어주기 위해서다. 이를 선생님 퀴즈라고 부른다. 우리끼리 퀴즈로 재미가 붙으면 선생님 퀴즈도 집중해서 참여한다.

진행자가 내는 문제는 문항마다 점수가 다르다. 열 문제 중에 대여섯 문제는 1점을 준다. 한두 문제는 어려운 내용을 내서 2점을 준다. 두세 문제는 여러 가지 답을 찾는 문제를 낸다. 한 개 또는 두 개를 찾으면 1점, 두 개 또는 세 개 이상을 찾으면 2점을 준다. 우리끼리 퀴즈대회를 자주 하면 아이들이 문제 만드는 실력이 늘어난다. 그러면 선생님이 준비한 문제와 비슷한 문제를 아이들이 만들어낸다. 그럴 때는 문제를 잘 만든 보너스 점수를 1점 준다. 그리고 남은 문제를 선생님 퀴즈로 낸다. 선생님 퀴즈까지 하면 아이들이 내용을 얼마나 이해하는지 안다. 내용을 잘 안다면 토론하거나 글을 써도 된다.

『일수의 탄생』으로 부모와 자녀가 캠핑하면서 우리끼리 독서퀴즈를 했다. 아이들끼리 모인 세 모둠이 낸 쉬운 문제이다.

문제	정답
가장 먼저 일수에게 가훈을 써달라고 찾아온 사람은?	사슴 같은 아주머니
일석이가 양파를 넣어 만든 신메뉴는?	안토시안 짜장면
'순한 아이입니다. 부모님께서 관심을 많이 기울여 주세요.'를 특기사항으로 써준 선생님은 몇 학년 선생님일까요?	4학년

어른들 모둠도 비슷하게 문제를 냈다.

문제	정답
일수의 이름 뜻을 써라.	1등 할 때 일, 수재 할 때 수
일수의 짝사랑 보라의 별명은?	브라보콘
일수가 태어난 날짜와 시간은?	7월 7일 새벽 0시 4분

아이들이 만든 어려운 문제이다.

문제	정답
일수는 가훈을 써주고 첫날 얼마를 벌었나요?	62만 5000원
일석이와 일수가 여행을 떠났습니다. 며칠 만에 돌아왔을까요?	아무도 알 수 없음
일수는 몇 학년 때 출생의 비밀을 알게 되었나요?	3학년

어른들 모둠은 까닭, 고사성어를 물었다. 어려운 문제 수준에 맞다.

문제	정답
일석이가 만든 요리 중 일수가 좋아한 것은?	안토시안 짜장면
일수 엄마가 부르는 '돈방석' 노래를 일수 아빠가 싫어한 까닭은?	태변이 생각나서
잘못이 있으면 꺼리지 말고 빨리 고치라는 뜻의 고사성어는?	과즉물탄개

이 문제들은 재미있지만 핵심 내용을 다루지 않았다. 이를 대비해서 교사는 핵심 내용을 묻는 문제를 준비해야 한다.

내가 준비한 선생님 퀴즈 질문이다.

1. 일수와 일석이는 차이점이 많다. 가장 큰 차이점을 두 가지 찾아보자.
2. 일수와 일석이 부모님이 자녀를 대하는 태도도 아주 다르다. 가장 큰 차이점은 무엇인가?
3. 일수의 좌우명은 무엇인가? 왜 그걸 자신의 좌우명으로 정했을까?
4. 일수의 엄마가 일수 덕분에 감격해서 운 날이 있다. 언제일까?
5. 일수와 일석이는 왜 집을 떠났을까?

6 두뇌싸움

아이들이 많으면 토론하기 힘들다. 찬반 토론은 조를 나눠 토너먼트나 리그전을 하면 다수가 참여한다. 그러나 이야기 형식의 독서토론은 열 명이 넘으면 집중하기 어렵다. 일부가 이야기 토론에 참여하고 다른 아이들은 토론 과정을 지켜봐도 되지만 함께 생각을 나누고 이야기를 하는 게 더 좋다. 그래서 두뇌싸움을 만들었다.

두뇌싸움은 모둠 친구들과 토론 주제를 의논해서 발표하는 활동이다. 진행자가 제시하는 주제에 알맞은 대답을 모둠 친구들과 함께 찾아내서 발표한다. 그래서 두뇌싸움은 책놀이보다는 독서토론을 위한 준비과정에 가깝다. 두뇌싸움 결과에 대해 책놀이처럼 점수를 주면 아이들이 즐겁게 받아들이기 때문에 책놀이에 함께 소개한다.

우리끼리 독서퀴즈, 선생님 퀴즈는 정답이 정해져 있다. 답이 여러 개인 문제를 내기도 하지만 어쨌든 정답이 있어야 점수를 계산한다. 두뇌싸움은 정답이 없는 질문일수록 좋다. 아이들이 의논해서 답을 찾도록 안내하는 질문을 해야 한다. 그러기 위해서는 창의성을 발휘하거나 논리에 맞는 답을 찾는 질문을 준비해야 한다. 질문을 잘 만들수록 두뇌싸움이 재미있어진다.

대상 도서에서 내용 찾기

- 『빨강 연필』에서 민호가 속인 것 두 개 찾으면 1점, 세 개 이상 찾으면 2점
- 『망나니 공주처럼』에서 왕자가 잘하는 일을 두 개 찾으면 1점, 세 개 이상 찾으면 2점

장점과 단점, 공통점과 차이점 찾기

- 『수일이와 수일이』에서 수일이가 가짜 수일이를 만들 때의 장점과 단점 세 가지 찾으면 1점, 다섯 가지 찾으면 2점
- 『바보 온달』에서 고승 장군과 바보 온달의 공통점과 차이점을 세 가지 찾으면 1점, 다섯 가지 찾으면 2점

찬성 또는 반대 의견 정하고 속담 넣어 설명하기

- 『바보 온달』에서 바보 온달로 살지, 온달 장군으로 살지 정하고 까닭을 설명하면 1점, 속담이나 격언을 인용해서 설명하면 2점
- 『바꿔!』에서 마리가 화영이네 모둠으로 가는 게 나은지, 여울이네 모둠으로 가는 게 나은지 설명하기. 예를 들어 설명하면 1점 추가

한 문장, 두 문장으로 쓰기

- 대상 도서에서 등장인물이 그렇게 행동한 까닭을 두 문장으로 쓰면 1점, 세 문장 이상으로 쓰면 2점
- 『그 소문 들었어?』에서 동물들이 금빛 사자 말을 믿었던 까닭을 두 문장으로 쓰면 1점, 세 문장 이상으로 쓰면 2점

짧은 문장으로 쓰기

이 활동은 대상 도서 내용보다는 글을 쓰는 태도를 위해 만들었다. '그리고, 그런데, 그래서'와 같은 이음말(접속사)을 많이 쓰는 습관과, 문장을 길게 쓰는 습관은 고쳐야 한다. 두뇌싸움 주제를 제시하고 이어주는 말을 쓰지 않거나 문장을 짧게 쓰면 보너스를 준다. 두 조건을 한 번에 제시하지는 않는다.

- 『무적 수첩』에서 여러분이 무적 수첩을 가진다면 어떻게 할지 써보자. 세 문장 이상 1점, 다섯 문장 이상 2점을 준다. 이어주는 말을 하나도 안 쓰면 보너스 1점을 준다.
- 『거짓말학교』에서 진실학 선생님은 진실을 말했을까? 근거를 한 가지 쓰면 1점, 두 가지 이상 쓰면 2점을 준다. 문장을 짧게 쓰면 보너스 1점을 준다.

주장 — 왜냐하면 — 예를 들어 — 다시 말해

- 『꼴뚜기』의 단편 「오! 특별 수업」에서 새끼 고양이 사건의 범인이 몇 반인지 추론해서 주장 — 왜냐하면 — 예를 들어 — 다시 말해로 써라. 왜냐하면, 예를 들어, 다시 말해 각각에 1점씩 준다.
- 『수상한 아이가 전학 왔다』에서 가장 상처 받은 사람은 누구일까? 한 사람을 정해서 주장(누가 가장 상처를 받았다.) — 왜냐하면— 예를 들어로 써보자.

아이들이 이해하지 못할 때는 다음 예로 설명한다.

"엄마에게 학원 가지 않겠다고 주장하면 들어주실까? 안 들어주겠지? 주장만으론 통하지 않아. 이유를 말해야지. '왜냐하면 학원에 가도 공부가 안 되기 때문이에요.'라고 말이야.

이유를 말하면 엄마가 학원에 가지 말라고 할까? 아니지. 계속 학원에 보내겠지. 증거가 필요해. '공부 잘하는 누구는 학원에 안 가요. 열심히 학원에 다니는 아이 중에 공부 못하는 아이도 많아요. 학원이 중요하지 않아요.'라고 말해야겠지. 그럼 한두 분은 들어주실 거야.

이젠 뭐가 더 필요하지? 대안이야. 대안을 다시 말해야 해. '제가 공부 안 하겠다는 게 아니에요. 학원에 안 가겠다는 거지요. 몇 시부터 몇 시까지 이렇게 공부할 거예요. 한 달 동안 살펴보고 결정하면 어때요?'라고 말하는 거야.

이런 식으로 주장 - 왜냐하면(근거) - 뒷받침하는 증거(예를 들어) - 다시 말해(대안 및 정리) 순서로 글을 쓰는 거야."

이 방법은 허병두 선생님이 논술 쓰기를 어려워하는 아이들을 위해 만든 방법이다. 주장에 이어 왜냐하면(근거), 예를 들어(예시), 다시 말해(정리 및 대안 제시)를 알면 논술을 쓰기 쉽다.

서론	논제를 토론해야 하는 까닭, 필요성 등을 설명하고 주장	
본론	초등	근거(왜냐하면)와 예증(예를 들어)
	중등	본론 1 첫째 근거와 예증
		본론 2 둘째 근거와 예증
		본론 3 반론을 예상하고 근거와 예를 들어 반박
결론	대안 및 정리(다시 말해)	

아이들에게 듣고 싶은 내용은 모두 두뇌싸움으로 만들어 질문한다. 점수를 주는 규칙만 명확하게 제시하면 아이들이 머리를 맞대고 책을 찾으며 의논한다. 독서 캠프에서 아이들이 두뇌싸움을 가장 재미있는 활동으로 꼽았다. 친구와 의견을 나누면서 다른 모둠과 대결하는 게 재미있었나 보다. 누가 더 논리에 맞는 대답을 찾는지, 누가 더 창의적인 대답을 하는지, 단순한 사실이라도 누가 더 많은 사례를 찾아내는지 시합하는 걸 즐거워했다. 토론하기 전 두뇌싸움을 하면 자기 생각과 다른 의견을 들으면서 자연스럽게 토론으로 이어진다.

『일수의 탄생』으로 두뇌싸움을 한 예를 두 가지 소개한다.

첫 번째는 일수 엄마가 일수를 대하는 태도를 다루었다. 이어서 일석이 부모의 태도를 알아보고, 어떤 방식이 좋은지 토론한다.

두 번째 질문은 연수에서 교사가 만들었는데 질문이 색다르다. 같은 책으로 여러 가지 질문이 나올수록 좋다. 새마을 문구로 시작하는 질문은 사회 시간에 역사가 오래된 가게를 다룰 때 토론하면 좋겠다.

1	일수 엄마가 일수에게 가장 많이 하는 말은 무엇인가?	1점
1-1	일수가 말하기도 전에 엄마가 먼저 해주는 일들을 찾아보자.	2개 1점, 3개 이상 2점
1-2	엄마가 먼저 해줄 때 일수는 어떤 생각을 했을까?	1점
1-3	일수 엄마가 일수를 대하는 태도의 장단점을 찾아보자.	장점, 단점 모두 더해서 3개 이상 1점, 5개 이상 2점
1-4	일수 엄마는 일수에게 관심을 지나치게 표현한다. 이런 태도는 좋을까, 나쁠까?	왜냐하면 1점, 예를 들어 1점, 이어주는 말 없이 문장을 짧게 쓰면 1점 추가

2-1	새마을 문구는 문을 연 지 몇 년이나 되었을까?	
2-2	우리 주변에 그만큼 오래된 가게는 무엇이 있을까?	
2-3	새마을 문구는 세월이 흘러 문구점보다는 일수의 '가훈쓰기' 가게가 되었다. 2-2에서 생각한 그 가게는 10년 후에도 같은 가게를 하고 있을까? 아닐까?	
	2-3-1	같은 가게가 유지될 것 같다면 그 이유는 무엇일까?
	2-3-2	다른 가게로 바뀌었을 것 같다면 그 이유는 무엇일까?
	2-3-3	만약 다른 가게로 바뀌는 것이 좋을 것 같다면, 내가 생각하기에 어떤 가게로 바뀌면 성공할 수 있을까? 그 이유는?
2-4	새마을 문구가 점점 쇠퇴한 이유는 무엇일까?	
2-5	새마을 문구를 아이들이 더 많이 찾을 수 있는 성공한 문구점으로 만들기 위해서 어떤 변화를 주면 좋을까?	

책놀이로 수업하기

책놀이는 책을 읽지 않고도, 책을 읽고도 수업한다. 책을 읽지 않을 때는 배워야 하는 내용에 대한 책을 찾거나 이미 배운 내용을 책놀이로 정리한다. 책을 읽고 수업할 때에는 여러 가지 책놀이를 연결한다. 나는 주로 세 가지 활동을 한다. 사람책을 읽고, 종이책을 읽고, 서로의 생각과 마음을 읽는 활동이다. 사람책을 읽으며 모둠을 나누고 서로를 알아간다. 종이책의 내용을 파악하고 주제를 찾는다. 마지막으로 토론하면서 친구들의 생각을 듣고 서로의 생각과 마음을 읽는다. 아이들에겐 세 가지를 한다고 말하지 않았다. 아이들은 책으로 재미나게 논다고 생각하면 충분하다.

세 가지 수업 사례를 소개한다. 첫 번째는 3학년 사회과 1단원을 공부하면서 한 수업이다. 책을 읽지 않고, 책놀이만으로 사회 공부를 했다. 두 번째는 3~4학년 스무 명이 한 학기 한 권 읽기 수업을 한 사례이다. 사람책 읽기, 종이책 읽기, 서로의 생각과 마음 읽기를 순서대로 했다. 세 번째는 마을도서관에서 한 수업이다. 전교생이 예순 명인 작은 학교라 서로를 잘 알기 때문에 사람책 읽기 활동을 하지 않았다.

책놀이에 학습지, 만들기, 음악이나 미술 등을 더해서 새로운 수업을 만들 수도 있다. 소개한 사례를 참고로 다양한 책놀이 수업이 만들어지면 좋겠다.

1 3학년 사회과 책놀이 수업

이럴 때 하면 좋아요	새로운 단원을 시작할 때
	한 단원을 마무리할 때
	단원 내용과 관련된 책을 찾고 싶을 때
	책으로 교과 내용을 공부하고 싶을 때
참가 대상	같은 내용을 배우는 학생
참가 인원	최소 8명, 최대 32명(4명 8모둠)
필요한 시간	1시간 ~ 2시간
준비물	도서관

3학년 2학기 사회과 1단원(환경에 따라 다른 삶의 모습)은 15차시이다. 책놀이를 세 시간 하는 대신 3차시 분량을 줄였다. (115쪽 표 참고) 1단원에서 세 번 책놀이를 했다.

1-1 단원 학습 내용을 알아보는 책놀이

1	자연환경과 인문환경을 나타내는 책 하나씩 가져오기(설명하면 1점 추가)
2	사람들이 자연환경을 이용하는 모습이 나타난 책 가져오기(설명하면 1점 추가)
3	기온과 강수량을 설명하는 책 가져오기
4	농촌, 어촌, 산지촌, 도시의 생활 모습을 나타내는 책 가져오기(설명하면 1점 추가)

1, 2, 4번은 내용을 설명하면 1점을 더 주었다. 기온과 강수량은 뜻을 설명해주었다. 1, 2, 4번은 잘 해냈지만 강수량에 대한 책은 가져오지 못한 모둠이 있다. 비, 우박, 눈, 이슬 사진이나 그림이 아니라 강수량이란 낱말을 찾았기 때문이다.

3학년 2학기 사회과 1단원(환경에 따라 다른 삶의 모습) 수업 비교

<table>
<tr><th>차시</th><th>교육과정</th><th>책놀이를 넣어 재구성</th></tr>
<tr><td>1</td><td>단원 학습 내용 예상하기</td><td>책놀이로 1-1단원 학습 내용 알아보기</td></tr>
<tr><td>2</td><td>자연환경과 인문환경 알아보기</td><td>자연환경과 인문환경 알아보기</td></tr>
<tr><td>3</td><td>땅의 생김새에 따른
고장 사람들의 생활 모습</td><td>땅의 생김새에 따른
고장 사람들의 생활 모습</td></tr>
<tr><td>4</td><td>계절에 따른 고장 사람들의 생활 모습</td><td>계절에 따른 고장 사람들의 생활 모습</td></tr>
<tr><td>5</td><td rowspan="2">고장 사람들이 하는 일</td><td>고장 사람들이 하는 일</td></tr>
<tr><td>6</td><td>고장 사람들의 여가 생활 모습</td></tr>
<tr><td>7</td><td>고장 사람들의 여가 생활 모습</td><td>책놀이로 1-2단원 학습 내용 알아보기</td></tr>
<tr><td>8</td><td>의식주가 무엇인지 알아보기</td><td>의식주가 무엇인지 알아보기</td></tr>
<tr><td>9</td><td rowspan="3">고장 사람들의 의식주
생활 모습 비교하기</td><td rowspan="2">고장 사람들의 의식주 생활 모습 비교하기</td></tr>
<tr><td>10</td></tr>
<tr><td>11</td><td rowspan="2">환경에 따른 의식주 생활 모습 나타내기</td></tr>
<tr><td>12</td><td rowspan="2">환경에 따른 의식주 생활 모습 나타내기</td></tr>
<tr><td>13</td><td rowspan="2">단원 학습 내용 정리 및 사고력 학습</td></tr>
<tr><td>14</td><td rowspan="2">단원 학습 내용 정리 및 사고력 학습</td></tr>
<tr><td>15</td><td>책놀이로 단원 학습 내용 정리하기</td></tr>
</table>

가져온 책 중에 몇 권을 골라 교실에 가져갔다. 2차시에서 6차시 내용을 공부하면서 아이들이 고른 책을 함께 읽었다. 공부하면서 아이들이

"이거 책놀이 책에 있었는데, 뭐더라? 선생님, 도서관에서 책 가져와도 돼요?"

라고 했다. 갑자기 일어나서 뒤쪽에 모아둔 책을 뒤지기도 했다. 사회 공부가 재미있다는 말도 자주 했다.

1-2 단원 학습 내용을 알아보는 책놀이

1-2단원은 의식주를 배운다. 의식주가 무엇인지 알고, 고장과 나라마다 의식주 생활이 다른 모습을 배운다.

1	우리나라에서 의식주 모습을 보여주는 책 가져오기
2	다른 나라에서 의식주 모습을 나타내는 책 가져오기

두 가지 활동을 의, 식, 주 따로 했다. 우리나라 의식주를 다룬 책 중에 『도전 100! 역사 퀴즈』 『그림으로 보는 한국사』 『문화재 이름도 모르면서』 『먼나라 이웃나라—우리나라』 『우리 조상들의 의식주 이야기』를 교실에 가져갔다. 다른 나라 책으로는 『패션 디자이너 되어 보기』 『어린이로 사는 건 너무 힘들어』 『두근두근 나의 꿈 파티시에』 『루브르 박물관에 가자』 『지구촌 문화 여행』(그린북) 『패션, 역사를 만나다』를 가져갔다.

단원 내용을 마무리하는 책놀이

교과서로 '단원 학습 내용 정리 및 사고력 학습'까지 하고 나서 마무리 책놀이를 했다. 단원을 시작할 때에는 '우리나라 집 가져오기'를 했고, 배운 내용을 확인할 때에는 '우데기나 너와집처럼 주위 환경에 맞게 만든 집 사진'을 가져오라고 했다. 시간이 조금 남아서 단원 내용과 상관없는 책놀이를 하나 더 했다.

"책을 펼치면 두 쪽이 된다. 사람이 가장 많이 나오는 쪽을 찾아라!"

아이들이 책을 금방 찾아 왔다. 하지만 쉬는 시간까지 놀이가 끝나지 않았다. 아이들이 책에 나온 사람을 셌기 때문이다. 두 쪽에 나오는 사람이 몇 명이나 될까? 한번 찾아보시라. 재미는 보장한다.

2 한 학기 한 권 읽기 수업 사례

이럴 때 하면 좋아요	한 학기 한 권 읽기 수업할 때
	책이 주는 나눔과 위로를 보여주고 싶을 때
	한 책을 다양한 방식으로 깊이 이해하고 싶을 때
참가 대상	같은 학년 또는 3~4학년, 5~6학년
참가 인원	최소 8명, 최대 32명(4명 8모둠)
필요한 시간	8시간 ~ 15시간
준비물	모둠 만들기에 쓸 문장, 학습지와 퀴즈(미리 준비), 모둠 칠판 및 칠판용 펜

시골 학교에서 4학년 아홉 명을 가르칠 때 한 학기 한 권 읽기가 도입되었다. 한 학년이 한 반이라 아이들은 4년 내내 같은 반에서 지냈다. 서로를 너무 잘 안다. 어디에 사는지 알고 가족이 어떠한지, 무얼 좋아하고 어떻게 행동하는지 안다. 새로운 생각을 만나게 해주고 싶어 3학년 열한 명과 한 학기 한 권 읽기 수업을 같이했다.

여름 방학을 앞두고 이틀 동안 열 시간 수업을 계획했다. 수업 2주 전에 『나가자! 독서 마라톤 대회』를 나눠주었다. 달리기가 느린 호찬이가 거북이 코치를 만나 독서 마라톤을 하면서 자신감을 갖는 이야기이다. '토끼와 거북이' 이야기를 각색한 내용이라 친근하고, 내용이 길지 않아 아이들이 쉽게 읽었다.

모둠 만들기

대상 도서에 나오는 문장으로 모둠을 만들었다. 우리 학교 아이들은 나와 독서 활동을 많이 했기 때문에 모두 책을 읽어왔다. 몇 번씩 읽은 아이도 있다. 그래서 난도가 높은 방법으로 모둠 만들기를 했다. 스무 문장을 인쇄한 종이를 똑같은 크기로 길게 한 줄씩 잘라 한 장씩 가져간 뒤에 문장을 연결하라고 했다. 다음과 같이, 연결되는 문장을 가진 아이들끼리 한 모둠이 되었다. 네 모둠은 세 명씩, 두 모둠은 네 명씩이다.

여러분, 달리기는 마지막까지 최선을 다하는 것이 중요해요. 운동회는 모두 함께 참여해서 즐겁게 체력을 기르는 날이에요.	1모둠
기분 좋지 않을 때일수록 재밌는 생각을 해 봐. 행복해서 웃는 게 아니라 웃으면 행복해진다는 말도 있잖아. 내가 책을 많이 읽었더니 아는 게 좀 많아. 하하하.	2모둠
나는 토끼와는 반대로 너무 느렸어. 내 다리를 봐. 헤엄은 잘 치지만 육지에서 걷는 건 느리거든. 내가 놀이터에 가는 동안 친구들은 이미 놀다 다른 곳으로 가고 없었어. 내가 음식을 먹을 때도 친구들은 이미 다 먹고 밖에서 노는걸.	3모둠
토끼가 자고 있을 거라고는 생각도 못 했어. 내가 너무 늦게 도착하면 토끼가 기다리다 지쳐서 가버릴까 봐 쉬지도 않고 간 거야. 난 토끼가 진짜 결승점에서 나를 기다리고 있는 줄 알았다고.	4모둠
토끼는 다른 동물들 놀림 같은 건 신경 안 쓴대. 나만 괜찮다면 자기도 괜찮다고. 토끼는 나를 기다리는 동안 숲이 참 아름답게 보였대. 이제까지 보지 못한 꽃과 나무, 숲속에 함께 사는 친구들이 얼마나 많은지 놀랐다고 했어.	5모둠
독서기록을 하면 책을 더 깊이 읽게 돼. 그리고 다른 사람들이랑 내 생각이 어떠한 차이가 있는지 알 수도 있고 책의 의미를 다시 되새겨 보면서 생각도 깊어지고 감동을 오래 간직할 수 있어.	6모둠

내용을 알아보는 활동

호찬이와 거북 코치가 대화하는 내용이 많다. 그래서 등장인물을 알아보는 핑퐁게임을 하지 않았다. 화이트보드, 보드마커, 지우개를 하나씩 나눠주고 모둠별 대항전을 했다.

㉮ 초성퀴즈

초성을 보고 내용을 정확하게 쓰면 1점을 주었다. 3번을 제외하고 모두 쉽게 찾아냈다.

문제		정답
1	ㄷㄹㄱㄱㅈ	달리기경주
2	ㄲㅌㄷㅅㄱ	꿈터도서관
3	ㅇㅈ ㄱㅈㅇ ㄷㄹㅁ	완전 기적의 드라마

㉯ 이마 폭탄을 제거하라

대상 도서에 나오는 낱말 중에 하나를 붙임쪽지에 써서 친구 이마에 서로 붙였다. 모두 이마에 붙임쪽지를 붙이고 다른 친구에게 '예, 아니요'로 대답하는 질문을 했다. 열 사람에게 질문을 한 번씩 해서 자기 이마에 있는 글씨를 알아내는 놀이를 했다. 정답을 찾아내면 1점을 주었다.

㉰ 낱말 눈치 게임

"다른 모둠과 똑같은 낱말 쓰기"를 먼저 했다. 아이들이 다른 모둠에서 쓸 것 같은 낱말을 골라 썼다. 같은 낱말을 함께 쓴 모둠에 1점을 주었다.

이어서 "다른 모둠과 다른 낱말 쓰기"를 했다. 네 모둠이 다른 모둠과 같은 낱말을 쓰고 두 모둠이 다른 낱말을 썼다. 두 모둠에 2점을 주었다. 아이들이 낱말 눈치 게임을 좋아했다.

㉱ 지워내기 빙고

핑퐁게임을 하지 않았기 때문에 대상 도서에 나오는 낱말 여덟 개를 자유롭게 찾아 썼다. 모둠이 돌아가며 낱말을 불렀다. 가장 빨리 완성한 모둠에 1점을 주었다. 한 모둠이 완성한 뒤에 아직 낱말을 부르지 않은 다른 모둠도 한 번씩 낱말을 부르게 했다. 공평하게 기회를 주기 위해서이다. 나중에 빙고를 완성한 모둠에도 1점씩 주었다.

(마) 초성 낱말 빙고놀이

아래 종이를 각 모둠에 나눠주고 20분 동안 낱말을 적었다. 책을 찾아보면서 한 칸에 낱말 다섯 개까지 썼다. 책 내용이 짧아서 낱말을 찾기 쉽다. 합계 점수 300점 이상 1점, 400점 이상 2점, 500점 이상은 3점을 주었다.

ㄱ (20점)	ㄱ (30점)	ㄴ (30점)	ㄷ (30점)
ㅁ (40점)	ㅅ (30점)	ㄲ (100점) 꼴찌, 꿈터	ㅇ (20점)
ㅇ (30점)	ㅇ (40점)	ㅇ (30점)	ㅈ (40점)
ㅈ (30점)	ㅋ (30점)	ㄲ (20점)	ㄸ (20점)

ㄱ (20점) 교과서	ㄱ (30점) 결승점	ㄴ (30점) 놀이터	ㄷ (30점) 독서마라톤
ㅁ (40점) 목도리	ㅅ (30점) 세종대왕	ㄲ (100점) (꼴찌) 꿈터	ㅇ (20점) 엉금엉금
ㅇ (30점) 완주	ㅇ (40점) 운동회	ㅇ (30점) 이어달리기	ㅈ (40점) 자신감
ㅈ (30점) 쥐구멍	ㅋ (30점) 코치	ㄲ (20점) 끈기	ㄸ (20점) 땀

바 우리끼리 독서 퀴즈

모둠에서 함께 문제를 냈다. 내용이 간단하고 쉬워서 선생님 퀴즈는 하지 않았다.

	쉬운 문제
1	호찬이는 달리기에서 달 자만 생각하면 짜증이 났다. (○×)
2	민식이는 왜 호찬이를 놀렸을까요?
3	호찬아, 빨리 일어나! ( ) 읽고 학교 가려면 늦겠다. ( ) (1) 동화책 (2) 책 (3) 만화책 (4) 두꺼운 책
4	호찬이를 놀리며 배를 잡고 웃었던 두 사람은?
5	호찬이의 성은?
6	호찬이는 왜 독서마라톤을 포기하려고 했을까요?

	어려운 문제
1	호찬이는 거북이를 처음 만났을 때 어떻게 했나요?
2	호찬이는 무엇을 좋아하나요?
3	민식이는 호찬이 앞을 가로막아서 "거북아, 넌 지금 바다로 가니? 산으로 가니? 집이 어디니? 으하하."라고 말했으면 ○ 아니면 ×로 적어주세요.
4	호찬이 독서마라톤에서 코스를 대표하는 동물을 순서대로 쓰세요.
5	호찬이가 토끼와 거북이 책을 읽고 어떤 방법으로 독서감상문을 썼을까요? (가상인터뷰)
6	호찬이가 공부를 못하는 과목은 무엇인지 3개를 쓰시오.

㉦ 두뇌싸움

거북 코치와 호찬이에 대한 내용을 아이들 생활과 연결해주고 싶었다. 거북 코치와 호찬이를 잘 알아야 하므로 먼저 핑퐁게임을 했다. 핑퐁 게임으로 거북이에 대한 정보를 알아보고 호찬이에 대해 알아보았다.

"호찬이는 거북이처럼 달리기가 느리다. 책읽기를 좋아한다. 거북이 코치를 만났다. 안경을 썼다. 꿈터도서관에 갔다. 민식이가 호찬이를 놀렸다. 놀이터에 갔다. 독서마라톤을 하다가 나중에 끈기가 없어졌다. ……"

핑퐁게임을 한 뒤에 순서대로 물었다.

1　거북 코치는 왜 토끼와 달리기 시합을 했을까?

토끼가 뭐든지 빨리해서 친구가 없어서,
토끼에게 달리기와 책 읽는 법을 배우고 싶어서

2　거북이 코치가 필요한 까닭 찾기

똑똑해지고 싶어서, 옆에서 봐줄 사람이 필요해서, 호찬이가 많이 부족해서 도와줄 사람이 필요해서, 아플 때 도와줘서, 방법을 알려줘서, 꿈터도서관에 참가하게 해줘서, 쉽게 하는 방법을 알려줘서, 용기를 줘서, 기둥이 돼줘서, 위로를 해줘서, 이기게 해줘서, 포기하지 말라고 격려해줘서, 흐트러지지 않게 기둥이 되어줘서, 어려운 문제를 풀어줘서, 독서마라톤에서 성공하게 해줘서, 코치가 기분 좋게 해줘서, 코치가 없으면 계속 부정적인 생각을 할 텐데 그러지 않게 해줘서

3　거북이 코치가 필요하지 않은 까닭 찾기

귀찮을 수 있다. 코치도 사생활을 가져야 한다. 자기 스스로 노력하지 않게 된다. 코치 인권을 무시한다. 자기가 할 일을 코치에게 넘긴다. 너무 가르쳐도 못할 수 있다. 거북 코치가 많이 가르쳐줘서 스트레스를 받는다. 거북이가 알려줘도 호찬이가 모르면 끝이다. 코치가 있으면 눈치를 보게 된다. 계속 옆에 있다가 없어지면 우울증이 올 수 있다.

4 거북이 코치가 필요한지(찬성) 아닌지(반대) 의견 정하고 모둠 의견을 주장 — 왜냐하면 — 예를 들어 — 다시 말해로 쓰기

찬성 측 의견 1

주장 우리에게 거북이 같은 코치가 있어야 한다. 왜냐하면 요즘 사람들은 책을 많이 읽지 않고 스마트폰을 많이 하기 때문이다. 예를 들어 거북이코치 같은 사람이 있으면 생활 습관을 똑바로 고쳐줄 수 있다. 다시 말해 거북이 같은 코치가 있으면 스마트폰을 사용하는 일이 줄어들어 책을 많이 읽을 수 있고 스마트폰 때문에 눈이 나빠지는 것을 조금이라도 막을 수 있기 때문이다.

찬성 측 의견 2

주장 호찬이에게 거북 같은 코치가 있어야 한다. 왜냐하면 거북 같은 코치가 있으면 연습할 때 도와주는 사람이 필요하고 용기를 주기 때문이다. 예를 들어 호찬이가 연습할 때 다치면 도와주고 치료해줄 수 있다. 다시 말해 호찬이에게 거북 같은 코치가 없으면 연습할 때 봐줄 사람도 없고 도와줄 사람도 없다.

반대 측 의견 1

주장 호찬이에게 거북이 코치는 없어도 된다. 왜냐하면 어릴 때부터 남이 해주는 것을 받고 살면 나중에 어른이 되어서 할 수 없는 것이 많아진다. 너무 많이 가르쳐 주어도 기억을 하지 못하면 헛수고가 될 수도 있다. 예를 들어 나연이가 성민이를 가르치는데 성민이가 딴짓을 하고 있으면 나연이가 입과 목만 아프다. 성민이도 잔소리처럼 들을 수 있다. 어른이 되어서 할 수 없는 것도 많아진다. 다시 말해 거북이 코치는 없어도 된다. 또한 꼭 거북이코치한테 물어보지 않아도 된다. 엄마, 아빠, 할아버지, 할머니, 친구, 선생님께 물어봐도 되고 인터넷에서 검색해도 되기 때문에 거북이 코치는 없어도 된다.

반대 측 의견 2

주장 거북 같은 코치는 필요 없다. 왜냐하면 코치가 있으면 나중에 스스로 할 수 없다. 자기 스스로 노력하지 않는다. 예를 들어 너무 많이 가르쳐도 바른길로 갈 수 없다. 코치가 있다가 없으면 우울증이 생길 수 있다. 다시 말해 거북이 같은 코치가 없어야 자기 스스로 노력해서 더 좋은 사람이 될 수 있다.

5 찬반토론(2:2, 3:3 토론)

30분 동안 토론을 준비했다. 나는 아이들에게 도움말을 해주었다. 찬성 모둠과 반대 모둠에서 대표가 앞으로 나와 앉았다. 다른 아이들은 토론을 지켜보았다. 3학년은 미리 써놓은 종이를 보고 읽었다. 4학년은 나와 자주 토론했기 때문에 한 명을 제외하고 모두 종이를 보지 않고 의견을 말했다. 그 자리에서 상대방 의견을 반박하기도 했다.

6 글쓰기

| 나를 도와준 코치 소개하기 |

우리 반인 4학년은 글쓰기를 힘들어하지 않는다. 그래서 3학년은 분량을 마음대로 쓰고 4학년은 짧게 쓰라고 했다. 길게 쓸 내용이 아니라고 생각했다. 그런데도 글을 꽤 길게 썼다. 다인이는 다른 아이들이 발표하는 동안에도 계속 글을 썼다. 뒤늦게 발표하면서 엉엉 울었다. 듣던 아이들도 같이 울었다. 아이가 글을 다 읽고 들어가자 울던 아이들이 토닥여주었다. 다인이 덕분에 이어지는 글쓰기 시간이 아이들 생각으로 꽉 채워졌다.

조민진(3학년)

나를 도와주는 코치는 엄마이다. 내가 아플 때 보살펴 주고 우울할 때 나를 위로해주는 코치다. 내가 어디 가면 꼭 도착했는지 전화하라 한다. 걱정돼서인가 보다. 또 나는 연필을 이상하게 잡는데 연필을 바로 잡게 도와주셨다. 나에게는 소중한 우리 엄마다.

김가은(4학년)

나를 도와준 코치는 아빠이다. 우리 아빠는 오빠가 괴롭히면 아빠가 오빠를 혼내주어 도와준다. 우리 아빠는 나의 슈퍼맨이다. 항상 우리 아빠는 내가 경험을 많이 하도록 도와준다. 내가 무엇을 하다가 포기하려고 하면 좋은 말을 해주어 많은 경험을 하게 도와준다. 나의 코치는 나와 자주 있지는 않아도 내 코치이다. 항상 내 마음속에 있으니 나와 가장 가까이 있다.

변다인(4학년)

나를 도와준 선생님은 다름 아닌 학습지 선생님이다. 나는 수학공부를 한다. 매일 오시는 건 아니다. 숙제로 나 스스로 하는 것이다. 목요일마다 오신다. 목요일마다 오셔서 숙제를 다 못 하면 충고해주시고, 다 하면 칭찬해주신다. 비가 끝없이 내려도 비를 맞으시며 우산 없이 가방으로 가려 우리 집으로 달려오신다. 햇빛이 쨍쨍 비추는 날에도 땀 흘리며 우리 마당까지 터벅터벅 걸어오시는 선생님. 그러다 올해 발령이 나셔서 다른 선생님이 오셨다. 이렇게 보살펴주시다가 갑자기 발령 때문에 떠나신 선생님, 선생님은 저에게 최고의 코치입니다. 떠나가셔도 저에겐 최고의 코치입니다.

| 내게 필요한 코치 글쓰기 |

이어서 자신에게 필요한 코치를 찾아 글을 썼다.

박하은(3학년)

키가 안 커서 고민이다. 달리기, 줄넘기를 하고 학교에서, 집에서 우유를 먹는데도 키가 작다. 언니랑 키 차이가 많이 난다. 조금 있으면 내 동생도 내 키를 따라잡을락 말락 하고 노력해도 안 된다. 내가 나보다 작은 ○○이라면 눈물이 나올 것 같다. 키가 작아서 좋은 점도 있지만 키가 큰 게 더 좋다.

○○○(4학년)

저는 고민이 없는 게 고민입니다. 지금은 고민을 주제로 써야 하는데 고민이 없어서 저에게는 고민이 없는 것이 너~무 고민입니다. 고민을 만들어주는 코치가 나오면 저는 글을 쓸 때 편할 것입니다. 저에게 고민을 만들어주세요.

| 후기 또는 일기 쓰기 |

맹규민(3학년)

나는 다인이 누나가 할아버지 아프시다고 해서 우리 할아버지가 생각났다. 그것 때문에 감동 먹었다. 다인이 누나 할아버지 생각하면 우리 할아버지 생각이 났다. 슬프다. 이 세상에서 꼭 이루고 싶은 건 우리 할아버지가 우리 나라에 돌아오면 좋겠다. 할아버지가 나랑 누나에게 꼭 공부 잘하라고 그러셨다. 나중에 우리 가족이랑 할아버지 무덤에 같이 갈 거다.

○○○(3학년)

우리 할머니

내 진짜 할머니는 내가 다섯 살 때 돌아가셨다. 할머니에게 "할머니, 꼭 다시 봐요!"라고 말해야 했는데 잠이 들어서 못 말했다. 그때 엄마 눈물이 머릿속에 남는다. 할머니가 어디로 사라졌다. 머릿속이 하얗게 변했다. 그때는 병원이었다. 내가 일어났을 때 할머니는 어디로 가고 있었다. 할머니는 세상에서 가장 좋은 할머니다. 다시 딱 한 번만 더 봐서 이 말을 꼭 하고 싶다. "할머니, 꼭 돌아와요!" 난 꼭 꿈에서라도 할머니를 꼭 만나고 싶다. 엄마의 눈물, 작은 엄마와 작은 아빠의 그 슬픈 눈물이 병원을 슬픈 물바다로 채운 것 같았다. 다시 보면 진짜 진짜 이렇게 말하고 싶다. "할머니, 사랑해요!"

3 다른 학년과 책으로 만나자, 이상한 독서퀴즈

이럴 때 하면 좋아요	여러 학년이 함께 할 때
	아이들이 책 여러 권을 따로 읽었을 때
	책을 읽은 무리와 읽지 않은 무리가 섞여 있을 때
참가 대상	같은 학년, 다른 학년 모두 가능
참가 인원	최소 8명, 최대 24명(참가자가 많으면 복잡함)
필요한 시간	4시간 ~ 8시간
준비물	독서토론 발문 종이

도서관이 없는 시골에서는 학교 도서관을 마을 도서관으로 운영한다. 마을 주민들을 위한 책을 갖추고 대출증을 만들어준다. 1주일에 한 번은 저녁에도 도서관 문을 연다. 이런 학교에서 화요일에 아이들과 학부모가 함께 독서 활동을 했다. 유치원, 1학년, 2학년은 학부모들이 그림책을 읽어주고 체험 위주의 독서 활동을 했다. 3~4학년, 5~6학년은 두 반으로 나눠 독서토론을 했다.

학부모 몇이 3~4학년을 맡았고 나는 5~6학년 독서토론을 맡았다. 그러다가 한 달 정도 내가 3학년부터 6학년을 모두 맡을 처지가 되었다. 그래서 '거꾸로 퀴즈+우리끼리 독서퀴즈'를 융합해서 놀이 위주로 활동했다. 생각보다 아이들이 즐거워했다.

참가자	3~4학년 열두 명, 5~6학년 열 명
대상 도서	『수상한 아이가 전학 왔다』(3~4학년) 『가짜 나무에 가까이 가지 마!』(5~6학년)

3~4학년은 『가짜 나무에 가까이 가지 마!』를 읽지 않았다. 5~6학년은 『수상한 아이가 전학 왔다』를 읽지 않았다. 이럴 때는 두 반으로 나눠야 하지만 그럴 처지가 아니었다. 읽은 아이와 읽지 않은 아이가 함께 독서 활동을 해야 했다.

이상한 독서퀴즈 문제 만들기

3~4학년을 두 명씩 여섯 팀으로, 5~6학년을 두 명씩 다섯 팀으로 만들었다. 자기들이 읽은 책에서 쉬운 문제 하나와 어려운 문제 하나를 만들게 했다. 둘씩 짝을 지어 20분 동안 책을 보면서 독서퀴즈 문제를 만들었다. 3~4학년은 『수상한 아이가 전학 왔다』로 퀴즈를 냈고, 5~6학년은 『가짜 나무에 가까이 가지 마!』로 퀴즈를 냈다.

아이들이 만드는 독서퀴즈는 다른 팀이 낸 문제를 얼마나 알아맞히는지도 중요하지만 문제를 만드는 과정이 더 중요하다. 책을 넘기며 이 내용으로 문제를 낼까, 저 내용으로 문제를 낼까 의논하면서 책 내용을 살피면 점점 더 이해한다. 쉬운 문제와 어려운 문제를 하나씩 내야 하므로 난이도를 조절하며 신중하게 문제를 낸다.

앞 장에서 설명했듯 '우리끼리 독서퀴즈' 활동은 보너스 점수가 중요하다. 다른 팀이 낸 문제를 맞히면 1점을 받지만 문제를 잘 만들면 한 번에 보너스를 3~4점이나 받는다. 쉬운 문제와 어려운 문제에 모두 보너스를 받으면 최대 6~8점이 생긴다. 문제를 잘 내면, 여러 문제를 맞혀야 얻는 점수를 한 번에 얻는다. 그래서 우리끼리 독서퀴즈를 해본 아이들은 문제를 잘 만들려고 노력한다.

문제 풀기 : 책을 읽은 팀은 '우리끼리 독서퀴즈'를,
책을 안 읽은 팀은 '거꾸로 독서퀴즈'를

먼저 3~4학년이 만든 『수상한 아이가 전학 왔다』 문제를 풀 경우를 보자.

한 모둠이 문제를 내고 3~4학년 다섯 모둠이 '우리끼리 독서퀴즈' 답을 쓴다. 5~6학년 다섯 모둠은 책을 읽지 않고 답을 써야 하므로 '거꾸로 퀴즈'를 푸는 셈이 된다. 보너스 점수를 계산할 때는 우리끼리 독서퀴즈에 참여하는 3~4학년 모둠만을 대상으로 계산한다. 예를 들어, 쉬운 문제를 낸 모둠이 보너스 점수를 받으려면 문제를 맞히는 3~4학년 다섯 모둠 중 몇 모둠은 틀리고 몇 모둠이 답을 맞혀야 한다.

이때 5~6학년은 책을 읽지 않고 거꾸로 독서퀴즈를 하기 때문에 보너스를 계산할 때 포함하지 않는다. 반대로 5~6학년이 『가짜 나무에 가까이 가지 마!』로 퀴즈를 내면 3~4학년이 거꾸로 독서퀴즈를 하게 되어 보너스를 계산할 때 포함하지 않는다.

3~4학년이 쉬운 문제를 다 낸 뒤 어려운 문제를 낸다. 이어 5~6학년이 쉬운 문제를 다 낸 뒤 어려운 문제를 낸다. 정답을 맞힌 뒤에 3~4학년은 5~6학년이 낸 『가짜 나무에 가까이 가지 마!』 퀴즈 내용을 바탕으로 줄거리를 예상해서 썼다. 5~6학년은 『수상한 아이가 전학 왔다』 줄거리를 예상해서 썼다. 대상 도서를 읽지 않은 학년이 줄거리를 발표하면 대상 도서를 읽은 다른 학년이 실제 내용과 얼마나 비슷한지 말해주었다. 끝까지 집중하면서 즐겁게 활동했다.

정리하면, 3학년부터 6학년까지 스물두 명이 자기들이 읽은 책으로 독서 퀴즈 문제를 만들고 친구가 만든 문제를 풀었다. 또 다른 학년이 만든 문제의 답을 예상하고 정답으로 줄거리를 지어냈다. 읽은 책으로, 읽지 않은 책으로 다른 학년과 즐겁게 책 이야기를 나누었다.

독서토론

그 다음 주 화요일에는 독서토론 질문 만드는 방법을 알려주었다. 배경 지식에 대한 질문, 대상 도서 내용에 대한 질문, 우리의 삶이나 우리가 살아가는 세상과 관련된 질문이다. 배경지식에 대한 질문은 책을 읽지 않아도 대답하는 내용이어야 한다. 본격 토론에 앞서 몸을 푸는 활동이다. 이어서 대상 도서 내용을 묻고 아이들 각자와 관련된 질문, 아이들이 살아가는 세상과 관련된 질문을 한다.[*2]

세 번째 화요일에는 각자 독서토론 질문을 만들었다. 아이들이 질문 만들기를 힘들어했다. 몇 번 설명했더니 제법 괜찮은 질문을 만들었다.

네 번째 화요일에는 아이들이 만든 질문지로 토론했다. 학부모 한 분이 아이들 질문지로 3~4학년 토론을 인도했고 내가 5~6학년과 토론했다. 자기들이 만든 질문으로 토론해서 그런지 평소보다 열심히 참여했다. 아이들이 직접 만든 독서토론 질문을 소개한다.

＊2 『책벌레 선생님의 행복한 독서토론』 137~151쪽을 보면 더 자세한 내용을 알 수 있다.

변다인(4학년)

배경지식 관련 발문

1	-1	'전학' 하면 어떤 생각이 드나요?
	-2	전학 온 아이를 만난 적이 있나요? 도와준 적은 있나요?
	-3	전학 온 아이가 수상하고 기묘하다면 무엇 때문에 그런 생각이 들었을까요?
	-4	친구가 전학을 가면 슬픕니다. 여러분은 친구가 전학을 오거나 간 경험이 있나요?

대상 도서의 내용 관련 발문

1	-1	아이들은 방한모를 쓴 토미 얼굴이 어떨 거라고 생각했나요?
	-2	토미는 용감한가요? 까닭을 들어 말해보세요.
	-3	아이들은 왜 토미를 따라 방한모를 썼을까요?
	-4	토미는 왜 방한모를 벗지 않았나요?
2		아이들이 토미를 남자라고 생각한 까닭은 무엇인가요?
3		교장 선생님의 성격은 어떠하였나요?

대상 도서와 관련된 우리 삶이나 사회 관련 발문

1	-1	만약 당신이 전학생이라면 어떤 기분이 들까요?
2		토미는 방한모를 벗지 않으려고 노력했습니다. 여러분도 토미처럼 어떤 일에 열심히 노력한 적이 있나요?
3		만약 여러분이 몸에서 꼭 가리고 싶은 부위가 있다면 어떤 기분이 들까요?

임한세(4학년)

배경지식 관련 발문

1	-1	여러분이 수상한 아이라면 기분이 어떨까요?
	-2	왜 제목이 '수상한 아이가 전학 왔다' 일까요?
	-3	여러분이 다른 학교에 전학 가면 기분이 어떨까요?
	-4	다른 학생이 여러분 학교에 전학 오면 전학생에게 어떻게 할까요?

대상 도서의 내용 관련 발문

1	-1	토미가 전학 왔을 때 아이들은 어떤 느낌이 들었을까요?
	-2	왜 아이들은 토미의 얼굴을 보려고 했나요? 여러분이라면 토미에게 어떻게 했을까요?
	-3	여러분이라면 토미의 방한모를 벗기기 위해 어떤 방법을 쓸까요?
	-4	토미는 방한모를 썼을 때 어떤 마음을 가졌을까요?
2	-1	여러분이 토미 엄마이면 토미가 코피 흘린 것을 보고 어떻게 해야 할까요?
	-2	여러분이 만약 5학년처럼 싸움을 하면 어떤 마음이 들까요?
	-3	5학년은 토미의 가발을 벗기려고 싸웠습니다. 여러분은 5학년들처럼 한 적이 있나요? 또는 그런 모습을 본 적이 있나요?
	-4	그런 모습을 본다면 도와줄 건가요, 그냥 지나갈 건가요?
	-5	여러분이 토미처럼 당한다면 기분이 어떨까요?
3		수상한 아이가 전학왔다는 이야기는 다음에 어떻게 이어질까요?

대상 도서와 관련된 우리 삶이나 사회 관련 발문

1	-1	책에서 토미는 5학년 아이들과 싸웠습니다. 여러분은 싸운 적이 있나요?
	-2	토미가 5학년과 싸운 것처럼 실제로 싸운다면 어떤 일이 일어날까요?
2	-1	여러분은 토미처럼 차별 당한 적이 있나요?
	-2	차별을 당할 때 어떤 느낌이 드나요?
	-3	차별을 막는 방법에는 어떤 것이 있을까요?

윤은재 (6학년)

배경지식 관련 발문

1	- 1	요즘 사람들의 무분별한 개발로 환경이 파괴되고 있습니다. 우리는 왜 환경을 보호해야 할까요?
	- 2	무분별한 개발로 환경이 모두 파괴된다면 우리 생활은 어떻게 변할까요?
	- 3	많은 개발로 인간 뿐 아니라 다른 생물들도 많은 피해를 입고 있습니다. 환경을 보호하기 위해 우리는 어떤 노력을 해야 할까요?
2		지금 상태에서 자연을 더 개발해야 한다고 생각하나요, 보호해야 한다고 생각하나요?

대상 도서의 내용 관련 발문

1	- 1	책에 나온 사람들은 새로운 숲을 만드는 것에 찬성하였나요, 반대하였나요?
	- 2	책에 나온 사람들은 왜 새로운 숲 개발에 찬성하였나요?
	- 3	조시 선생님은 왜 새로운 숲을 만드는 것에 반대했나요?
	- 4	만약 우리 동네에 새로운 숲을 만든다면 찬성하나요?

대상 도서와 관련된 우리 삶이나 사회 관련 발문

1	- 1	자연을 더 개발해야 한다고 생각하나요, 보존해야 한다고 생각하나요?
	- 2	앞으로 자연을 더 개발한다면 어떤 문제가 발생할까요?
	- 3	자연을 더 개발하려면 많은 생물들이 피해를 입어야 합니다. 우리의 편리를 위해 더 개발하는 것이 옳을까요?

허예은(5학년)

배경지식 관련 발문

1 - 1	여러분 주위에는 많은 나무가 있을 겁니다. 여러분이 아는 나무의 종류를 말해보세요.
- 2	여러분은 자연을 소중히 여겨야 한다는 것을 알고 있을 겁니다. 여러분은 자연을 어떻게 소중히 여기는지 알고 있나요? 방법을 말해보세요.
- 3	여러분은 여러분이 편하게 지내기 위해 자연을 개발하는 것과 여러분이 불편하더라도 자연을 그대로 두는 것 중에 무엇을 선택하겠습니까?

대상 도서의 내용 관련 발문

1 - 1	조지 선생님은 3D 프린터로 나무를 만들어 새로운 숲을 만든다는 소식을 들었습니다. 조지 선생님은 왜 반대했나요?
- 2	시장님은 나무를 베어버리고 3D 프린터로 나무를 만들기로 했습니다. 시장님은 왜 3D 프린터 나무를 만드나요?
- 3	마지막에 조지 선생님과 아이들이 참나무를 지키기 위해 사용했던 방법은 무엇인가요?
- 4	만약 자신이 참나무를 지켜야 한다면 어떤 방법을 사용할 것인가요? 그 이유는 무엇인가요?

대상 도서와 관련된 우리 삶이나 사회 관련 발문

1	대부분의 사람들은 자신의 이득을 먼저 생각합니다. 여러분도 자신의 이득만 생각한 적이 있나요? 그 이유는 무엇인가요?
2	사람들과 자연이 조화를 이루며 살아가는 자신만의 방법이 있나요? 자신의 생각을 말해보세요.
3	요즘은 과학기술이 점점 발달해 갑니다. 과학기술을 자연에 활용할 수 있다면 어떤 방법을 사용하면 좋을까요? 이유를 들어 말해보세요.

두근두근
독서 행사

"혼자서는 여섯 시간 동안 읽지 못하는 책을, 친구들과 함께 밤을 새우며 읽었다. 처음에는 끈기 없이 읽을 것 같던 영○이가 의외로 끈기 있게 잘 읽었고 은○나 윤○이, 예○이도 당연히 잘 읽었다. 그런 모습을 보고 나도 덩달아 열심히 책을 읽었다. 밤샘독서를 하기 전에는 만화책만 읽었고, 지루할 것 같던 소설책은 손도 대지 않았는데 밤샘독서를 하면서 소설책이 정말 재미있어졌다." _임소현(5학년)

아이들이 살아가는 세상에는 놀라움이 가득하다. 어른이 보지 못하는 것을 보고, 느끼지 못하는 것을 느낀다. 새로운 것 하나도 없는 공간에서 아이들은 깔깔대며 웃고, 살금살금 웅크렸다가 재빨리 달아난다. 지루함은 아이들과 어울리지 않는다. 아이들은 일상을 변화시키는 놀라운 능력으로 무료함을 깨뜨려버린다. 교실이 놀이터가 되고, 놀이터가 왕국이 된다. 아이들은 어제와 다른 오늘, 오늘과 다른 내일을 기다린다. 예상하지 못한 과정과 결과가 나올수록 아이들의 관심을 끈다.

아이들이 학교에서 기다리는 날을 꼽아보자. 독서 행사를 기다리는 아이가 얼마나 될까? 현장체험학습이나 운동회는 기다리겠지만 독서 행사는 기다리지 않는다. 왜 아이들은 책에서 놀라움을 찾지 못할까? 독서 관련 행사는 책 읽고 책 내용을 퀴즈로 풀고 글 쓰는 게 대부분이다. 책 읽는 아이, 글 쓰는 아이는 정해져 있다. 지난번에 상을 받은 아이가 이번에도 상을 받는다. 그래서 많은 아이가 독서 행사를 싫어한다.

책을 좋아하지 않는 아이가 책에서 재미를 느끼려면 시간이 오래 걸린다. 아이들은 변화가 더디면 관심을 두지 않는다. 똑같은 행사를 비슷한 방법으로 되풀이하면 아이들이 책에서 멀어진다. 아이들이 책에 관심을 갖게 하려면 새로워야 한다. 색다르면 아이들이 좋아한다. 늘 하던 퀴즈대회나 골든벨이 아니라 아이들이 예상하지 못한 즐거움을 주어야 한다.

자정이 지나도록 책만 읽으면 어떨까?
책에 나오는 내용을 그대로 따라 하면 어떨까?

책을 읽지 않고 퀴즈대회를 하면 어떨까?

아이들이 직접 토론 질문을 만들어 토론하면?

책으로 보물찾기를 하면 어떨까?

새로운 독서 행사는 아이들을 도서관으로 불러 모은다. 책을 읽지 않던 아이가 책을 읽는다. 소현이 글과 같은 후기를 듣게 된다.

이번 장에서는 새로운 독서 행사를 소개한다. 밤새 책을 읽고, 책으로 플래시몹을 하고. 책 내용을 그대로 따라 하고, 학부모와 함께 문학 기행을 간다. 책 표지 그림으로 보물찾기를 하고, 책을 찾아 암호를 해독하면서 즐겁게 논다. 아이들이 두근거리는 마음으로 기대하며 즐겁게 참여하는 활동들이다.

1 맛을 보면 계속 찾는다, 밤샘독서

이럴 때 하면 좋아요	책으로 추억을 남겨주고 싶을 때
	아이들이 학교에서 자고 싶다고 조를 때
	야영이나 캠프 활동을 독서활동으로 하고 싶을 때
참가 대상	제한 없음, 학부모 참여 가능
참가 인원	책 읽는 공간과 숙박 공간에 알맞은 인원
필요한 시간	방과후 ~ 10시(숙박하지 않을 경우) 또는 방과후 ~ 다음 날 아침(숙박할 경우)
준비물	필기도구, 개인 세면도구와 이불(숙박할 경우)

겨울방학을 맞으며 아이들이 오래 간직할 독서 추억을 안겨주고 싶었다. 무얼 할까, 졸업하는 6학년만 참여할까, 낮에 할까 밤에 할까, 학부모와 같이할까 아이들만 할까 고민하다 4~6학년과 책을 읽고 학교에서 자기로 했다. 우리 학교 도서관은 바닥에 난방이 된다. 이불만 있으면 겨울에도 잔다. 도서관 바로 옆 2학년 교실과 맞은편에 있는 교실 반 칸 크기의 돌봄 교실도 바닥 난방이 된다. 학교에서 자기 딱 좋다.

학교에서 잔다는 소식을 듣고 우리 반 2학년 아이들이 학교에서 자는 게 소원이라고 졸랐다. 아이들 눈빛이 마음에 남아서 전교생에게 안내장을 보냈다. 1학년은 어려서인지 신청하지 않았다. 2학년부터 6학년까지 스물다섯 명이 밤샘독서에 참가했다. (참고로 전교생이 56명이다.)

밤샘독서 계획표

시간	겨울방학 전날 오후 3시부터 방학식 아침 9시까지	
준비물	이불, 세면도구, 개인조명(원하는 사람만), 필기도구	
활동 내용	15~17시	신나게 책놀이 하자
	17~18시	맛있게 밥 먹자(학교 앞 식당)
	18~21시	책 읽자
	21~21시 30분	간식 먹고 쉬자
	21시 30분~24시	책 읽자
	24~02시	더 읽고 싶은 사람만 모여라
	02~08시 30분	잠자기, 아침 식사(컵라면)

몇 명은 부모님이 강제로 보내서 왔다. 책이라면 징그러운 곤충 보듯 하는 아이도 있다. 한 시간 이상 책을 읽어본 적이 없는 아이도 많다. 그래도 겪으면 달라질 거라 믿고 시작했다. 저녁을 먹을 때까지는 장날 같았다. 학교에서 잔다고 마음이 들떠 목소리가 높아지고 움직임이 많았다.

드디어 책 읽기 시작! 밤샘독서라는 이름에 알맞게 일찍부터 달이 환하게 떴다. 핸드폰을 끄고 책을 꺼냈다. 책을 정말 싫어하는 아이도 최소한 다섯 시간 책을 읽었다. 맛을 보면 맛을 안다더니 책 안 읽던 아이도 재미있다고 한다. 책이 재미있다고 느끼려면 몇 시간 동안 계속 읽어야 한다. 책 싫어하는 아이들이 어떻게 다섯 시간 동안 책만 읽느냐고 두려워하지 말고 일단 해보자. 그러면 아이들이 즐겁게 책 읽는 모습을 볼 것이다.

아래 후기를 쓴 아이는 책을 아주 싫어했다. 평소에 책 읽자 하면 도망갔다. 6학년 마지막 추억이라며 참여했다가 책이 얼마나 재미있는지 처음 느꼈다고 썼다.

신선영(6학년)

밤샘독서를 했다. 책을 읽는 동안 많은 생각이 났다. 조금 지루한 것 같기도 하고 재미있는 것 같기도 하고. 저 아이는 책을 재미있게 읽고 있는지, 재미없게 읽고 있는지…… 책을 읽는 시간을 가지니 모두 조용해졌다. 평소에 그렇게 시끄럽던 현○, 영○, 재○이가 아주 조용해졌다. 그렇게 책을 싫어하던 내가 입을 꾹 다문 채 책을 읽어 내려갔다.

저녁 시간이 끝이 나고 다시 책 읽는 시간이 돌아왔다. 이때부터는 책을 읽는 도중에 금방 싫증을 느꼈다. 긴 책을 읽지 않고 동화책을 읽었다. 그런데 그거마저 싫증이 났다. 그래서 현○가 읽어보라 한 책을 읽어보았다. 생각보다 재미있어 계속 읽어보았다. 그리고 벌써 새벽 1시 30분이 넘어갔다. 내가 이렇게 책을 열심히 읽을 줄은 꿈에도 몰랐다. 그만큼 책이 재미있던 걸까? 1시 30분이 넘은 걸 보니 그렇게 재미있었나 보다. 다음에도 이런 시간을 가지면 정말 좋겠다. 정말 정말 거짓말 아니고, 진짜 재미있었다.

다음 날 방학식에서 교장 선생님이 선영이에게 전교생 앞에 나와 글을 읽어보라고 했다. 선영이는 거짓말 아니고 정말 책이 재미있었다고 몇 번이나 강조했다. 평소에 책을 읽지 않았기 때문에 자기 말을 믿지 않을 거라 생각한 모양이다. 밤샘독서 과정을 자세하게 소개한다.

오후 3시, 밤샘독서를 시작하는 마음을 두 줄로 쓰기

정유수(4학년) : 밤샘독서 하기 전에는 하~ 집에서 컴퓨터 하고 싶었는데 엄마가 보냈다. 학원에도 가야 하는데…….

윤은설(3학년) : 오늘 밤샘독서를 해서 너무 좋다. 밤샘독서를 해서 자는 것이 처음이어서 더 좋기도 하고 아주 조금 긴장되기도 한다. 빨리 밤샘독서를 시작하면 좋겠다.

이대왕(6학년) : 밤샘독서가 재미있을 것 같고 기대가 된다. 학교에서 자는 게 6년 중에서 처음이라 좋다.

허예은(4학년) : 드디어 기다리던 밤샘독서가 시작되었다. 어젯밤에는 밤샘독서 꿈도 꿨다. 마치 수학여행 가는 것처럼 설렌다. 글 쓰는 것도 좋고 책을 보는 것도 좋다. 우리 반은 세 명 빼고 다 신청했다. 처음은 도서관 놀이를 한다고 하셨다. 1박 2일 밤샘독서, 빨리 하고 싶다. 기대된다.

엄마가 억지로 보내서 왔던 정유수는 이듬해와 6학년 때에 스스로 참여했다. 6학년 때 두 줄 쓰기에 "작년에 해봤는데 재미있어서 또 신청했다. 이번에도 재미있겠지!"라고 썼다.

오후 3시 10분, 도서관 놀이(2시간)

즐거운 마음으로 시작하려고 책놀이를 했다. 마지막에는 우리 학교에 다니는 누군가가 꼭 읽으면 좋겠다고 생각하는 책을 가져오라 했다. 각자 가져온 책을 모둠에서 소개하고 모둠별로 대표 책 한 권을 정했다. ① 우리 학교에 있는 어른 ② 우리 학교 저학년 ③ 우리 학교 고학년 셋 중에 하나를 힌트로 알려줘도 된다고 했다. 또는 ① 우리 학교에 있는 어른 ② 우리 학교 남자 어린이 ③ 우리 학교 여자 어린이 중에서 하나를 힌트로 알려주기로 했다.

3학년 아이가 문제를 냈다.

"이 사람은 저를 아끼지 않습니다. 『아낌없이 주는 나무』를 읽고 저를 아껴주면 좋겠습니다."

문제를 듣고 다른 모둠 모두 6학년인 친오빠를 썼다. 정답을 발표할 때 6학년 친구들이 아이 오빠에게 동생 아껴주라고 잔소리를 했다. 문제를 낸 동생이 『아낌없이 주는 나무』를 오빠에게 주면서 친구들이 잔소리하는 모습을 보고 참 좋아했다. 6학년 여자아이는 그만 먹으라는 잔소리를 들었고, 5학년 담임선생님은 아이들 말을 들어달라는 잔소리를 들었다. 평소에 하고 싶었던 말을 해서 속이 시원하다고 했다.

오후 4시 50분, 도서관 놀이 한 느낌을 세 줄로 쓰기

처음에는 두 줄 썼지만, 지금은 세 줄, 다음에는 네 줄로 늘어날 거라고 말했다. 아직은 세 줄이라 편하게 쓴다.

정유수(4학년)

도서관 놀이를 하고 나니 우리 엄마가 이걸 보내주신 거 감사하다. 저번에 한 것보다 오늘 한 게 더 재미있었다. 이 놀이를 하고부터 결심했다. 밤샘독서 할 때마다 꼭! 하고 책도 많이 읽고. 도서관 놀이는 너무 재미있다. 우리 반 다른 아이들도 하면 좋겠다.

김윤빈(4학년)

정말 재미있었다. 책으로 재미있게 놀 수 없다고 생각했지만 의외로 재미있었다. 책이 진짜인가 아닌가도 했고, 책의 낱말 중 하나만 골라서 맞히는 게임, 마지막으로 책의 길이 재는 것까지. 정말 재미있게 놀고 웃었다. 마지막으로 누구를 위해 추천하는 책을 정했다. 정말 재미있었다.

양현도(6학년)

도서관 놀이를 하였다. 처음에 자기 자신을 나타내는 책을 찾았다. 나는 똥 책을 골랐다. 다들 나를 닮았다고 하였지만 나는 화를 참았다. 다음에는 책 맞히기를 하였다. 누구와 누가 바뀌었는지 맞히는 놀이다. 한세 덕분에 많이 맞혔다. 다음은 추천하는 책을 가져오라고 했다. 나는 『시간을 훔치는 소년』이라는 책을 골랐다. 그렇지만 친구가 고른 『배고픔이 없는 세상』이 발표 대상이 되었다. 나는 슬펐다. (오늘이 28일이라) 82cm에 가장 가까이 책을 쌓기도 했다. 우리가 4점 얻어 13점이 되었다. 기분이 좋았다. 만약 『시간을 훔치는 소년』처럼 시간을 훔칠 수 있다면 시간을 훔쳐서 도서관 놀이를 시작한 때로 다시 돌아가고 싶다. 시간을 훔칠 수 있다면.

오후 6시부터 자정까지 자지 않고 책 읽기

저녁을 먹고 책을 읽기 시작했다. 규칙을 알려주었다.

- 만화책을 한 권 읽으면 다른 책을 한 권 읽어야 한다.
- 누워도 되고 뒹굴어도 되지만 다른 사람을 방해하거나 자면 안 된다.
- 화장실에 가거나 물 마시러 자유롭게 다닌다. 다만 조용히 간다.
- 밤 9시까지 세 시간 동안 책을 읽는다. 9시에 간식 먹고, 밖에 나가서 달을 구경하고, 연주를 듣고, 돌아와서 다시 책을 읽는다.
- 밤 12시까지는 도서관에서 같이 책을 읽는다. 자정이 지나고 나서 책을 더 읽고 싶은 사람은 돌봄 교실에서 읽는다.

밤 12시에 밤샘 독서 최고의 책을 뽑았다. 읽는 동안 몇 아이가 책 내용이 지루하다고 해서 『찰리와 초콜릿 공장』과 『학교에서 외계인을 만나다』를 추천했다. 한 아이가 읽고 재미있다고 해서 다른 아이도 읽었다. 그래서 두 책을 최고로 뽑은 아이가 많았다.

밤샘독서하면서 아이들이 뽑은 최고의 책

3학년	『스무고개 탐정』 시리즈(특히 5번) 『오늘은 속담왕』 『천재들이 만든 수학 퍼즐』 『나쁜 말은 재밌어』 『찰리와 초콜릿 공장』 『백두산 이야기』 『두근두근 나의 꿈 파티시에』
4학년	『백두산 이야기』 『월트 디즈니』 『여우의 전화 박스』 『학교에서 외계인을 만나다』
5학년	『목걸이 열쇠』 『귓속말 금지구역』 『학교에서 외계인을 만나다』 『찰리와 초콜릿 공장』 『괴물예절 배우기』
6학년	『돌 씹어 먹는 아이』 『스티브 잡스』 『찰리와 초콜릿 공장』 『친애하는 악몽 도둑』

11시 40분, 밤샘독서 후기 쓰기

6학년 남자아이가 밤샘독서 시작 전에

"오늘은 밤샘독서를 한다. 책만 읽는다고 했다. 책, 그냥 그렇다. 피자나 먹고 싶다. 간식시간아, 빨리 와라!"

라고 썼다. 끝날 때는 내용이 달라졌다.

"밤샘독서를 했다. 다섯 시간 정도 책을 읽었다. 평소에는 책이 재미없고 지루한 것인 줄 알았는데 오늘 오랫동안 계속 읽어보니까 모르는 것도 많이 알게 되었고 책이 재미있다는 것도 느꼈다. 앞으로 책을 좀 읽어야겠다. 밤샘독서로 인해 흥미를 느꼈기 때문이다."

이해인(6학년)

내가 쉬지 않고 다섯 시간 동안 책을 읽었다는 게 놀랍다. 밤샘독서에서 열세 권을 읽었다. 『귓속말 금지구역』이란 책이 가장 재미있었다. 너무 공감되기 때문이다. 나도 다른 사람이 나를 힐끗힐끗 쳐다보며 귓속말을 할 때는 정말 짜증이 난다. 오늘 읽은 책 내용도 그랬다. 그래서 더욱 재미있던 것 같다. 나는 지금 다 못 읽어서 다 읽고 자야겠다. 어떤 이야기가 전개될지 궁금하다.

희망자만 2시까지 계속 읽기

2시까지 더 읽겠다는 아이들을 돌봄교실로 데려갔다. 자고 싶어 하는 여자아이들은 우리 반 교실에, 남자아이들은 도서관에서 재웠다.

남은 아이들과 책을 더 읽었다. 우리 반에서 책을 가장 안 읽는 남자아이가 끝까지 남아서 놀랐다. 뛰어놀기만 좋아했는데 책을 더 읽겠다고 한다. 다른 아이들도 밤을 새우겠다고 한다. 2시가 지났는데도 더 읽겠다는 걸 다음에 밤샘독서를 또 하겠다고 약속하며 말렸다. 나도 도서관 한쪽에 누웠다. 책장 사이에서 쌕쌕 소리가 들렸다. 참 좋았다.

다음 날 아침에 같이 컵라면을 먹었다. 6학년 아이들이 내년에 중학생이 된 뒤에 와도 되느냐고 묻는다. 중학교 선생님들에게 밤샘독서 하자고 조르라 했다. 밤샘독서를 마친 뒤에 SNS에 방법과 결과를 올렸다. 몇 분이 따라 했다고 댓글을 달아주었다.

이듬해 4월에 교사인 학부모가 밤샘독서 어떻게 하는지 물었다. 아이가 집에 가서 밤샘독서를 어찌나 홍보했는지 본인이 근무하는 학교에서 중학생 아이들과 해보겠다고 했다. 그래서 우리 학교 졸업한 아이들이 다니는 중학교보다 먼저 밤샘독서를 했다. 밤샘독서 끝나고 야단났다고 들었다. 아이들이 정말 재미있다고, 또 하자고 졸라댔다고 한다. 고등학생이 된 제자들도 찾아와서 왜 지난해에 하지 않고 후배들하고만 하느냐고 따졌다고 한다.

아이들과 학교에서 밤샘독서를 해보라고 권한다. 책 싫어하는 아이가 책이 재미있다고 말하는 소리를 들을 것이다. 또한 즐거운 경험을 하게 해주어서 고맙다는 말도 들을 것이다.

학기 중에 밤샘독서 하기

2019년에는 10월 1~2일에 밤샘독서를 했다. 추운 겨울에 해도 좋았으니 따뜻한 가을은 더 좋을 거로 생각했다. 3~6학년 스물두 명이 모둠을 만들어 신청했다. 전에는 각자 책을 읽고, 읽은 책 목록을 개인별로 쓰며 혼자 활동했다. 이번에는 미션 책놀이를 모둠 대항으로 하고, 모둠에서 함께 책을 읽었다. 읽은 책 목록은 개인별로 쓰고, 모둠에서 읽은 책을 탑처럼 쌓았다. 서로 지지하고 격려하며 함께하길 바랐다.

밤샘독서 계획	
16시~17시 30분	미션 책놀이(3~4명씩 6모둠)
17시 30분~18시 30분	저녁 식사
18시 30분~21시	밤샘독서(학부모와 함께)
21시~21시 30분	간식
21시 30분~24시	밤샘독서(아이들만)
24시~02시	더 읽고 싶은 사람만 참여

미션 책놀이를 하며 아이들이 책으로 학교를 뒤집었다. 책을 찾고, 책으로 사진을 찍었다. 행정실, 교장실, 전담교실, 교무실, 다른 반 교실에 찾아가서 그림책을 읽어드렸다. 책으로 무게를 재고, 책을 고르고, 책으로 추억을 만들었다. 그래도 시끄럽지 않았다. 뛰어다니면 안 되는 규칙을 잘 지켰다.

저녁에 학부모들이 세 시간 동안 함께 책을 읽었다. 2년 전에 중학교에서 밤샘독서를 했던 교사 학부모가 아들과 마주 앉아 책을 읽는다. 다른 엄마는 딸 곁에서 책을 읽는다. 엄마와 딸이 책 읽는 자세가 똑같다.

딸과 함께 책을 읽는 아빠도 있다. 날마다 집에서 겪는 슬픈 일을 이야기하는 아이다. 몇 아이는 파자마 파티처럼 잠옷을 맞춰 입었다. 시간은 흐르고, 아이들이 계속 책을 읽는다.

난 두 권밖에 못 읽었다. 아이들이 책 추천해달라고 해서 계속 책을 찾아 주었다. 책 찾아주러 오가며 칭찬하고, 머리를 쓰다듬었다. 책 읽는 모습이 예뻐서 넋 놓고 보기도 했다. 떠드는 아이가 조용해질 때까지 바라보았다. 간식 나눠주고, 치우고, 아침에 컵라면 물 부어주고, 찌꺼기 치우고, 도서관 청소하고, 우리 반 청소하고…… 몸은 힘들지만 마음은 그 어떤 상을 받은 것보다 가볍다.

모둠별로 읽은 책을 가운데 쌓아두고 사진을 찍었다. 50권이나 읽은 모둠도 있다. 굉장하다. 2시까지 4000쪽을 읽은 아이도 있다. 책을 천천히 곱씹으며 읽는 아이가 지난해에 한 권 붙들고 끙끙댔다. 올해에는 『수평선 학교』와 『아몬드』 두 권을 읽었다고 좋아했다. 5학년이 『아몬드』를 읽는 것만으로도 기쁘다. 한 명도 빠지지 않고 스물두 명 모두 내년에 다시 참가하겠다고 후기를 썼다.

조민진(4학년)

지금은 눈꺼풀이 풀렸다. 피곤하다. 그치만 책이 재미있다. 좋은 책만 읽으려고 노력했다. 책 읽으면 졸리고 피곤하지만 독서를 멈추긴 힘들 듯하다. 은근히 중독성이 있는 게 책, 독서인 듯하다. 나도 권일한쌤 병이 옮았나? 솔직히 힘들어서 중간중간 딴짓도 했지만 열심히 읽으니 재미있다.

'내가 읽은 책 중에서 최고의 책'을 뽑았다. 3학년은 지금 우리 반이다. 책을 자주 읽기 때문에 아이들이 읽은 책 수준이 높다. 『만국기 소년』『우리 반은 욕 킬러』『오로라 원정대』『나의 베프 로봇 젠가』『딸기 우유 공약』『빌뱅이 언덕』이 최고의 책이다. 5~6학년 책도 있다. 『만국기 소년』『빌뱅이 언덕』은 남자아이가 뽑았다.

4학년은 2년 전 우리 반이다. 12시까지 꼼짝 않고 책만 읽더니 대부분 2시까지 남았다. 『우리 오빠 좀 때려주세요』『광고의 비밀』『제임스와 슈퍼 복숭아』『마법의 설탕 두 조각』을 골랐다.

5학년은 지난해 우리 반이다. 지난해에도 많이 읽었고, 올해는 독서동아리 활동을 하면서 책을 많이 읽었다. 얘들은 평소에 『아몬드』『앵무새 죽이기』 같은 청소년 문학책을 읽는다. 읽은 책 수준이 많이 높다. 『핑스』『용의 미래』『모모』『수평선 학교』『하늘을 달리는 아이』를 골랐다.

6학년은 담임으로 나를 만난 적이 없다. 쉬운 책이 많다. 『레이디 롤리팝 말괄량이 길들이기』『오빠와 나』『예쁜 얼굴 팝니다』『내 멋대로 나 뽑기』『나이 도둑』을 읽었다. 학부모는 『책벌레들의 책 없는 방학』『선생님 우리 얘기 들리세요』『내가 그린 히말라야시다 그림』 외에 어떤 책을 읽었는지 모른다.

지금까지 밤샘독서를 방학 전날에 했다. 학기 중에 해보니 더 좋다. 책 읽은 기억이 추억으로 끝나지 않고 계속 이어진다. 재미있게 읽은 책을 친구에게 추천하고, 친구가 권하는 책을 읽는다. 선생님들뿐만 아니라 행정실 직원도 책 이야기를 한다. 학부모도 같이 책 이야기에 끼어든다. 또 하자고 조르는 아이가 많다. 어쩌면 방학 전날 한 번 더 해야 할지도 모르겠다.

2 책 갖고 모여라, 독서 플래시몹

이럴 때 하면 좋아요	반짝 재미난 독서 이벤트를 하고 싶을 때
	도서관 소식에 관심을 갖게 하고 싶을 때
	플래시몹을 기회로 책 한 권을 읽게 하고 싶을 때
참가 대상	제한 없음, 학부모 참여 가능
참가 인원	제한 없음
필요한 시간	5~20분
준비물	미리 장소 찾아놓기, 간식 약간
기타	밖에서 모일 경우 비가 오지 않아야 함.

우리 학교 아이들은 도서관 게시판 앞을 기웃거린다. 새로운 독서 행사가 있는지 확인한다. 어느 날 갑자기 독서 행사가 벌어지는데 그날, 그 시간을 놓치면 재미있는 경험을 하지 못하기 때문이다.

4월 23일은 세계 책의 날이다. 1주일 전에 게시판에 세계 책의 날에 대출하면 비타민을 준다고 안내문을 붙였다. 비타민 두 개 받으려고 아침부터 도서관이 북적였다.

5월에는 독서 플래시몹(flash mob) 행사를 게시했다. 플래시몹은 사람들이 휴대폰이나 이메일 등으로 연락해서 미리 안내한 시간에 특정한 장소에 모여 준비한 행동을 하고 순식간에 사라지는 이벤트이다. 우연히 그곳을 지나는 사람들에게 예상치 못한 기쁨을 주기 위해서 한다. 홍보나 광고를 목적으로 하기도 한다. 나는 소소한 재미를 주고, 책과 도서관에 관심을 갖게 하려고 준비했다. 책을 든 사람들이 한곳에 모여 잠깐 책을 읽고 갑자기 사라지는 행사여서 독서 플래시몹이라 불렀다.

5월 17일 14시 30분에 우리 학교에서 가장 큰 나무 아래에서 책을 읽으면 아이스크림을 준다는 안내문을 붙였다. 규칙은 두 가지다. 아무에게도 알리지 말고 혼자 조용히 나올 것, 반드시 대출한 책을 가지고 올 것. 그런데 5월 17일에 비가 내렸다. 선생님들도 교실에서 아이들과 무언가를 자꾸 했다. 아무도 밖에 나오지 않았다. 뒤늦게 소식을 들은 아이들이 다음에 행사 언제 하는지 묻는다. 깜빡 잊은 아이도 언제 다시 하느냐고 물었다.

날짜를 다시 정하면서 규칙을 바꿨다. 첫째, 다른 사람에게 말해도 되지만 바로 그날에는 책 읽으러 가자고 말하지 않는다. 둘째, 책을 10분 동안 읽고 교실로 돌아간다. 셋째, 그 책을 1주일 이내에 다 읽는다. 이렇게 약속했다. 다시 모이기로 한 날 해가 쨍쨍 내리쬐었다. 출근하니 아이들이 책을 들고 다닌다. 한 명, 두 명 나무 아래 모여서 책을 읽는다. 나도 한쪽 편에 앉아 함께 책을 읽었다. 새소리 들리고 바람 부는 나무 아래에서 아이들과 책 읽는 시간이 참 좋았다.

독서 플래시몹을 마치고 돌아가면서 아이스크림을 나눠주었다. 아이스크림을 먹으려고 책을 대출한 아이들에게 빌린 책을 끝까지 다 읽으라고 했더니 그러겠다고 대답했다. 여건이 된다면 교장실이나 교무실에 잠깐 모여서 책을 읽다가 헤어져도 좋겠다.

독서 플래시몹은 힘들지 않다. 게시판에 안내문 하나 붙이고 그날, 그 장소에 나가서 책을 읽으면 된다. 아이스크림이 아니라 사탕 하나만 줘도 된다. 책을 들고 갑자기 어딘가에 모여서 희희낙락 책 읽다가 헤어지는 추억으로 충분하다. 책으로 무언가를 계속하면서 책과 가까이하는 기회를 계속 주면 좋다.

3 책을 그대로 따라 하자, 독서 코스프레

이럴 때 하면 좋아요	책 내용으로 수업하고 싶을 때 (프로젝트 학습 가능)
	책의 깊은 맛을 보여주고 싶을 때
	일상을 생각하며 '느리게 읽기'를 가르치고 싶을 때
참가 대상	1~6학년
참가 인원	30명 이하
필요한 시간	활동에 따라 다름
준비물	활동에 따라 다름

게임이나 만화에 나오는 인물을 너무 좋아해서 똑같이 분장하고 다니는 사람들이 생겼다. 특정 캐릭터와 인물을 그대로 따라 하는 걸 코스프레(cospre)라고 한다. 이를 응용해서 책 내용을 따라 하면 책을 더 좋아할 거라 생각했다. 그래서 만화영화 주인공 옷을 입는 대신 책 내용을 그대로 따라 하는 독서 코스프레를 했다.

『소리 질러, 운동장』을 읽고 운동장에서 소리를 지른다. 책에 나온 막 야구를 직접 해본다. 그럼 책이 훨씬 재미있어진다. 미술 시간에 건물을 만들 때 『벽』을 읽고 집을 만든다. 『쿠키 한 입의 인생수업』을 읽으며 쿠키를 만든다. 『선생님은 너를 사랑해 왜냐하면』을 읽고 선생님이 아이들을 사랑하는 까닭을 찾는다.

계절과 시간을 맞추면 활동할 내용이 너무 많다. 봄나물을 소개하는 책을 읽고 냉이와 쑥을 캔다. 냉잇국을 해 먹고 쑥떡을 해 먹으면 채소 싫어하는 아이도 좋아한다. 자기가 캔 나물은 맛있기 마련이다. 더운 여름날 『수박 수영장』을 읽고 수박 화채를 만들어 먹는다. 가을에 가을 열매에 관한 책을 읽고 열매를 찾아본다. 감이나 밤을 따면 아이들이 정말 좋아한다. 눈이 오면 『눈사람』을 읽고 눈사람을 만든다.

책을 일상으로 가져오면 아이들이 책을 읽는다. 시간을 정해놓고 책을 읽어도 좋지만 책을 일상으로 만드는 게 훨씬 좋다. 책을 일상으로 가져오려면 생각을 바꾸어야 한다. 아이가 숙제를 도와달라고 할 때 검색해서 알려주거나 검색해서 찾아보라 하면 은연중에 공부는 검색이라는 방법으로 한다고 배운다. 엄마가 요리하면서 레시피를 찾으려고 검색하면 아이는 모르는 정보는 검색으로 찾는 거라고 배운다. 가족들이 텔레비전을 보면서 웃고 즐기면 '텔레비전은 재미있는 거야. 책보다 더~'를 가르치는 셈이다.

나는 자녀가 숙제를 도와달라고 하면 일부러 책을 찾았다. 검색하면 금방 찾는 내용이라 해도 굳이 책을 찾아서 알려주었다. 다 아는 내용도 어떤 책에서 봤다 하면서 책을 찾게 했다. 책에서 읽은 이야기를 해주고, 책 읽는 모습을 보여주었다. 문제를 풀지 않고 책만 읽고도 공부를 잘할 거라고 알려주었다. 책을 읽고, 책으로 놀고, 책으로 이야기하고, 책으로 추억을 만들었다. 책이 일상이 되었기 때문에 아이들도 책벌레가 되었다.

요리에 대한 관심이 높아지면서 요리책이 많이 나온다. 요리책을 읽고 요리하면 아이들이 좋아한다. 책 내용과 연결되는 요리를 하면 훨씬 좋아한다. 대충 만들어도 맛있다고 좋아했다. 책에서 그 아이가 먹던 바로 그 음식이기 때문이다. 어떤 책을 읽고 그 책에 나오는 요리를 하면 훨씬 좋아한다. 『일수의 탄생』을 읽고 만두를 먹고, 『빨강 연필』을 읽고 시금치 넣은 피자를 만들어 먹는다. 책에서 그 아이가 먹던 바로 그 음식이라 맛있고 새롭다. 대충 만들어도 맛있다고 좋아했다. 책을 눈으로 읽을 뿐만 아니라 혀로 맛보고 귀로 듣는 셈이다. 그럼 책을 친구로 생각한다. 위험한 활동이 아니라면 무엇이건 괜찮다. 책을 읽고 그대로 따라 하면 아이들이 책을 좋아한다. '이거 해보고 싶네!' 하는 내용을 담은 그림책을 찾아보시라. 아이가 책을 대하는 태도가 달라질 것이다.

4 학부모와 함께하는 문학 기행

이럴 때 하면 좋아요	학부모와 뜻깊은 활동을 하고 싶을 때
	학부모가 자녀와 여행을 자주 하지 못할 때
	학부모에게 독서 추억과 의미를 알려주고 싶을 때
참가 대상	3~6학년 학생과 학부모
참가 인원	버스 탑승 인원에 맞춰
필요한 시간	9~12시간 (1박 2일도 가능)
준비물	여행 전에 관련 책 읽기 식사 장소 예약(예산이 부족하면 가족끼리 자비로 식사)

마을도서관을 운영하는 학교에서 화요일 저녁마다 학부모와 함께 독서 활동을 했다. 참여하는 학부모가 독서 활동에 관심이 많아 해마다 문학 기행을 갔다. 이름만 문학 기행이 아니다. 작가의 책을 읽고 작가와 관련된 장소에 가서 작가를 만나는 진짜 문학 기행이다. 학부모 열네 명, 아이 열다섯 명이 참여했다. 버스 대여비와 강사비를 학교 예산으로 냈고, 점심은 속초중앙시장에서 가족끼리 사 먹었다.

2017년 11월 4일 토요일, 학부모와 함께 문학 기행을 다녀왔다. 황시백 선생님 시비, 속초에 있는 작은 서점, 속초 재래시장에 다녀왔다. 황시백 선생님은 강원도 양양에서 농부로 살면서 글을 쓰시다가 갑자기 돌아가셨다. 문학 기행을 떠나기 한 달 전에 문학 기행을 신청한 학부모들에게 황시백 선생님이 쓴 『애쓴 사랑』을 나눠주었다.

읽지 않은 분들을 위해 양양으로 가는 버스에서 책 내용을 설명했다. 『애쓴 사랑』에 보리 출판사를 만드신 윤구병 선생님, 『사랑으로 매긴 성적표』를 지으신 이상석 선생님, 사북 탄광마을에서 아이들과 시를 쓰신 임길택 선생님, 아이들과 재미나게 지내며 『하느님의 입김』을 쓰신 탁동철 선생님 이야기가 나온다. 네 분이 어떤 분인지, 삼척과 어떤 관련이 있는지 설명했다. 황시백, 임길택, 탁동철 선생님은 우리 지역에서 근무했기 때문에 더 친근했다. 이 분들에 대해 이야기해 드리고 책에 나오는 글 중에서 「배추흰나비」와 시 「철쭉」을 읽어드렸다.

황시백 선생님 사모님이 봄에 통배추 모종을 사 왔다. 하루가 다르게 쑥쑥 자라는 모습을 예쁘게 봤는데 어느 날 배추벌레가 구멍을 뚫어놓았다. 젓가락을 들고 배추밭에서 계속 벌레를 잡아도 소용이 없다. 배춧잎뿐만 아니라 가지 잎, 피망 잎까지 모조리 먹어 치운다. 포기김치는커녕 아무것도 못 먹을 것 같아서 고갱이가 생기기도 전에 뽑아 막김치로 버무렸다. 그런데 얼마 뒤에 놀라운 일이 생긴다.

텃밭가에 쥐똥나무가 두 그루 서 있다. 가지를 치지 않고 두어서 키가 어른 키 두 배나 된다. 그 나무에 꽃이 활짝 피었을 때다. 이른 장마로 비가 줄곧 찔끔거리다 갠 날, 나무 둘레가 온통 나비 떼로 에워싸였다. 하얀 꽃 가득 핀 쥐똥나무를 가득 에워싼 하얀 나비 떼, 쥐똥나무가 하얗게 너울거린다. 아, 배추흰나비다. 우리 텃밭에서 태어난 나비들이구나.

근처 사는 탁동철 선생이 들렀다가 그 모습을 넋 놓고 보더니 한마디 한다.

"저거 정말 우리끼리만 보기 아까운데요."

"그러게 말이야."

"배추 또 심어야겠어요."

"왜?"

"생명을 저렇게 태어나게 했으면 책임을 져야지……."

맞는 말이다. 저 배추흰나비들은 이제 어디 가서 알을 낳나?

『애쓴 사랑』 황시백, 낮은산, 175~176

"생명을 저렇게 태어나게 했으면 책임을 져야지!"라는 말에 어머니들이 고개를 끄덕였다.

황시백 선생님 사모님의 안내를 받아 선생님이 손수 지으신 집, 배추흰나비가 가득 날아올랐던 마당, 선생님이 일하다 쉬던 농막, 밭과 논을 둘러보았다. 배추흰나비가 앉았던 나무를 찾아 물으니, 이웃집 사이에 담장을 만드느라 베어냈다고 한다. 아이들이 참 아쉬워했다. 시비에서는 사모님과 노미화 선생님(『당신 참 재미있는 여자야』 저자)이 기타 반주를 하며 노래를 불러주셨다. 황시백 선생님 시로 만든 노래를 가르쳐주셔서 아이들과 함께 불렀다.

시비를 보고 내려와서 떡과 코코아를 먹었다. 어른들이 차를 마시는 동안 얼른 음식을 먹은 아이들이 마당에서 뛰어 놀았다. 사모님께서 “우리 마당에 이렇게 많은 아이들이 노는 건 처음이에요.” 하며 좋아하셨다. 속초에서 이름난 동아서점에 가려 했는데 사모님께서 작은 서점을 알려주셔서 그리로 갔다. 책값을 정가로 내야 했지만 학부모들이 동네 서점을 살려야 한다며 책을 많이 샀다. 엄마와 아이가 책을 고르고, 구석에 앉아 읽고, 서로에게 책을 소개해주었다.

문학 기행 다녀와서 아이들에게 일기를 써오라고 하고 학부모에게 글을 부탁했다. 널리 알려진 작가가 아니고, 쉽게 읽히는 책이 아니라서 학부모들이 어떻게 생각했을지 걱정이 되었다. 아이들은 더 이해하기 어려웠을 거라는 생각이 들었다. 아이들이 쓴 글을 받고 나서 걱정이 사라졌다. 황시백 선생님을 알던 교사 학부모도 옛일을 기억하며 글을 써주셨다.

심재몽(미로초 6학년)

황시백 시비 문학 기행

문학 기행을 갔다. 8시 20분에 출발하여 처음으로 황시백 작가님의 시비 부터 갔다. 서점, 산악박물관, 재래시장에도 갔지만 황시백 작가님의 시비가 가장 기억에 남는다. 시비에 도착하자마자 김경희 작가님과 노미화 작가님이 반겨주셨다. 그때 첫인상을 보고 기분이 좋았다. 기분 좋은 마음을 이끌고 시비에 갔다. 가는 길은 콜럼버스가 신대륙을 발견하는 길과 같았다. 힘겹게 도착한 시비는 별 볼일 없을 것 같아 보였지만 작가님들의 노래와 설명을 들으며 더 재미있고 관심이 생겼다.

시비 근처 황시백 작가님이 손수 만드신 농막에 들어갔다. 그러나 아쉬운 점이 있다. 예전에는 안에 육각형 멋진 난로가 있었는데 어떤 사람인지 몰라도 난로를 훔쳐 갔다. 그 사람 욕심이 다른 사람들의 불행이 된다. 아쉬운 시비를 떠나고 김경희 작가님의 집 구경과 떡, 코코아를 먹었다. 가장 아쉬운 점은 난로와 『애쓴 사랑』에 나오는 배추흰나비 나무였다.(베어버려서) 그래도 예상 외로 괜찮은 여행이었다.

윤라정(학부모)

완벽한 가을 여행

낙엽 태우는 냄새가 그리운 11월. 미로초 아이들과 엄마들이 함께 문학 기행을 다녀왔다. 문학 기행을 준비하면서 양양에 있는 황시백 선생님 시비를 둘러보고 시 이야기를 나누자고 했을 때, 황. 시. 백. 익숙한 이름이다 싶었다. 학교에서는 문학 기행에 참여하는 엄마들에게 황시백 선생님의 『애쓴 사랑』 책을 한 권씩 나누어 주고 읽기 숙제를 주셨다.

책을 받아들고는 표지에서 한참을 머물러 있어야 했다. 슬픈 듯한데 힘이 느껴지는 여인의 뒷모습에 꽂힌 시선이 쉽게 걷히지 않아서였다. 표지를 넘겨 '선생도 농사꾼도 제대로 못 되는 놈!'을 읽으면서 탄식이 절로 나왔다. 내가 첫 발령 받았을 때 뵙던 그 황시백 선생님 이야기구나 했다. 목소리 울림이 좋아서 한 말씀 할 때마다 귀에 콕콕 박히던 분, 막걸리를 엄청 잘 드셨던 분이었다. 학교와 아이들 고민을 많이 하셨던 거로 기억하는 그분이 시비를 남겨 놓은 채 돌아가셨다는 생각을 하니 마음이 먹먹해졌다.

11월 4일 아침. 미로초에서 모여 황시백 선생님이 계신 곳으로 출발했다. 한 시간 넘게 달려서 도착한 곳은 양양에 있는 사잇골이었다. 황시백 선생님 사모님과 기타를 든 한 분(나중에 이분이 노미화 선생님이라는 이야기를 듣고 깜짝 놀랐다. 내가 대학 때 읽으면서 나도 이런 열정 넘치는 선생님 될 수 있을까 했던 책『난 참 재미있는 여자』를 쓰신 분이어서)이 우릴 반갑게 맞아주셨다.

사잇골에 뜻을 같이하는 분들이 모여 사신다는 말씀과 함께 황시백 선생님이 사셨던 집으로 안내해주셨다. 가을 내음이 가득한 골목길을 걸어 들어가니 꽃이랑 풀이랑 사이좋게 놀고 있는 마당이 너른 집이 나왔다. 선생님이 살아 계실 때 마음을 다해 집을 짓고 가꾸어온 이야기를 들으니 눈에 보이는 것 하나하나 마음에 남았다.

집을 둘러본 후 선생님의 시비가 있는 곳으로 발걸음을 옮겼다. 나지막한 언덕을 올라가니 조그마한 쉼터가 있는 곳에 시비가 놓여있었다. 사잇골에 터를 잡고 선생 일을 그만두고 나서 좋은 사람들과 함께 농사지으면서 살려고 했는데 그 꿈을 오래 함께하지 못하고 세상을 떠나시게 되었다고 하셨다. 쉼터에 들어가서 선생님이 앉아계시던 의자를 보고 있자니 선생님의 목소리가 들리는 듯했다. 선생님을 그리워하는 마음을 담아 생전에 쓰신 시에 가락을 입힌 '논'이라는 노래를 부르면서 시비와 쉼터만 덩그러니 남은 아쉬움을 달랠 수 있었다.

시비를 뒤로한 채 다시 선생님 댁으로 돌아오니 말랑말랑한 떡과 따뜻한 차가 우릴 기다리고 있었다. 따뜻한 생강차를 마시며 지금도 꾸준히 엮고 있는 책을 선물로 받고 내가 기억하고 있던 선생님 이야기를 나누기도 했다. 아이들은 마당에서 뛰어다니고 깔깔대며 놀고 있었다. 그 모습을 바라보던 사모님은 "우리 마당에 이렇게 많은 아이들이 뛰어 노는 건 처음이네요." 하시며 찾아와 주어 고맙다는 인사를 건네셨다.

황시백 선생님 댁을 나서면서 가슴 한켠이 먹먹해지고 따뜻해졌다. 해마다 아이들과 함께 문학 기행을 다니면서 아이들 덕분에 엄마들에게 참 좋은 시간이 되는구나 싶었는데 올해도 역시 그랬다. 잔잔한 기타반주에 맞춰 불러본 노래, 따뜻한 차와 마음이 담긴 떡, 울긋불긋한 나뭇잎 사이로 부서지듯 쏟아지는 햇살. 사람을 좋아하고 사람들과의 사랑을 그리워한 선생님의 책이 있어 완벽한 가을여행이었다.

지금도 계속 흥얼거리게 되는 「논」이 떠오른다.

논
황시백

논, 못물 그득 머금은 논
빛날 땐 어떤 사상보다 빛나고
일렁일 땐 어떤 사랑보다 일렁이네
해 질 녘 검은 산 그림자 잠겨
끝 모르게 깊어 가는 논
아, 깊어 갈 때 어떤 끝 모를 그리움보다
깊어 가네.

『애쓴 사랑』 황시백, 낮은산, 175~176

이듬해 문학 기행은 양구 김용철 작가 작업실, 박수근 미술관, 양구 선사박물관에 가기로 계획했다. 1주일 전 토요일에 아이들과 '김용철과 박수근' 독서 캠프를 했다. 김용철 작가가 박수근 선생을 기리며 펴낸 『꿈꾸는 징검돌』 책으로 두 분이 누구인지 배웠다. 박수근 화가를 흉내 내며 사포 종이에 그림을 그렸다. 김용철 작가의 다른 책도 읽고 이야기를 나누었다. 아이들이 김용철 작가와 박수근 선생님을 만나고 싶어 했다.

캠프 1주일 뒤에 문학 기행을 떠났다. 먼저 양구선사박물관에 갔다. 유발 하라리가 『사피엔스』에서 선사시대 사람들이 현대인보다 뛰어난 능력을 가졌을 거라고 썼다. 그들은 생존을 위해 다양한 능력을 가져야 했다. 학부모와 아이들에게 "우리를 산에 데려다 놓으면 살아남기 어려울 겁니다. 생존 능력이 없으니까요. 선사시대 사람들은 먹는 풀을 찾아내고, 도구를 만들고, 집을 짓겠죠. 우리가 아무것도 하지 못할 동안……" 하며 책 내용을 알려주었다.

그랬더니 원시인이 남긴 조잡한 물건을 구경하는 문명인으로서가 아닌, 우리보다 앞서 살았던 뛰어난 능력의 소유자를 대하듯 박물관을 견학했다. 유물과 유적을 살피며, 전시된 도구를 어떻게 만들었을지 하나하나 살펴보았다. 책 한 권이 박물관을 관람하는 태도를 바꿔주었다.

박수근 미술관에서는 작품을 보고 빨래터에서 흉내를 냈다. 박수근 묘소에 가고, 박수근 탄생 기념 사생대회 작품도 보았다. 미리 공부했기 때문에 아이들이 그림을 친근하게 관람했다.

그리고 김용철 작가 작업실에 갔다. 『꿈꾸는 징검돌』을 쓰고 그린 과정과 『뒤집힌 호랑이』를 17년 만에 완성한 이야기를 들었다. 『뒤집힌 호랑이』 원화와 여러 작품을 보았다. 그림만 볼 때는 잘 몰랐는데 작업실에서 설명을 듣고 작품을 보니 달리 보인다. 김용철 작가의 책에 한 권씩 사인을 받고 돌아왔다.

문학 기행이 끝난 뒤에 아이들이 박물관에서 본 화살촉, 주먹도끼, 움집을 만들자고 졸랐다. 그래서 나뭇가지를 모아 학교 뒷산에 집을 만들었다. 돌을 갈아 나무에 끼워 창도 만들었다. 국립중앙박물관에 갔을 때는 구석기, 신석기 전시관에서 떠나지 않았다. 다른 학년이 전시관을 모두 둘러볼 동안 우리는 두 전시관에서 하나하나 자세하게 살펴보았다. 문학 기행이 산에 움집을 만들게 했고, 현장학습에서 한 곳을 자세하게 보도록 도와주었다.

2019년에는 그림책을 찾아 원주에 갔다. 2020년에는 작가들을 찾아 춘천으로 간다. '동시'를 주제로 제천에 가서 권태응 시비 보고 이안 시인도 만나고 싶다. 다 찾아가면 좋겠다.

5 책 안에 보물이 있다, 독서 보물찾기[*1]

이럴 때 하면 좋아요	도서관 행사를 즐겁게 하고 싶을 때
	추천도서(5~10권)에 관심을 갖게 하고 싶을 때
	책을 읽을 때 좋은 문장에 관심을 갖게 하고 싶을 때
참가 대상	제한 없음
참가 인원	제한 없음
필요한 시간	1-2주간
준비물	보물찾기 문제, 우드락 안내판, 행운권, 상품

작가와의 만남이나 문학 기행 등의 독서 행사를 잘하려면 참가 대상자와 함께 사전 활동을 해야 한다. 관련 작가의 책을 읽거나 정보를 접하면 실제로 행사할 때 관심이 높아져서 태도가 달라진다. 질문하고, 강의를 열심히 들으며 적극적으로 참여한다. 독서 행사를 하기 전에 알맞은 활동이 독서 보물찾기다. 책에 나온 문장을 찾아 게시하고, 어떤 책에 나오는 문장인지 알아맞히는 활동이다.

① 보물찾기 문제를 낼 책을 정한다. 7~10권 정도가 알맞다. 교사가 혼자 정하지 말고 아이들(독서 동아리 또는 학급 아이들)과 함께 정하면 좋다.
② 각 책에서 좋은 문장이나 구절을 고른다. 아이들이 고른 문장이 서로 다른 경우, 의논하여 하나를 정한다.
③ 2절 우드락에 정한 책 수만큼 칸을 그어 표를 만든다.
④ 우드락의 칸마다 준비한 황금 문장을 쓴다.
⑤ 열 권에 있는 황금 문장 열 개를 우드락에 모두 쓰고, 기간을 정해서 1~2주 동안 도서관 앞에 전시한다.
⑥ 정답을 쓰는 종이(행운권)를 아이들에게 한 장씩 나누어 준다.

*1 '독서 보물찾기'는 정수미 선생님(2018년 근덕초등학교 근무)이 운영한 내용이다. 정수미 선생님이 쓴 글을 바탕으로 다듬어 소개한다.

⑦ 아이들은 문장이 들어 있는 책 제목을 행운권에 적는다.

⑧ 응모기간이 끝난 뒤에 정답을 쓴 행운권을 골라 추첨한다. (저학년은 네 개, 고학년은 일곱 개 이상 맞히면 된다.)

⑨ 동아리 회원들이 대여섯 명 정도 추첨해서 선물을 준다. 미리 정한 시간에 추첨한다.

2018년 근덕초등학교에서 했던 독서 보물찾기 문제이다.

1	세상에는 통통한 토끼도 있고 홀쭉한 토끼도 있어요, 키 큰 토끼도 있고 키 작은 토끼도 있어요. 똑똑한 토끼가 있으면 멍청한 토끼도 있고 깔끔한 토끼가 있으면 털털한 토끼도 있죠. 남자 토끼가 있으면 여자 토끼도 있고요.

『내 귀는 짝짝이』에서 골랐다. 인성교육 주간에 학년과 상관없이 읽어주고 이야기 나눈 그림책이다.

2	"그런데 왜 나는 버스 앞자리에 타면 안 되나요?" "법이 그렇기 때문이야. 법이라고 다 좋은 건 아니지만 말이다." "법은 절대 바뀌지 않나요?" "언젠가는 바뀌겠지."

『사라 버스를 타다』에 나온 문장이다. 인권 관련 수업하기에 좋다.

3	겨울이면 아랫목에 생쥐들이 와서 이불속에 들어와 잤다. 자다보면 발가락을 깨물기도 하고 옷 속으로 비집고 겨드랑이까지 파고 들어오기도 했다. 처음 몇 번은 놀라기도 하고 귀찮기도 했지만 지내다 보니 그것들과 정이 들어 아예 발치에다 먹을 것을 놓아두고 기다렸다.
10	두 아저씨는 부지런히 일을 해서 나란히 집을 새로 지었어요. 그렇게 두 아저씨는 사이좋게 이웃하고 함께 도우면서 오래오래 살았지요. 아주 아주 행복하게요.

3번은 권정생 선생님께서 쓰신 『황소 아저씨』에서, 10번은 『길아저씨 손

아저씨』에서 골랐다. 권정생 선생님과 같은 따뜻한 마음을 가졌으면 좋겠다고 생각해서 정했다. 내년에 권정생 작가의 일생과 작품을 살펴보고 문학 기행을 다녀오려고 미리 문제를 냈다.

4	"왕, 거지, 왕, 거지" "아니야, 거지, 왕, 거지, 왕" "아니야, 왕, 거지, 신하, 왕, 거지, 신하, 히히!"

교과서에도 실렸던 동화 『짜장 짬뽕 탕수육』이다.

5	"만세! 거인 토끼 만세!" 이제 숲속 동물들은 거인 토끼를 무서워하지 않아요. 거인 토끼도 남을 무시하거나 괴롭히지 않고요. 지금도 깊은 숲 속 어딘가에 거인 토끼가 살고 있을 거예요.

『토끼 뻥튀기』의 주인공인 토끼는 키도 작고 덩치도 작아서 언제나 동물 친구들에게 놀림받는다. 그래서 뻥튀기 기계에 들어가 몸집이 아주 커진 이야기다.

6	이소베 선생님은 우리들을 데리고 자주 학교 뒷산에 올라갔단다. 땅꼬마는 머루가 열리는 곳은 어디고 돼지 감자가 자라는 곳은 어딘지 죄다 알고 있었어. 선생님은 그걸 알고 무척 좋아했지.

『까마귀 소년』에 나온 문장이다. 1학년 때부터 늘 혼자 외롭게 지내던 소년이 6학년 때 이소베 선생님을 만나 달라지면서 주변 아이들이 소년을 새롭게 보는 이야기다. 교실 속 친구들을 한번 살펴보았으면 하는 마음에서 선정하였다.

7	"착하지? 여기서 기다려. 곧 데리러 올게……." 그날을 잊을 수가 없어요. 아직도 선명한 걸요.

박정섭 작가와의 만남을 앞두고 아이들이 읽기를 바라며 선정한 책 『검은 강아지』의 문장이다.

8	"자, 앉아서 쉬기에는 늙은 나무 밑동이 그만이야. 얘야 이리로 와서 앉으렴. 앉아서 쉬도록 해."

『아낌없이 주는 나무』로, 아이들과 토론해보고 싶어서 정했다.

9	엄마랑 거실에서 선생님 놀이를 했다. 공책을 펴고 글씨 쓰기 연습도 하고 책가방을 메고 "엄마, 학교 다녀오겠습니다." 인사 연습도 했다.

『학교 가는 날』 송언 작가와의 만남을 앞두고 작가와 책에 관심 두기를 바라며 선정하였다. 왼쪽에는 1960년대 구동준의 학교생활이, 오른쪽에는 2000년대 김지윤의 학교생활이 나온다. 마지막에 구동준이 어른이 되어 김지윤의 담임선생님이 되는 이야기이다.

아이들이
기다리는 독서 캠프

나는 책을 좋아한다. 버스 타고 가며, 누군가를 기다리며, 회의하다 쉴 때, 화장실에 앉아, 걸어가면서도 책을 읽는다. 책을 사랑하고, 책을 읽고 배우며, 아이들이 책을 즐기길 기대한다. 두 자녀가 책을 좋아할 때까지 계속 꼬드겼다. 꾸준히 책을 읽어주었다. 책 내용으로 소꿉놀이를 했다. 책에 자녀들을 등장시켰다. 책에 나오는 곳과 비슷한 장소에 가면 '그 책에 나온 거기 같지?' 했다. 작가나 작품과 관련된 곳으로 여행을 갔다. 내 자녀들은 책을 누리며 살았다.

반 아이들과도 독서 활동을 많이 했다. 반 아이들도 책을 누리며 살길 바랐다. 그러나 생각보다 어려웠다. 꾸준히 책을 좋아한 아이가 적었다. 독서 캠프는 생각지도 못했다. 독서 캠프를 하는 학교가 있었다면 해볼까 생각했을 텐데 없었다. 그런 학교가 있어도 '독서'보다 '캠프'에 무게중심을 두었다. 책과 관련된 활동보다 음식을 만들거나 책 내용을 조금 곁들인 활동을 많이 했다. 독서 캠프라는 말이 무색했다.

당시에는 독서 캠프 하는 학교라고 홍보하기 위해 독서 캠프를 했다. 독서 업무를 맡은 교사 외에는 독서 활동에 관심을 가진 교사도 적었다. 나 또한 독서 캠프를 해야겠다고 생각하지 못했다. 내 자녀가 겪은 추억을 학급 아이들에게 주고 싶었지만 시작하기 어려웠다.

2012년에 친한 분이 대안학교를 개교하면서 학교 홍보를 위해 독서 캠프를 해달라고 부탁했다. 대관령 너머 강릉에 개교하는 학교라 수도권에서 멀다. 아직 시작하지도 않은 미인가 학교 독서 캠프에 몇 명이나 올까? 장소만 정했을 뿐 몇 명이 오는지, 누가 오는지도 모르는 상황에서 캠프를 준비하려니 막연했다. 그런데 한편으로는 좋은 기회라는 생각이 들었다. 막연하게 생각했던 독서 캠프를 실제로 해보고 싶었다. 그동안 개발한 독서 활동을 '한 권의 책'으로 연결하면 될 것 같았다.

이때만 해도 독서 캠프를 왜 하는지 몰랐다. 책과 함께한 추억을 주고 싶은 마음뿐이었다. '추억'이 유일한 목적이자 이유였기 때문에 직접 해보는 활동으로 계획했다. 책만 믿고 시작했는데 읽고, 토론하고, 만들고, 쓰면서 아이들이 행복해했다. 서른두 명과 2박 3일 동안 온전히 책과 지냈다. 독서 캠프를 하는 까닭을 독서 캠프 하면서 알았다.

안신애 선생님

2박 3일 독서 캠프는 평소 내가 가진 생각들을 깨뜨려주었고 내 맘을 편하게 해주었다. 아이들에게 책을 읽히기 위한 수단으로서의 독서 캠프가 아니라 신나게 놀되 책과 함께 놀 기회를 제공해주어서 놀랐다. 책을 읽고 무엇을 배웠는지 어떤 교훈을 얻었는지 억지로 끌어내지 않고 책에 나오는 다양한 내용으로 생각을 나누고 함께 활동을 했기에 신이 났다. 책과 책 속의 주인공들이 아주 친근하고 자연스럽게 다가왔다. (…)

1 독서 캠프를 왜 할까?

무모하게 시작한 첫 독서 캠프

2009년부터 2년 동안 학교 업무 때문에 전담 교사가 되었다. 아이들 글을 읽고 싶어 방과후 독서반을 시작했다. 그런데 내가 아는 몇 가지로는 감당하기 힘든 아이들이 왔다. 부모님 때문에 억지로 온 아이들은 재미가 없으면 힘들어 했다. 우선 책을 읽어오지 않았다. 책 내용을 모르니 토론은 당연히 못 한다. 글쓰기는 더더욱 어려웠다.

그래서 책놀이, 모든 아이가 즐겁게 참여하는 새로운 독서 퀴즈대회, 줄거리를 쓰지 않아도 되는 독서감상문 쓰기 등을 만들어냈다. 독서와 글쓰기를 좋아하는 아이들만 독서반에 왔다면 이런 활동을 만들지 못했을 것이다. 책을 싫어하는 아이들을 위해 만든 독서 활동으로 학교를 옮긴 뒤에도 독서반을 계속했다. 4년 동안 독서반에서 했던 활동을 연결해서 2012년에 처음으로 독서 캠프를 했다.

먼저 책을 정했다. 일부러 사람들에게 알려지지 않은 책을 골랐다. 『책 벌레들의 책 없는 방학』은 책을 너무너무 좋아하는 네 자매가 주인공이다. 방학 동안 집을 리모델링하면서 네 자매가 할머니 집에 가야 했다. 할머니는 책을 굉장히 좋아한다. 그러나 아이들이 뛰어놀아야 한다고 생각해서 책을 모두 감춘다. 책 없이는 못 사는 네 자매가 어떻게 버틸까?

네 자매가 책을 읽지 못해서 점점 힘들어한다. 자매들은 할머니 요리책을 읽고 오래된 잡지를 구걸하듯 읽는다. 이런 모습을 지켜보면서 독자는 '아이들이 책을 읽어야 하는데, 어떻게 해서든 책을 구해주어야 하는데……' 하는 마음을 갖는다. 그래서 좋은 책이다. 책을 읽으라고 등을 떠밀지 않으면서 책 읽을 마음을 갖게 만든다. 같은 마음을 독서 캠프 참가자들에게 주고 싶었다.

잘 알려진 책으로 안전한 캠프를 할 거라면, 굳이 강릉까지 올 필요가 없겠다고 생각했다. 어차피 부딪쳐야 한다면 모험을 해보자! 좋은 책이지만 혼자서는 읽기 힘든 책, '이걸로 독서 캠프를 어떻게 하지? 왜 이 책을 읽어 오라고 했지?' 생각할 책을 골랐다. 나한테는 재미있지만 다른 사람이 읽으면 지루한 책을 '함께 읽으면' 어떻게 되는지 보고 싶었다.

무모한 생각이었다. 친근한 지역, 서로 아는 학생과 교사들, 적당한 프로그램과는 거리가 멀다. 그래도 책이 추억을 남기는 힘을 가졌다고 믿었다. '잘 놀다 갑니다'가 아니라 '책이 정말 재미있구나!', '책을 이렇게 읽는구나!' 느낄 거라 확신했다. 골든벨과 퀴즈대회로 이루어지는 경쟁이 아니라 서로 도와주며 함께하는 독서 활동이라면 누구나 즐거워할 거라 생각했다. 책이 주는 힘을 믿고 시작했다.

2012년 겨울방학 하기 전에 SNS에 독서 캠프 계획을 올렸다. 조건은 단 하나! 초등 5학년~중 1학년까지 『책벌레들의 책 없는 방학』을 읽으면 누구나 오라고 했다. 독서 캠프를 교사연수와 함께 진행했다. "먹고 자는 것 외엔 아무것도 해주지 않습니다. 독서 캠프에서 봉사하며 독서 활동을 배울 분 오세요!"라고 안내했다. 교사도 맛을 봐야 아이들에게 권한다. 2박 3일 동안 책으로 신나게 놀며 깊이를 느끼면 같은 마음으로 아이들에게 전해줄 거라 기대했다.

막상 독서 캠프 공고를 내고 나서 불안했다. 독서 활동을 재미나게 하는 방법을 많이 알고 있지만 캠프는 처음 한다. 어떤 사람이, 몇 명이나 올지도 모른다. '멀리서 온 아이가 책을 읽지 않았다고 하면 돌려보내야 하나? 다섯 시간 버스 타고 왔는데 돌아가라고 하면 뭐라 할까? 특별한 걸 얻겠다고 찾아오는 사람들에게 도대체 내가 무얼 줄까? 왜 모험을 한 거지?' 온갖 걱정이 마음을 휘저었다.

독서와 글쓰기 연수를 할 때 직접 겪어봐야 한다고 말했지만 서로 모르는 교사들이 낯설어하는 아이들과 2박 3일 동안 지내는 건 처음이다. 더구나 책 한 권으로 2박 3일 동안 무언가를 해야 한다. 아이들과 함께 겪어야 선생님들이 제대로 배울 거라고 믿지만 한 번도 해보지 않아서 불안했다. 나와 다른 마음을 가지고 왔다면, 과정을 중요하게 여기는 마음이 아니라 성취를 원하는 분이라면, 불편하지 않을까 걱정이 앞섰다.

전주, 대전, 대구, 서울, 강원도와 경기도 여러 곳에서 학생 스물네 명과 교사 여덟 명이 참가했다. 새벽부터 버스를 세 번 갈아타고 왔다는 분의 말을 듣는 순간, 부담이 밀려왔다. 같은 책을 읽었다는 것 외에 전혀 모르는 서른두 명과 함께 독서 캠프를 시작했다. 낯선 사람들과 함께 하는 캠프라 부담스럽지만 책을 믿었다. 책에 나온 노래를 부르고, 등장인물이 먹은 음식을 해 먹고, 등장인물처럼 놀고, 토론하며 책에 풍덩 뛰어들었다. 2박 3일이 꿈결같이 지나갔다. 기쁨과 즐거움이 가득한 후기들을 받았다.

최하윤(6학년)

독서 캠프는 되게 재미있었고 행복했던 것 같다. 처음에는 일정 보기 전에 왠지 '가서 강의만 듣고 오는 건가?' 하는 생각이 들고 가기 싫은 마음이 있었다. 하지만 와 보니까 독서를 하는 것이 아니라 게임이나 활동 등을 해서 분위기가 좋았고 좋은 선생님과 민하 언니, 서진이를 만나서 좋았다. 또 어쩌면 참 유익했는데 글을 쓰는 방법 등 다른 것들을 많이 배우고 느끼고 가서 참 좋았다. (…)

나의 첫 독서 캠프 이야기는 뒤에 나오는 독서 캠프 사례 장에 자세하게 소개했다.

해 보면 안다, 왜 하는지

첫 독서 캠프가 너무 좋아서 독서 캠프를 계속했다. 중고등학생, 대학생 모임에서도 책으로 아이들을 만났다. 다른 학교 독서 캠프도 해주러 다녔다. 시내 아이들, 탄광지역 아이들, 부모와 자녀가 함께 캠프를 했다. 서로를 잘 아는 공동체에 혼자 이방인으로 들어가 인도하는 게 쉽지는 않다. 레크리에이션이라면 몰라도 독서 캠프는 변수가 많다. 그래도 찾아갔다. 산골 학교에 도시 아이들을 초대해서 도농교류 독서 캠프도 했다. 그러면서 독서 캠프를 왜 하는지 깨달았다.

㉮ 독서 캠프를 하면 즐겁게 놀면서 배운다

어느 날 교사 연수에서 강의를 두 번이나 들은 분이 또 들으러 왔다. 무엇 때문에 또 듣느냐고 물었더니 "두 번이나 들었지만 교실에서 실천하지 못했다."라고 대답했다. 글쓰기와 독서지도 방법을 열심히 배우고도 교실에서 직접 했을 때는 실패했다고 말한 다른 선생님이 생각났다. 배운다고 다 하는 게 아니라는 걸 알고는 있었지만 강의를 두 번이나 듣고도 실천하지 못했다는 말을 들으니 안타까웠다.

'듣기만으로는 부족하다는 말이 맞는구나! 이렇게 하면 된다. 저렇게 하면 된다는 말보다 책을 읽고 이야기 나누며, 책으로 놀고 즐거워하는 시간을 가져야겠구나! 결과를 듣기만 하는 강의가 아니라 과정을 직접 겪어야 책을 좋아하고 아이에게도 책을 권하겠구나!' 생각했다. 아이들과 책을 붙들고 즐겁게 노는 모습을 직접 보여주면 선생님들이 따라 하기 쉬울 거로 생각했다.

독서 캠프 할 때마다 참가자들이 즐거워했다. 만족도를 조사하면 초등학생은 별을 한가득 그려놓았다. 중학생은 또 하자고 했고 고등학생은 책이 이렇게 재미있는지 몰랐다고 했다. 대학생은 한 권에 이야깃거리가 많아서 놀랍다고 말했다. 교사들도 빨리 학교에 가서 해보고 싶다고 했다. 지역아동센터 초등 3학년에서 6학년 열다섯 명과 20시간 동안 독서 활동을 했을 때는 아이들이 활동할 때마다 재미있다고, 언제 다시 오느냐고 물었다.

미하엘 엔데는 『모모』에서 시간에 쫓겨 살아가는 현대인의 모습을 경고하며 '한마디로 놀 줄 모르는 아이들'이 많아지는 현실을 안타까워한다. 아이들은 놀 줄 모른다. 스마트폰 들여다보는 걸 논다고 한다. 몸을 움직이지 않고, 생각하지 않고, 가만히 구경하는 건 노는 게 아니다. 놀이는 창의성이 발휘되는 시간이다. 아이들은 놀면서 규칙을 만들고 의견이 다를 때 해결하는 방법을 배운다. 책상에 앉아 씨름하며 배우기도 하지만 환한 얼굴로 웃으며, 의견이 다른 친구와 얼굴 붉히면서도 배운다.

나는 독서 캠프를 하면서 논다. 책을 찾으면서 놀고, 책 내용으로 게임을 하면서 논다. 서로를 알아가면서 놀고, 책 내용으로 문제를 내고 맞히면서 논다. 책에 나온 음식을 해 먹고 노래를 부르며 논다. 실컷 놀면서 책을 이해하고 토론하고 책 내용에 빠져드니 아이들이 좋아한다. 놀면서 배우는 것만큼 좋은 게 없다. 교사와 부모 모두 놀이의 중요성과 효과를 인정하지만 실제로 놀면서 배우는 기회를 갖기는 어렵다. 특히 책으로 놀 생각은 못 한다. 직접 겪지 못했기 때문이다.

독서 캠프는 책으로 놀아서 좋다. 독서 캠프를 하면 아이들이 즐겁게 놀면서 배운다. 신나게 놀고 잘 배웠다며 웃는 아이들을 보면 독서 캠프를 다시 할 수밖에 없다.

㉯ 독서 캠프를 하면 책을 좋아한다

첫 독서 캠프에서 안신애 선생님이 쓴 후기이다.

안신애 선생님

독서 캠프라 하면 독서를 많이 하는 것이라 생각했다. 다 같이 모여 조용히 책을 읽는 시간이 있거나 독서에 관련한 내용은 많이 배울 것이라 예상했다. 평상시 독서 캠프에 관심이 없었고 선입견을 가지고 있었다. 일정 시간 동안 책을 반강제적으로 읽히고 글을 쓰게 하는 힘든 캠프를 생각했다. 학교에서 해볼 생각도 없었고, 한다 해도 내 관심 밖의 일이었다.

2박 3일 독서 캠프는 평소 내가 가진 생각들을 깨뜨려주었고 내 맘을 편하게 해주었다. 아이들에게 책을 읽히기 위한 수단으로서의 독서 캠프가 아니라 신나게 놀되 책과 함께 놀 기회를 제공해주어서 놀랐다. 책을 읽고 무엇을 배웠는지 어떤 교훈을 얻었는지 억지로 끌어내지 않고 책에 나오는 다양한 내용으로 생각을 나누고 함께 활동을 했기에 신이 났다. 책과 책 속의 주인공들이 아주 친근하고 자연스럽게 다가왔다.

평소에 한 번 읽은 책은 다시 읽어보고 싶은 생각이 잘 들지 않았는데 이 책은 다시 읽으면 더 재미있을 것 같다. 책을 매개로, 책과 함께 노는 독서 캠프의 맛을 조금 알았다. 새해 함께할 아이들과 보드게임도 해보고 싶고, 독서토론도 해보고 싶고, 하고 싶은 것이 많아졌다. 하지만 지나친 열정은 아이들을 힘들게 하기에 천천히 해봐야지.

다양한 활동 속에서도 내가 아닌 다른 이가 되기를 강요받지 않고 인정해주고 수용해주는 분위기가 마음에 든다. 같은 책을 읽은 책 친구와 마음과 생각을 나누는 것 역시 편하게 다가왔다. 방에서 홀로 책을 읽던 내게 함께 읽고 나누는 새로운 독서 캠프 경험은 좋았지만 이제 다시 내 골방으로 들어가 책이랑 놀고 싶다. 독서 캠프는 다음에 또…….

캠프에 참가한 초등학생, 중고등학생, 대학생, 교사 모두 캠프를 마치며 책이 좋아졌다고 말했다. 책을 정답 찾기로만 읽다가 직접 먹고 마시고 몸으로 부딪치고 맛보니 얼마나 즐거운가! 저 멀리 떨어진 글씨, 그보다 더 멀리 떠다니는 책 내용을 붙들고 몸부림치지 않아도 책이 친구처럼 다가온다. 더운 여름날 땀 흘리며 돌아와 에어컨 설명서를 읽던 사람이 에어컨에서 나오는 바람을 직접 느끼는 기분이랄까!

독서 캠프를 하면 강요하지 않아도 아이들이 책을 읽었다. 책을 징그러운 벌레 보듯 하던 아이도 몇 시간 동안 책을 읽었다. 독서교육의 성패는 방법을 얼마나 아는지에 달려 있지 않다. 몸으로 겪어야 한다. 책을 수단으로 삼는 독서 활동은 진짜 독자, 책과 함께 살아가는 평생 독자를 만들지 못한다. 책으로 신나게 놀면 아이들이 책을 좋아한다.

또한 독서 캠프를 하면 평소에 관심을 갖지 않던 책에도 관심을 보인다. 재미없다고 생각한 책에서 새로운 맛을 보았기 때문에 다른 책도 재미있을 거라 기대한다. 독서 캠프가 다가오면 아이들이 '이번에는 어떤 책이 우리를 기다릴까? 이번에도 재미있는 책을 만나겠지!' 하는 마음으로 독서 캠프 빨리 하자고 조른다.

㉰ 독서 캠프는 책으로 하는 활동을 기대하게 만든다

교사로 지내는 동안 삼척시 미로초등학교 아이들이 책을 가장 좋아했다. 미로초등학교에서는 책을 좋아하는 학부모들이 함께 모여 학교—마을 공동체를 만들었다. 화요일 저녁에 마을도서관을 운영했고 학부모 문학 기행을 다녔다. 이곳 아이들은 책이 문화로 자리 잡은 곳에서 보고 듣고 겪었다. 작가 초청, 밤샘독서, 독서보물찾기를 자주 했다. 독서 활동을 할 때면 아이들이 기대하며 기다렸다.

미로초등학교에서 수학여행 갈 때마다 작가나 책의 배경이 된 장소에 들렀다. 2017년에는 박경리 토지문학관에서 설명을 들었다. 설명을 함께 듣는 분들이 대부분 어른이었고 외국 분도 있었다. 4~6학년 아이들이 박경리 선생의 작품 설명을 진지하게 듣고 질문하는 모습을 보고, 진행하는 분이 이렇게 잘 듣는 초등학생은 처음이라며 칭찬했다. 미로 아이들은 책에 대한 것이면 내용이 어려워도 귀를 기울이는 태도를 가졌다. 이게 얼마나 복인가!

2015년부터 중앙기독초등학교 아이들이 삼척에 와서 시골 아이들과 독서 캠프를 했다. 해가 갈수록 독서 캠프 참가 경쟁이 높아진다. 2018년에 참가한 아이는 자기네 학급에서 17:1의 경쟁률을 뚫고 뽑혔다고 좋아했다. 강원도 시골에 내려와서 책과 함께 노는 게 어찌나 재미있는지 제비뽑기를 해야 했다.

이재호 선생님

나 자신조차도 책을 즐겨 읽지 못했다. 지루하고 졸리기만 한 책읽기다. 하지만 이번 독서 캠프를 통해 즐거운 책읽기, 신나는 책읽기에 대한 실마리를 찾은 것 같다. 책 읽기가 즐겁지 못했던 이유는 책과 내 삶이 분리되어 있었기 때문인 것 같다. 책 속에 들어가 주인공이 되어보고 주인공들과 함께 놀아야 하는데 책 속의 주인공들을 그저 바라만 보았다. 그런데 캠프에서 모닥불도 피우고, 산도 오르고, 주인공의 마음을 생각하며 카드도 만들면서 주인공들이 되어보고 주인공들과 함께한 것 같다.

또 지루하다고만 생각했던 책에서 아이들이 이렇게 즐거워할 수 있는 활동이 무궁무진하다는 사실에 놀랐다. 이제 다시 교실로 돌아가면 아이들에게 책 읽기가, 책 읽기가 이렇게 신나고 재미있는 것이라고 자신 있게 말할 수 있을 것 같다. 그리고 나같이 책이 지루하고 재미없다는 아이들의 생각을 바꿔주고 싶다.

독서 활동을 많이 하지 않은 아이에게 책에 대한 기대감을 심어주려면 독서 캠프를 해야 한다. 독서 캠프를 하면서 책이 지루하다는 생각, 책 좋아하고 공부 잘하는 몇 명만 즐긴다는 생각을 깨뜨려야 한다. 독서 캠프를 마치면서 쓴 이재호 선생님 글이 딱 내 마음이다. 독서감상문 쓰라고 하겠지. 몇 명만 상 받는 독서퀴즈는 싫은데……'가 아니라 '그때 정말 즐거웠는데……'라는 말을 남겨주면 아이들이 책을 읽는다. 이렇게 되려면 독서 캠프가 추억이 되게 해야 한다. 책과 함께 한 추억이 무엇보다 소중하다.

㉰ 독서 캠프는 독서에 대한 통합적인 안목을 갖게 한다

포드가 컨베이어벨트 시스템으로 자동차를 생산하기 시작하면서 일을 작은 부분으로 나눠 하나씩 맡는 분업화가 대세가 되었다. 긴 공정을 여러 분야로 나눠 하나씩 맡는 과정은 자동차를 만드는 기술뿐만 아니라 대부분의 제품 생산 과정으로 확대되었다. 효율성이 기업뿐만 아니라 행정, 군사, 교육까지 삼켜버렸다. 수학과 과학은 물론, 독서와 글쓰기도 작은 부분으로 나눠 하나씩 배우게 했다.

독서와 글쓰기는 서로 동떨어진 두 가지가 아니다. 토론은 기술과 방법을 하나씩 배워서 이루는 게 아니다. 책을 만나고, 책을 읽고, 책으로 이야기하고, 글을 쓰고, 함께 글을 나누는 이 모두가 어우러져 완성된다. 지금까지 우리 교육은 통합적인 안목을 무시했다. 전체를 한눈에 보는 안목을 기르기보다 글쓰기와 독서를 여러 부분으로 나눠 조각을 하나씩 가르쳤다.

미국의 소설가 플래너리 오코너는 대학에서 자신의 작품으로 시험을 치른다는 사실을 알고 즉시 다음과 같은 글을 썼다.

"요즘의 대학교수들은 작품의 윤곽이 명확하게 드러나지 않는다 싶으면 그 작품을 철저하게 난도질하는 경향이 있다. 마치 온갖 해답이 걸려 있는 연구 문제라도 풀 듯이 말이다. 그로 인하여 아이들이 소설을 읽는 즐거움을 영원히 찾지 못하게 되지나 않을까 걱정이다." *1

소설가 김영하도 교과서에 자신의 작품 일부를 실어도 되느냐는 교과서 집필진 제안에 소설 전체가 아니면 싣지 말라고 답변했다. 작품 전체를 모르면서 일부만으로 작가의 의도와 주제를 가르치는 게 어리석다고 말했다.

중고등 아이들과 독서반에서 『만세전』과 『태평천하』를 토론했다. 아이들이 작품 전체를 토론했더니 내용이 금방 이해가 되고 주제와 작가의 의도도 알겠다고 했다. 토론만 해도 문제를 쉽게 풀 거라며, 왜 학교에서 일부 내용만 가르치면서 전체 작품에 대한 해설을 외우라고 하는지 모르겠다고 푸념했다. 무엇보다 여럿이 함께 읽으니 혼자 읽을 때와 완전히 다르게 보인다고 했다.

2018년도부터 교육과정에 한 학기 한 권 읽기 과정이 도입되었다. 독서를 조각으로 나누지 말고 한 권 전체를 바라보자는 뜻이 담겼다. 책의 재미와 깊이를 느끼려면 여럿이 함께 몸과 마음으로 읽어야 한다. 독서 캠프는 이를 만족시킨다. 책을 읽고, 함께 내용을 알아보고, 서로 다른 생각을 나누고, 글을 쓰고, 함께 글을 고친다.

미로초등학교에서 3~4학년이 함께 한 학기 한 권 읽기 수업을 했다. 사흘 동안 『나가자! 독서 마라톤 대회』로 열한 시간 수업했다. 마지막 활동으로 글을 쓰고 발표했다. 아이들이 평소와 다른 모습을 보였다. 글을 읽으며 우는 아이, 친구가 쓴 글을 들으며 우는 아이들을 만났다. 한 권을 깊이 만나서 누리는 샘물이었다. 내용을 파악하고 토론까지 하는 활동을 연결해서 나오는 생수를 누렸다. 국어 내용을 여러 조각으로 나눠서 배울 때 느끼지 못한 만족감이 가득했다. 이런 기회가 많아지면 더 넓고 깊은 안목으로 세상을 바라볼 것이다.

㉱ 독서 캠프는 마음을 위로하며 힘을 준다

콜롬비아에서 한 남자가 당나귀 두 마리 등에 책을 가득 싣고 10년 동안 콜롬비아 구석구석을 돌아다녔다. 그는 전쟁으로 폐허가 되어 책을 구하기 어려운 외딴 마을에 들어가 아이들에게 책을 읽어주고 빌려주었다. 그는 폭력에 찌든 불확실한 환경에서 자라는 아이들에게 책이 미치는 영향력을 깨닫고는 '당나귀 도서관'을 시작했다.*2 테헤란의 서민 지역인 남부의 미용사는 자기 미용실을 여성을 위한 독서 공간으로 바꾸었다.*3

시리아 내전에서 독재자 아사드 정권에 의해 4년 동안 포위되었던 도시 다라야에서 청년 아흐마드는 아이들과 여성들을 위한 이동도서관을 만들었다. 다른 청년 오마르는 병참선에 자신의 '작은 도서관'을 만들었다. 모래주머니 뒤로 틈을 메워 완벽하게 정렬한 10여 권의 책으로 꾸민 도서관이었다. 폭탄이 잠잠해지면 아사드 정권에 반대하는 청년들이 총을 내려놓고 책을 돌려가며 읽었다.

사람도 물건도 드나들지 못하는 곳 다라야는 사린 가스 공격을 받았다. 4년 동안 8000개가 넘는 폭탄이 떨어져 건물을 무너뜨리고 주변을 잿더미로

*2 2008년 10월 20일 『뉴욕 타임스』 기사
*3 『다라야의 지하 비밀 도서관』 델핀 미누이, 더숲, 42쪽

만들었다. 아흐마드와 친구들은 무너진 폐허에서 건져낸 책을 모아 지하에 도서관을 만들었다. 독재자와 극단주의 이슬람 세력 사이에서 책을 모아 분류하고 라벨을 붙이고 지하에 정신의 보물창고를 세웠다. 책을 읽고, 의견을 나누며 토론하고, 자유를 향한 발걸음을 내디뎠다. 불안과 의심이 찾아올 때마다 책더미에서 위로를 받고 힘을 얻어 다시 정신으로 맞섰다.

책이 없는 콜롬비아에는 당나귀 도서관이 필요했지만 우리나라에는 책이 많다. 시리아에서는 총알과 폭탄을 피해 겨우 책을 읽었지만 우린 아무 때나, 어디서나 책을 읽는다. 도서관과 서점도 많고 곳곳에서 책 읽으라고 권한다. 그런데도 다라야 지하실, 콜럼비아 당나귀, 테헤란 미용실 도서관이 주는 위로를 누리는 사람이 적다. 왜냐하면 책을 개인이 열심히 읽어야 하는 대상으로 만들었기 때문이다. 함께 읽고 나누며 위로하는 공동체를 누리기보다 책을 개인의 발전을 위한 도구로 삼아버렸다. 개개인이 서로 이기기 위해 벌이는 토론은 위로를 주지 못한다.

데이비드 웰스는 『신학 실종』에서 책이 공동체를 필요 없는 것으로 만들어 버렸다고 안타까워했다. 실제로 책은 개인이 읽고 배워야 하는 도구처럼 변했다. 그렇다면 책으로 공동체를 다시 만들면 되지 않을까! 독서 캠프를 하면 책으로 공동체를 누린다. 책으로 서로를 바라보고, 책으로 이야기를 나누고, 토론하고 글을 쓰면서 고민을 털어놓는다. 슬퍼하기도 하고 울기도 한다. 그럼 친구들이 곁에 다가가 토닥이며 함께 울어주고 위로해준다.

공동체를 정말 필요로 하는 건 어른들이다. 사나흘 동안 독서 활동을 직접 해보는 연수에서 만난 분들과 토론하고 글을 쓰며 함께 울었다. 선생님들은 함께 책을 읽고, 책으로 놀고, 토론하고 글을 쓰면서 독서교육에 대한 생각이 바뀌었다고 했다. 독서 캠프가 치유의 시간이었다고 고백했다.

'나니아 탐험'은 『나니아 연대기』 시리즈를 좋아하는 사람들이 함께한 캠프이다. 참가자들은 당연히 『나니아 연대기』 일곱 권을 모두 읽었다. 우린 무언가를 배우고 이루어내겠다고 생각하지 않았다. 그저 나니아를 좋아해서 모였다. 루시가 옷장을 통해 나니아 나라에 들어간 것처럼 옷장을 상상했고, 옷장을 만들어 갔다. 『캐스피언 왕자』에서 별 타르바와 알람빌이 만나는 모습을 재현하려고 망원경을 준비했다. 『사자와 마녀와 옷장』 영화에 나오는 피터의 칼 '린

돈'을 수입해서 가져온 분도 있다.

탐험하는 장소로 다락방 모양의 이층을 구했다. 얼어붙은 비버 댐과 비슷한 곳을 찾아 양양 구룡령 아래에 집을 구했다. 방마다 나니아 연대기에 나온 나라 이름을 붙였다. 『사자와 마녀와 옷장』에 곰 고기를 사과에 싸서 구워 먹는 장면이 나오기에 돼지고기와 사과를 함께 구워 먹었다. 캠프를 마치며 남은 음식으로 주먹밥을 만들어 『은의자』에 나오는 하팡의 거인들 주먹밥이라고 불렀다.

책 내용으로 대본을 만들어 그림자 연극을 했다. 나니아 역사연표로 만들고, 낱말 퍼즐을 만들었다. 『은의자』 지하세계 지도를 그리고 사건이 일어난 순서도를 만들었다. 『사자와 마녀와 옷장』에서 얼어붙은 비버 댐을 걸어가는 모습을 얼어붙은 개울 위에서 해봤다. 영화에 나오는 툼누스 씨 연주 악보를 구해 리코더로 불었다. 한겨울 추위를 견디며 온통 얼어붙은 눈밭에 누워 별을 봤다. 카시오페이아와 오리온을 찾았고 밝게 빛나는 목성도 봤다. 도시에서 볼 수 없는 '확 뿌려놓은 별들'을 보면서 기뻐했다. 그리고 각자 주제를 정해 글을 쓰고 발표했다.

캠프가 아닌 탐험을 했다. 독서를 이익과 결과 위주로 생각하지 않고 '죽도록 재미있는 탐험'을 했다. 책을 직접 겪어내며 어른 아이 할 것 없이 모두 나니아 백성으로 살았다. 책에 흠뻑 빠져서 기쁘고, 행복했다.

함께 참가한 퍼들글럼(어른)은 "(…) 다음 세대를 향한 막연한 불안감, 무서운 뉴스를 들으며 많이 힘들었다. 그래서 어떻게 해야 하는 건지, 어떻게 키워야 하는 건지, 내 아이만 그럭저럭 잘 자라주면 되는 건지 고민했다. 그런데 이곳에서 스스로 능동적으로 글을 쓰고, 주어진 일들을 해결해 가는 아이들을 보며 '빛'을 보았다. '아, 되는구나!' 정해진 문제집과 답지를 쥐어 주며 가르치는 게 아니었다. 해야 할 것을 일러주고 '알아서' 하게 놓아 줄 때 아이들은 훌륭한 결과를 만들어 낼 뿐 아니라 그 과정 중에 충분히 즐거워 한다는 것을 알게 됐다."고 고백했다.

세상이 빠르게 변하고, 사람들이 좀 더 빠른 영상에 빠져들수록 우리 마음은 천천히 마음을 적시는 위로를 갈망한다. 함께 책을 읽고 자녀와, 동네 아이들과, 반 아이들과, 이웃이 몇 명 모여 함께 독서 캠프를 해보시라 권한다. 위로와 평안을 맛볼 것이다.

준비하는 사람이 중요하다

누가, 어디에서, 무엇을 하느냐보다 더 중요한 것은 하려는 의지이다. 의지가 있으면 방법은 찾기 마련이다. 어떻게든 독서 캠프를 하겠다는 의지를 가진 진행자가 있어야 한다. 참가자가 스무 명 이하라면 한 명이 진행해도 충분하다. 스무 명 넘으면 도와주는 분이 있어야 한다. 참가자가 50명, 100명이라도 되겠지만 그러면 재미에만 초점을 두어야 한다. 책을 깊이 느끼려면 서른 명 이하여야 한다.

활동 위주의 프로그램은 누가 진행해도 상관없다. 놀거나 음식을 만들 때는 안내할 분만 있어도 된다. 그러나 독서토론과 독서감상문 쓰기는 '경험자'가 해야 한다. 토론과 글쓰기는 책과 아이 사이에서 생각을 끌어내는 사람이 필요하다. 같은 이야기를 되풀이하거나, 곁길로 빠져 중요하지 않은 내용만 이야기하거나, 한두 아이만 계속 말하게 하거나, 말다툼하게 놔두면 아이들이 책에서 깊은 맛을 보지 못한다.

특히 책을 읽고 글을 쓰려면 경험 있는 안내자가 필요하다. 책을 읽은 동기를 쓰고, 줄거리를 쓰고, 생각이나 느낌을 쓰는 방식을 그대로 따라 하지 않을 사람이 진행해야 한다. 늘 해 오던 방식으로 쓰면, 글을 잘 쓴다고 칭찬받던 몇 아이만 좋아한다. 독서 캠프에서는 글쓰기에서도 새로운 맛을 느끼게 해주면 좋겠다. 독서감상문이라는 형식에 갇히지 않는 분이, 줄거리를 벗어나 다른 내용을 쓰도록 안내하면 좋겠다.

책을 읽고 느낌과 생각을 쓰라는 말만 하지 말고 함께 겪어야 한다. 놀이하고 토론하면 쓸 내용이 많아진다. 그중 하나를 붙잡아 글을 써야 한다. 그래도 아이들은 줄거리에 매달린다. 이를 벗어나게 해주어야 한다.[*4] 토론과 글쓰기의 맛을 알면 몇 시간씩 토론하고 또 몇 시간씩 글을 쓰고, 쓴 글을 몇 시간씩 끙끙대며 고치는 과정을 즐거워한다.

＊4 『책벌레 선생님의 행복한 책이야기』 3장을 참고하면 더 자세한 내용을 알 수 있다.

작가 초청 행사를 하는 곳이 많다. 작가를 초청하기 전에 책을 읽으면 작가와의 만남이 풍성해진다. 독서 캠프를 하면서 작가를 초청하면 더 풍성하다. 독서 캠프 주제를 '작가와의 만남'으로 정하고 한 작가의 책을 모두 읽거나 한 작품을 깊이 느끼게 준비하면 잊지 못할 독서 캠프가 된다.

작가가 오지 않아도 '작가와의 만남'을 할 수 있다. 권정생 선생님 책을 여러 권 읽고 권정생 선생님 생가에 독서기행을 다녀오는 캠프를 했는데 아이들이 참 좋아했다.

'시'를 주제로 한 독서 캠프, 한 작가의 책을 집중해서 읽는 독서 캠프, 특정한 장소와 관련된 독서 캠프, 대상 도서에 나오는 동식물을 모두 찾아보는 독서 캠프, 골목과 건물 사이를 찾아다니는 독서 캠프…… 모두 좋다. 캠프를 기대하며 준비하는 한 사람이 있다면!

참가 대상을 생각하라

독서 캠프에서는 책과 사람이 만난다. 참가한 사람에 따라 캠프가 달라진다. 전체 학년으로 할지 한두 학년만 할지, 신청자를 받을지 대상을 정할지, 나이에 상관없이 마니아들이 모일지 정해야 한다. 아이들끼리 할 때와 부모가 낄 때의 분위기가 다르다. 잘 아는 사람끼리 할 때와 낯선 사람들이 할 때도 다르다.

같은 학교, 같은 학년끼리 하는 독서 캠프가 가장 편하다. 주제를 정하기 쉽고 서로 친해지는 시간을 갖지 않아도 된다. 한 학년에 초점을 맞추면 간단한 활동으로도 깊이 있는 활동을 할 수 있다. 여러 학년, 여러 학교 아이가 함께 하면 친해지는 활동을 먼저 해야 한다. 마음이 열리지 않으면 아무리 좋은 활동도 그림의 떡이 된다.

저학년은 다른 사람 말을 듣고 반응하기보다 직접 만지고 겪는 활동을 좋아한다. 저학년은 도서관 놀이를 하거나 책에 나온 활동을 해보는 캠프가 좋다. 책으로 다양한 활동을 하고, 책으로 재미나게 노는 캠프가 좋다. 특히 평소 읽지 않는 주제나 내용을 다룬 책으로 캠프를 해서 새로운 분야에 관심을 갖게 하면 좋겠다.

고학년은 작품을 분석하고 이야기하는 능력이 생긴다. 등장인물이 왜 그렇게 행동하는지, 등장인물이 20년 뒤에 어떻게 살지 유추할 수 있다. 책 내용에 빠져들어 등장인물이 된 것처럼 생각하기도 한다. 연극을 하거나 여러 가지 표현 활동이 가능하다. 특히 고학년은 독서토론을 하면 좋다. 감춰둔 마음을 털어놓는 시간이 될 것이다.

중고등학생은 찬반토론과 논술 쓰기까지 한다. 동해도서관에서 열린 중고등학생 토론 캠프에서는 1박 2일 동안 찬반토론만 했다. 정해진 시간 동안 주제를 분석하고 의견을 정한 뒤에 찬반토론을 했다. 한 경기가 끝나면 자신들의 주장과 근거를 다시 보충해서 또 찬반토론을 했다. 예선을 거쳐 결승전으로 독서 캠프를 끝냈다. 캠프가 끝난 뒤에 아이들이 각 학교 교사들에게 토론반을 만들자고 조르는 모습을 보았다.

학부모가 아이와 함께 참가하면 가족 관계를 주제로 정해서 가족 관련 책으로 활동한다. 그러나 어설프게 다가가면 부모와 자식 사이가 더 어색해질 수 있다. 특히 중학생 자녀는 가족 활동을 고리타분하게 받아들일 수 있으므로 신중하게 준비해야 한다. 캠프 참가자의 특징과 마음가짐을 잘 파악해서 추억을 남기는 캠프를 할지, 가족들의 마음을 만지는 부분까지 할지 결정해야 한다.

독서 활동을 많이 한 학교에서 가족 연극을 했다. 부모와 자녀가 열심히 준비해서 즐거운 시간을 보냈다. 그러나 마음을 만져주지는 못했다. 바로 전에 있던 학교에서 『엄마 까투리』로 가족 독서 캠프를 했을 때는 학부모가 더 감동했다. 교사들도 엄마 까투리가 새끼 꿩들을 위해 자신을 희생하는 모습을 보며 많이 울었다. 똑같이 내가 근무하는 학교였지만 대상자에 따라 결과가 달랐다.

마니아끼리 모이면 독서 캠프가 힐링 캠프로 바뀐다. 같은 책이나 저자를 좋아하면 처음 만나도 오래 사귄 친구처럼 이야기를 나눈다. 『나니아 연대기』에 빠진 사람들이 캠프를 했을 때 서로를 '피터, 루시, 라사랄렌, 비버부인, 코넬리우스' 등으로 불렀다. 아이가 교사에게, 교사가 학부모에게, 학부모가 교사 자녀에게 별명을 부르면서도 어색하지 않았다. 우린 책에 흠뻑 빠져들었기 때문에 무얼 하건 좋아했다. 미리 계획을 세우지 않고 그 자리에서 결정해도 재미나게 지냈다. 책이 주는 힘이다.

다른 학교에 독서 캠프를 진행하러 가면 독서 수준과 아이들 성향을 파악하는 활동을 먼저 한다. 그런 뒤에 토론을 얼마나 할지, 글쓰기를 할지 말지 결정한다. 독서 캠프는 사람과 책이 만나고, 함께 책으로 무언가를 해야 하기 때문에 참가자에 따라 캠프 내용과 결과가 달라진다. 그래서 독서 캠프 하기 전에 참가 대상을 잘 결정해야 한다.

독서 캠프의 목적을 명확히 하라

책에 대한 관심과 기대가 높아지면서 독서 캠프 하는 학교가 조금씩 늘어난다. '책'을 강조하면 아이들이 힘겨워하므로 운영자는 '아이들이 즐거워하는 활동'을 앞세운다. 그래서 캠프마다 책표지를 꾸미고 책갈피를 만들고 북아트, 그림 그리기 등을 한다. 책을 읽기도 하지만 글을 쓰거나 토론하는 곳이 드물다. 아이들이 싫어하는 활동을 하면 운영이 어렵기 때문에 책과 관련 없는 활동도 한다. 재미는 있지만 참가자가 책을 대하는 태도가 바뀌거나 독서 능력과 글쓰기 실력이 좋아지기는 어렵다.

초등학교 독서 캠프라면 재미가 우선이다. 아이들이 책을 재미있는 놀이 대상으로 생각하고, 도서관을 놀이터로 생각하는 것만큼 좋은 가르침이 어디 있으랴! 그러나 중고등학생이 되어서도 책을 좋아하게 하려면, 어른이 되어서도 책 읽는 즐거움을 누리게 하려면 깊은 맛을 알려주어야 한다. 책에서 깊은 맛을 느끼면, 그때 느낀 마음이 다른 책을 끌어들이기 때문이다.

독서 캠프를 계획할 때 목적을 명확하게 정해야 한다. "창의성을 기르고 사회성을 함양하며……" 하는 내용을 말하는 게 아니다. 가볍게 즐길지, 추억을 만들지, 친해지고 싶은지, 속 깊은 이야기를 나눌지 정해야 한다. 그런데 독서 캠프를 처음 하면 참가자의 성향과 수준을 파악하기 어렵다. 이럴 때는 '깊이'보다 '재미'를 생각해야 한다. 독서 캠프가 재미없으면 참가자가 싫어하고 준비하는 사람도 힘들다. 한 번 힘든 경험을 하면 다시 하고 싶은 마음이 사라진다.

전교생이 열 명인 학교에서 1학년부터 6학년까지 함께 독서 캠프를 했다. 수준이 다르기 때문에 같은 책을 읽지 못한다. 학년에 맞는 활동을 고르기도 힘들고, 토론은 불가능하다. 그냥 전교생이 도서관에서 재미나게 놀면서 추억을 쌓았다. 같은 학년이 모였을 때는 내용을 파악하고 토론하고 글을 썼다. 토론에 빠져든 뒤에 쓰는 글은 평소와 달리 깊이가 있었다.

책과 친해지기 위한 캠프는 무박, 1박 2일, 2박 3일 모두 가능하다. 종일 도서관 놀이만 하거나 책에 나온 내용을 그대로 따라 해도 된다. 책에 나온 음식을 해 먹고, 등장인물처럼 우리도 산에 오른다. 책을 읽지 않고 와도 되고 독서 캠프 대상 도서를 정하지 않아도 된다. 책 없이 도서관에서 놀면서 책과 친해질 수도 있다. 물론 계속 책과 친해진다는 목표만 내세우면 안 된다. 놀이 위주의 독서 캠프만 하면 아이들이 책을 잊고 놀기만 한다. 책으로 깊이 들어가지 못하고 가벼운 활동만 하면 아이들이 점점 팔짱 끼고 '우린 가만히 있을 테니 알아서 놀아주세요' 한다.

독서도 빈익빈 부익부가 심해진다. 읽는 학생은 계속 읽고, 읽지 않는 학생은 거들떠보지도 않는다. 책에 관심이 없는 학생을 독서 캠프에 보내면 달라질까? 놀이 위주로 진행하는 캠프가 재미있긴 하지만 책과 친하게 만들지는 못한다. 책을 깊이 만나게 해주는 캠프에는 책을 읽지 않는 학생이 참가하지 않는다. 어떻게 해야 재미있으면서 깊이 있는 독서 캠프를 만들까?

구리에 있는 대안학교인 두레학교에 가서 1박 2일 동안 독서 캠프를 했다. 5~6학년 서른다섯 명 정도의 학생과 『책벌레들의 비밀 후원 작전』을 읽고 도서관놀이, 독서퀴즈, 두뇌싸움, 독서토론, 독서감상문 쓰기, 글 고치기를 했다. 캠프를 하면서 독서 활동을 배우려고 두레학교 교사 10여 명이 도우미로 참가했다.

아이들과 친해지기 위해 먼저 '재미'있는 활동을 했다. 첫날, 만나자마자 두 시간 동안 도서관에서 책을 찾으며 놀았다. 둘째 날에도 첫 활동을 '책 읽자' 놀이로 시작했다. 재미있게 놀면서 친해진 뒤에 독서토론을 했다. 책에 몰입하면 토론하는 태도와 토론 내용이 달라진다. 정답 말하는 시간이 아니라 책을 통해 자신을 돌아보고 이야기하는 시간이 된다. 아이들은 시간이 어떻게 지나가는지 모를 정도로 토론에 빠져들었다. 가족 사이에 어려움을 말하며 서로를 위로했다. 즐거우면서도 깊이를 느낀 캠프였다.

나는 아이들과 토론하고 글을 쓰려고 독서 캠프를 한다. 토론하고 글을 쓰는 즐거움을 알면 책으로 하는 활동을 모두 재미있어한다. 재미는 재미로 끝나지만 깊이는 재미까지 더해준다.

책을 잘 골라야 한다

책을 깊이 읽는 캠프를 하려면 잘 준비해야 한다. 대상 도서, 독서 캠프 시간과 장소, 참가하는 사람, 준비한 프로그램, 날씨까지 영향을 준다. 무엇보다 독서 캠프에서 함께 나눌 책을 잘 골라야 한다. 여러 가지 활동을 담은 책이어야 하고, 등장인물이 우리에게 말해주는 내용이 있어야 한다. 아이들이 토론할 주제도 담고 있어야 한다.

처음 독서 캠프를 할 때에 『책벌레들의 책 없는 방학』을 골랐다. 344쪽이라는 부담스런 분량에 수다스러운 네 자매가 주인공이어서 읽기 힘들다. 여자아이들의 행동이 우리 정서와 맞지 않아 남성 독자는 번잡하고 유치하다고 생각한다. 역시나 남자아이들은 억지로 읽어왔다고 했다. 여교사들은 재미있다고 했지만 남교사들은 읽기 어려웠다고 했다. 그러나 독서 캠프를 하면서 책 속에 빠져들어 생각이 달라졌다.

고도욱 선생님

"책읽기, 글쓰기 배운 적이 없다. 처음 『책벌레들의 책 없는 방학』을 읽을 때는 초등 여자애들이 좋아하는 별로 가치 없는 소설책인 줄 알았다. 그래서 두 번 읽기를 중간에서 포기했다. 하지만 독서퀴즈, 독서토론을 시작으로 내가 찾지 못한 많은 것을 얻으며 생각할 시간을 갖게 되었다. 그림카드 만들기도 재미있고 요리나 등산, 노래하기 등 책 속의 활동을 직접 해보는 것도 즐거웠다. 조별 모임에서 네 자매 미래 모습을 그림으로 표현해 봤는데 그들의 미래를 상상하는 것이 즐거웠다.

초등 여자애들이나 좋아하는 책이라고 생각했던 남자 선생님이 독서 캠프를 하면서 생각이 바뀌었다. 네 자매처럼 모닥불을 피우고, 감자와 베이컨과 달걀로 요리하고, 눈 덮인 산을 오르면서 책에 흠뻑 빠져들었다. 교사들도 아이들처럼 직접 활동하면 책을 대하는 마음이 달라진다.

몇 년 뒤에 2박 3일 교사 독서연수에서 『책벌레들의 책 없는 방학』 다음 이야기인 『책벌레들의 비밀후원 작전』을 나누었다. 네 자매가 아프리카에 사는 아이를 돕기 위해 후원금을 모으는 이야기이다. 부모님 몰래 아이들끼리 돈을 모으면서 이상한 짓을 한다. 그걸 보면서 독자는 '돈을 마련해서 도와주어야 하는데……' 하는 마음이 생긴다. 그러나 우리 문화와 달라서 이해하기 힘들었다는 교사가 있었다. 도서관에서 하는 연수가 아니라 산에서 활동하는 캠프였다면 마음이 바뀌었을 것이다.

연수에서 교사들이 가장 좋아했던 책은 『바보 온달』이다. 평강공주가 바보 온달을 잘 가르쳐서 장군이 된 이야기가 교사들의 눈에는 교육 이야기로 보였다. 바보 온달을 장군으로 만든 평강공주의 교육이 옳은지 그른지, 어떻게 가르쳐야 온달에게 가장 좋은지, 온달이 어떤 사람이 되도록 가르쳐야 하는지 토론하는 게 참 좋았다.

『하늘을 달리는 아이』로 2박 3일 동안 연수할 때도 좋았다. 사람들이 편을 나눠 차별하고 싸우는 내용, 편견과 다툼 한가운데에서 따뜻한 공동체의 모습을 보여주는 가정, 끔찍하게 꼬인 매듭을 풀어가는 이야기를 나누며 학교가 어떤 공동체여야 하는지, 우리가 맞서 싸워야 할 편견이 무엇인지 토론 했다.

『산둥 수용소』를 읽고 한 가지 질문으로 밤을 지새운 적도 있다. "아이가 잘못할 때 '하지 마!'라고 말해야 할까, '무슨 일 있어?'라고 말해야 할까?" 전국에서 모인 교사들이 아이들 앞에서 스스로 어떤 교사였는지 돌아보며 펑펑 울었다. 좋은 책이 낯선 사람들 사이의 담을 헐어버렸기 때문에 마음을 터놓고 고민과 약점을 말할 수 있었다.*5

학부모는 『일수의 탄생』을 좋아했다. 아이들은 『꼴뚜기』로 따돌림을 토론했다. 『수상한 아이가 전학 왔다』로는 마음의 상처를 나누었다. 『빨강 연필』은 시골 아이들이 도시 아이들에게 느끼는 박탈감을 나누었다. 『바꿔!』는 엄마들과 여자아이들이 좋아했다. 『망나니 공주처럼』은 아이부터 어른까지 다 좋아했다. 아이들이 '우리 이야기'로 느끼는 책이 좋다. 책 내용을 아이들 이야기로 연결해서 질문할 수 있는 책이 좋다. 그런 책으로 독서 캠프를 하면 아이들 생각을 깊이 만난다.

*5 아이에게 '하지 마'라고 해야 할지, '무슨 일 있어?'라고 해야 할지 고민한 내용을 『선생님의 숨바꼭질』에 썼다.

장소를 잘 찾아야 한다

공간이 사람을 만든다. 산골에서 만난 아이들은 시인이었다. 빌딩 숲을 보며 사는 아이와 바다를 보며 사는 아이는 경험과 생각이 다르다. 똑같은 사람이라도 어디에 가느냐에 따라 생각과 마음가짐이 달라진다. 그만큼 장소가 중요하다. 대상 도서를 정하면 책의 배경과 비슷한 장소를 찾아야 한다. 책에서 일어나는 일과 비슷한 곳에서 독서 캠프를 하면 아이들이 책에 더 쉽게, 깊이 빠져든다.

『책벌레들의 책 없는 방학』은 산과 바다가 함께 있는 곳이 배경이다. 네 자매는 할머니 텃밭을 가꾸고, 바닷가에서 불을 피우며, 산에 올라가서 오소리 굴을 찾고 동굴을 탐험한다. 산과 바다와 논밭이 있는 캠프 장소로 강릉을 정했다. 바닷가는 아니었지만 모닥불을 피워 고구마를 구워 먹었다. 간식을 만들어 눈 덮인 산에 가서 먹었다. 장소가 아이들이 책에 빠져드는 데 도움을 주었다.

갯벌 이야기라면 갯벌에서, 곤충 이야기라면 곤충이 많은 곳에서 캠프를 하면 좋다. 바다 이야기는 바닷가에서, 산 이야기는 산림욕장에서 독서 캠프를 해보자. 숙박과 식사에 신경 쓰지 않아도 되는 곳으로 정해야 편하다. 한 번은 아이들이 직접 만들어도 좋지만 계속 식사에 마음을 빼앗기면 책에 집중하기 어렵다.

2014년에 전주의 대안학교 아이들과 성수산자연휴양림에서 캠프를 했다. 자동차 소리와 기계음 대신 새소리, 물소리, 바람 소리가 들리는 곳에서 지내는 것만으로도 아이들이 좋아했다. 나니아 캠프에서는 다락방에 놓인 벽난로에 장작을 넣으며 『사자와 마녀와 옷장』에 나오는 비버 집에서 추위를 녹이는 아이들을 생각했다. 얼어붙은 개울 위를 걸어가면서 '하얀 마녀에게 끌려가는 에드먼드'를 생각했다. 나니아 탐험 후기에서 김문 님은 캠프 장소에 대해 이렇게 썼다.

김문

"(…) 어릴 때는 별을 참 많이 봤다. 별똥별도 종종 볼 수 있었다. 사람들이 만든 빛으로 가득한 세상에 살면서 하늘에 있는, 그저 늘 있던 별들을 보지 못했다. 새삼 이미 주신 아름다운 것들이 보이기 시작한다. 꽁꽁 언 계곡도, 벌거

숭이 산 위에 솔솔 뿌리는 눈발도 보이기 시작한다. 늘 새로운 것, 더 세련된 것, 더 편리한 것을 향하던 맘이 불편해진다. 높은 아파트 때문에 보지 못했던 하늘, 완벽한 그녀만의 프리미엄을 꿈꾸게 했던 아파트 안만을 향하던 눈을 돌리고 싶다. '주의 손가락으로 지으신 주의 하늘과 주가 베풀어 두신 달과 별들을 내가 보오니' 잠자고 있던 이를 깨워준 나니아의 힘! 강원도의 힘!"

다른 곳으로 가기 어렵다면 아이들이 생활하는 곳과 비슷한 배경의 책을 골라야 한다. 대도시에 있는 학교는 아파트와 놀이터, 학교 앞 가게와 마트에서 벌어지는 일을 다룬 『그 사람을 본 적이 있나요?』 같은 책이 좋다. 시골 아이들은 시골 이야기를 읽고 캠프를 하면 된다. 그보다 더 좋은 건 도시 아이들이 시골에서, 시골 아이들이 도시에서 캠프를 하는 것이다.

2018년 미로초등학교 독서 캠프에 수원 중앙기독초등학교 학생 열여섯 명을 초청했다. 교실 창문으로 산자락이 보인다. 5분만 걸으면 소금쟁이, 게아재비, 다슬기, 쉬리가 사는 하천이다. 하천을 건너며 다슬기를 잡고, 물수제비를 뜨고, 나무에 붙은 매미 껍질을 떼고, 사슴벌레를 잡았다. 짧은 독서 캠프 일정에 굳이 이런 활동을 넣은 까닭은 도시에 사는 아이들에겐 책 읽고 글 쓰는 것만큼이나 자연을 보고 느끼는 게 중요하다고 생각했기 때문이다.

윤예주

밥을 먹고 중기초 친구들과 강에 갔다. 친구들은 흐르는 물에 발을 담그고 엄청 좋아했다. 그리고 다슬기가 너무 귀엽다고도 했다. 나는 그런 친구들이 신기해서 선생님께 물어보았더니 친구들이 사는 곳에는 이렇게 깨끗한 물이 없어서 그렇다고 했다. 엄청 즐거운 표정이었다. 그리고 운동기구에 올라가 운동을 했다. 도시에 살다가 시골에 오니 신기한 것 같았다. 우리는 많은 것들을 무심코 지나쳐 왔다. 어쩌면 우리는 이런 사소한 행복 하나하나를 모르고 지나쳐 버렸을지도 모른다. 그리고 항상 멀리 있는 곳의 물건 또는 건물을 신기해한다. 우리는 가까이 있는 행복부터 먼저 알아야 한다.

대상 도서에 어울리는 장소를 찾기 어려우면 학교나 도서관에서 하면 된다. 나도 대부분의 독서 캠프를 학교 도서관에서 했다. 도서관에서 도서관 놀이를 하고 교실에서 활동했다. 학교 곳곳에 미션카드를 숨겨놓고 미션을 수행했다. 대상 도서와 비슷한 장소에 가면 좋지만 교실 한 칸만 있어도 된다. 학부모와 함께 하려면 가까운 학교가 좋다.

모든 공간은 나름의 특징을 갖고 있다. 특징을 살려 캠프를 하면 된다. 이렇게 하기 힘들다면 도서관이 가장 좋다.

시간, 날씨, 상품

독서 캠프 시간은 정하기 나름이다. 짧게 반나절(서너 시간)도 좋고 하루 내내 해도 된다. 오후 세 시간씩 5일(월~금) 동안 해도 되고 1박 2일, 2박 3일도 괜찮다. 밤샘독서를 해도 좋고 밤 10시에 집에 갔다가 다음 날 아침에 다시 시작해도 좋다. 준비한 프로그램과 학생에 따라 자유롭게 결정하면 된다. 그러나 책을 깊이 나누려면 시간이 길어야 한다. 책 한 권을 깊이 읽고 나누려면 2박 3일은 되어야 한다.

열 시간 캠프를 추천한다. 책놀이(모둠 만들고 친해지기) 두 시간, 책 내용 알아보기 두 시간, 두뇌싸움(조별 토론 후 발표하기) 두 시간, 독서토론 두 시간, 글쓰기 한 시간, 글 발표하고 의견 나누기 한 시간 정도 하면 책 한 권을 어느 정도 나눌 수 있다.

날씨도 고려해야 한다. 비가 올 때 이야기는 장마철에, 눈이 오는 이야기는 겨울에 맞춰서 해보자. 여름독서 캠프에서 눈이 내린 나니아가 배경인 『사자와 마녀와 옷장』을 이야기하면 느낌이 살지 않는다. 물론 비가 오는 날씨를 눈으로 바꾸거나, 해가 반짝 나는 날씨를 비가 오는 날씨로 바꿔 프로그램을 조정해도 괜찮다. 준비하는 사람이 날씨를 고려하려는 마음을 갖고 시작하면 된다.

상품은 무얼 준비하면 좋을까? 독서 캠프는 일 년에 한두 번 하는 행사 이므로 좋은 상품을 준비했다. 주로 저자가 쓴 다른 책을 구입했다. 독서 캠프 덕분에 저자에 대한 관심이 높아져서 아이들이 서로 읽겠다며 좋아했다. 독서 캠프를 하지 않고 나눠주었다면 책 읽겠다고 달려들지 않았을 것이다. 다른 학교에 갔을 때는 내가 쓴 책을 주기도 했다.

모든 아이가 책을 한 권씩 가져가는 게 가장 좋다. 일등한 모둠이 먼저 고를 기회를 주면 된다. 예산이 적으면 사탕이나 아이스크림도 좋고, 상품이 없어도 괜찮다. 아이들은 독서 캠프 또 하는 걸 더 좋아한다. 상품 받지 말고 독서 캠프 한 번 더하는 게 어떨지 물어보았을 때 모두 상품보다 캠프 또 하는 게 더 좋다고 했다. 상품권은 주지 말라고 권한다. 독서 캠프하는 게 가장 좋은 상품이다.

몇 가지 사례를 소개한다.

간단한 독서 캠프

가장 간단한 독서 캠프이다. 길면 아침부터 저녁까지, 짧으면 반나절 동안 한다. 시간이 짧기 때문에 책을 깊이 읽거나 작가를 알아보긴 어렵다. 그러나 숙박에 대한 부담이 없어서 한 번 해보기 편하다. 참가자들이 도서관을 친근하게 생각하고 책을 읽을 마음이 생기도록 흥미 위주의 활동을 한다. 참가 대상은 한 학급이 알맞다. 학년 구분 없이 서른 명 정도 신청을 받아도 좋다.

㉮ 대상 도서 없는 독서 캠프

전교생 여덟 명에서 열두 명인 산골 학교에서 4년 동안 여름과 겨울에 독서 캠프를 했다. 1학년부터 6학년이 함께할 경우엔 같은 책을 읽고 활동하기 어렵다. 그래서 대상 도서를 정하지 않고 주제를 바꿔가며 책으로 놀았다. 하루 동안 할 때는 후기만 썼고, 이틀 이상 할 때는 독서감상문을 쓰기도 했다.

산골 학교에서 전통을 주제로 했던 첫 번째 독서 캠프를 소개한다.

① 프로그램 (192쪽 표 참고)

② 준비물

전통 관련 책을 검색해서 이춘희가 쓴 『풀싸움』과 『아카시아 파마』, 보리출판사에서 펴낸 『전래놀이』를 샀다. 책 읽자 카드, 색연필, 사인펜, 매직, A4용지, 소감문을 준비했다.

③ 담당 및 역할

여덟 명이 독서 캠프를 하면 진행자 한 명만 있어도 된다. 산골 학교에는 교사가 둘 또는 셋이다. 나는 전체 진행과 준비를 맡았고 다른 분은 모둠 활동을 도와주었다.

대상 도서 없는 독서 캠프 프로그램

시간	활동내용		준비물
9:00 ~ 11:00	책놀이로 친해지기	1. 자기 소개하기 2. 모둠 만들기	책, 종이 필기도구
11:00 ~ 12:30	모둠 대항 책놀이	3. 도서관 놀이하기	
12:30 ~ 13:30	점심 식사		학교 급식
13:30 ~ 15:00		4. '책 읽자' 놀이하기	책 읽자 카드
15:00 ~ 18:00		5. 전통 관련 책 읽어주기 6. 전통놀이 몸동작으로 맞히기 7. 아카시아 파마 직접 해보기	전통 책 아카시아
18:00 ~ 19:00	저녁식사		(학교 예산)
19:00 ~ 20:00	담력놀이		인체모형
20:00 ~ 21:00	마무리하기	8. 후기 쓰고 소감 발표하기 - 뒷정리	소감문 양식

④ 세부 내용 안내 : 독서 캠프에서 여덟 가지를 했다.

- 『EQ의 천재들』 시리즈로 아이들과 교직원 소개하기
- 모둠 만들기
- 책놀이
- '책 읽자' 놀이
- 전통 관련 책 골라서 읽어주기
- 전통 놀이를 같은 모둠에게 몸으로 설명하고 빨리 알아내기
- 아카시아 파마 직접 해보기
- 후기 또는 독서감상문 중에 한 가지 골라 글쓰기

전교생이 잘 알기 때문에 『EQ의 천재들』 책으로 전교생과 교직원 소개를 만들었다. 모둠 만들기 책놀이로 네 명씩 두 모둠으로 만들고 도서관 책으로 책놀이를 했다. 이어서 책 읽자 카드로 놀았다. 처음 하는 독서 캠프였는데도 책을 가지고 여러 방법으로 놀면서 아이들이 좋아했다. 책으로 즐겁게 놀아서 신기하다고 했다.

오후 세 시간 동안 '전통'을 주제로 활동했다. 도서관에서 전통 관련 책을 찾아 3~6학년 다섯 명이 책을 읽어주었다. 우리 학교에는 가스 폭발 사고로 화상을 입은 아이가 셋 있다. 세 아이를 위해 『조선 제일 바보의 공부』를 골랐다. 김득신이 머리가 나쁜데도 포기하지 않고 꾸준히 노력해서 이름난 시인이 되었다는 내용이다. 아이들이 책 읽어주는 시간을 참 좋아했다.

이어서 모둠별로 전래놀이 몸으로 설명하기 시합을 했다. 한 사람이 몸으로 전래놀이를 설명하면 모둠원들이 전래놀이 제목을 알아내는 놀이다. 두 모둠뿐이지만 상대를 이기려고 열심히 했다. 웃고 떠들며 전래놀이를 알아본 뒤에 아카시아 파마를 했다.

보통은 이 정도만 해도 충분하다. 우리 학교는 시골인 데다 학원이 없어서 집에 늦게 가도 된다. 그래서 담력훈련까지 했다. 저녁을 먹고 혼자 불 꺼진 화장실에 다녀오기, 과학실에 가서 인체모형과 악수하기 등의 담력훈련을 하고 후기와 독서감상문을 썼다. 처음 한 독서 캠프가 재미있다며 6학년 남은서가 캠프내용을 처음부터 끝까지 자세하게 썼다.

남은서(6학년)

오늘은 방학 전날이어서 그런지 특별한 캠프를 한다 했다. 그것은 바로 독서 캠프다! 독서 캠프라고 하니 내가 좋아하는 분야여서 흥미로울 수밖에 없었다. 아침에 오자마자 얼마나 기대가 되던지 '시간이 빨리 가면 좋을 텐데'라는 생각이 아마도 내 머릿속을 꽉 채운 거 같았다. 갑자기 예원이가 문을 열면서 "독서 캠프 하러 가자!" 한마디가 얼마나 반갑던지 9시까지 정말 행복할 거 같다.

내가 유독 기대한 건 아이들에게 책 읽어주기였다. 일단 바로 하는 거 같진 않아서 기대가 살짝 실망감으로 바뀌었다. 그래도 재밌는 것들을 따로 하니 다시 기대감 상승! 하였다. 일단 자기소개 먼저 한다고 하였을 때 '우리는 다 알고 있는데 웬 자기소개?'라는 생각부터 들었다. 애들도 나와 같았는지 "다 알고 있잖아요~" 하며 소리치는 건지~ 심통 부리는 건지 알 수 없었지만 여하튼 모두 저 말로 합창(?)을 하였다.

자기소개를 어떻게 하는 건지 보니 EQ의 천재들 시리즈로 자기소개를 하는 것이었다. 나를 포함한 모든 애들이 자기와 맞는 책을 골라오는 것이었다. 나는 밝아양, 예원인 웃음양, 동환인 구두쇠씨, 경태는 용감씨, 승희는 행복양, 서인이는 웃겨양, 해인이는 똑똑양, 보화는 부끄럼양으로 정하여 왔다. 얼마나 똑같은 것만 골라왔는지 신기했다. 자기소개를 색지에 자신의 캐릭터를 그린 뒤 시리즈 골라온 것의 이름을 써 자기소개를 다하고 끝내었다.

몇 시간이 지난 뒤 내가 기대하던 책읽기! 먼저 권일한 선생님이 『조선 제일 바보의 공부』라는 책을 읽어주시고 예원이는 『아카시아 파마』를 읽어주었는데 예원이 읽는 게 어찌나 귀여운지. >_< 동환이와 경태는 『풀싸움』이라는 책을 읽어주었는데 역시나 읽는 게 귀여웠다. 나는 『뒤집힌 호랑이』라는 책을 읽어주었는데 내가 읽은 책의 대사가 정~말 적었다. 솔직히 너무 실망했다.ㅠㅠ 내가 대사 많은 책을 원했는데…… 나중에는 독서 캠프의 꽃, 책 읽기를 재밌는 걸로 해보고 싶다.

그러고 보니 아카시아 파마를 한 것이 기억이 난다. 예원이가 읽어준 책에 나온 아카시아 파마를 실제로 할 수 있다는 것이 솔직히 놀라웠다. 줄기로 파마가 가능하면 파마 값의 1/5도 안 될 것이다. 우리 모두가 아카시아 나무가 있는 곳에 가서 줄기를 딴 다음 서로 서로 줄기를 머리에 말아 해주었다. 이것을 해서 머리가 예뻐진다니…… 머리 꾸미는 걸 내가 즐기는 편이라 시간이 지나길 바랐다. 머리를 말은 상태로 빨리 풀면 머리가 예쁘지 않기 때문이다. 한 30분 뒤? 풀어보니! 이. 럴. 수. 가 너~무 예쁜 파마가 생겼다. 파마가 정말로 되니 신기했다.

『아카시아 파마』라는 책을 읽고 아카시아 파마라는 것도 해보았고, 독서 캠프로 인해 많은 것을 배운 거 같다. "독서" 캠프라고 꼭 독서만 하는 게 아니었다. 이 정도로 체험이 많고 재미있었으면 애들도 분명히 좋아했을 거라고 믿는다. 25일에도 재밌는 것을 기대해 본다.

⑤ 응용

아침부터 저녁까지 독서 캠프를 하기 어렵다면 날마다 서너 시간씩 이틀이나 사흘 동안 캠프를 한다. 앞서 소개한 활동 외에 몇 가지를 더해서 날마다 두세 시간씩 하는 5일 캠프도 가능하다.

㉯ 대상 도서 있는 독서 캠프

아이들이 책 읽는 태도를 바꿔주고 싶다면 대상 도서를 정해야 한다. 책 내용으로 무언가를 하거나 독서토론을 할 때도 대상 도서를 정해야 한다. 책 한 권으로 독서 캠프를 하면 책에 담긴 가치와 재미를 알려주는 효과가 있다. 다만 이때는 참가자 나이가 비슷해야 한다. 책을 많이 읽는 아이들끼리 모일 때는 2~3년 차이가 나도 괜찮지만 보통은 같은 학년 또는 3~4학년, 5~6학년이어야 한다. 초등 1~2학년은 내용을 파악하기 어려워해서 대상 도서를 정하는 독서 캠프를 하기 어렵다. 중학생, 고등학생끼리는 함께 해도 괜찮다.

다른 학교나 교육청에서 독서 캠프를 해달라고 요청할 때는 대상 도서를 정했다. 학교와 교육청에서 하는 대부분의 독서 캠프는 노는 캠프라는 인식이 강하다. 놀려고 온 아이들에게 깊이와 즐거움을 누리는 독서 캠프, 기억에 남는 캠프를 경험하게 해주려고 대상 도서를 정했다. 참가자가 반드시 대상 도서를 읽어야 한다고 알리고, 모든 참가자가 책을 읽었다는 전제하에 캠프를 했다. 하루 대여섯 시간 하거나 세 시간씩 이틀 동안 했다.

① 1일 캠프 (5~6시간)

삼척 시내 대여섯 학교 5~6학년 스무 명과 한 번, 탄광지역 5~6학년 열여섯 명과 한 번 『빨강 연필』로 독서 캠프를 했다. 같은 책으로 했는데도 두 캠프가 달랐다.

- 모둠 만들기 : 대상 도서에 나오는 등장인물의 특징을 각각 모둠원 수(세 명 또는 네 명)만큼 종이에 써서 한 장씩 나눠주고, 같은 인물을 설명하는 종이를 가진 사람끼리 모여 모둠을 만들었다. 탄광지역 아이들에게는 대상 도서에 나온 문장을 나눠주고 같은 내용의 문장, 연결되는 문장을 가진 사람끼리 모여서 모둠을 만들었다.
- 서로 소개하기 : 도서관에서 자기를 나타내는 책을 골라 소개하고, 책 제목으로 낱말을 만들어 퀴즈를 했다. 여러 학교에서 아이들이 모였을 때는 책놀이를 몇 가지 더 했다.
- 대상 도서 내용 알아보기 : 1부 4장 '내용을 알아보는 책놀이' (76쪽부터)에서 설명한 방법 중에 몇 가지를 골라 대상 도서 내용을 알아보았다. '우리끼리 독서퀴즈'는 꼭 했다. 아이들이 가장 좋아하는 활동이다.
- 두뇌싸움 및 독서토론 : 한 시간 정도 이야기 토론을 하다가 찬반토론 논제를 주었다. 재규는 부모님의 도움을 받지만 민호는 부모님이 이혼하고 엄마가 일을 하기 때문에 아무 도움도 받지 못한다. "재규는 학원에도 다니고 과외 수업도 받지만 어쨌든 자신이 직접 글을 쓴다. 그런 점에서 재규는 정정당당하다.(책 91쪽)" 찬성하는지 반대하는지 물었다.

찬성과 반대를 정하고 근거를 들어 주장했다. 찬반이 팽팽하게 맞서 같은 주장을 되풀이하기 때문에 재규와 민호의 장점과 단점을 찾는 핑퐁게임을 했다. 장점과 단점을 계속 찾으면서 재규와 민호의 가정환경, 교육 배경, 마음을 이해했다. 그런 뒤에 우리가 재규와 비슷한지 민호와 비슷한지 물었다.

아이들 모두 민호와 비슷하다고 대답했다. 좋은 조건에서 공부한 재규가 정당하다고 주장한 아이들도 우리가 민호와 비슷하다는 말에 시무룩해졌다. 자기들이 주장한 내용이 민호 같은 환경에서 자라는 강원도 아이들 이야기이기 때문이다. 다시 민호의 장점을 물었다.

"민호는 우리야. 민호의 장점이 우리 장점이야. 그게 뭘까?"

책에서 송지아 선생님이 민호에게 이렇게 말한다.

"너는 용기가 있어. 자신을 돌아보고 고민하며 글을 쓸 용기."

교육 환경이 열악한 강원도 시골에서 같은 처지의 민호를 생각하며 토론한 시간이 참 귀했다. 토론을 마치고 글을 썼다. 찬성과 반대 어느 쪽에도 가지 않고 중립이라고 말했던 아이 글이 좋았다.

정혜인(6학년)

빨강 연필에 민호와 재규가 라이벌로 나온다. 우리는 재규가 학원과 과외를 받으며 글을 쓴 게 정당한지 토론했다. 나는 찬성, 반대 어느 쪽에도 가지 않았다. 정말 다들 내가 왜 그러는지 몰랐을까? 내가 선택하지 않았던 이유는 단 하나다. 재규와 민호 둘 다 정당하거나 정당하지 않거나, 서로 닮았다. 우리 사람들은 꼭 편을 가르고 한 팀이 되고 배신을 하고 이상하다. 나는 민호와 재규가 정당한지 아닌지 모른다. 자기 느낌에 따라 다르지 않을까?

② 2일 캠프(세 시간씩 이틀)

앞서 소개한 여섯 시간 독서 캠프를 이틀에 나눠 세 시간씩 한다. 영월 청령포초등학교에서 3~6학년 열여섯 명과 『수상한 아이가 전학 왔다』로 이틀 동안 독서 캠프를 했다.

첫 날은 모둠을 만들고, 모둠 이름을 정하고, 책놀이와 내용 파악 활동을 했다. 둘째 날에는 모둠 독서토론과 이야기 독서토론, 찬반토론을 했다.

둘째 날 토론하면서 물었다.

"토미가 얼굴을 보이기 싫어 방한모를 뒤집어쓰고 다닌다. 다음 네 가지 중에서 어디까지 해도 될까?"

- "이전에는 어디에 살았니? 어떤 학교에 다녔니? 너희 아빠는 광산

에서 일하시니, 아님 발전소에서 일하시니? 너는 왜 머리에 그런 걸 쓰고 있니?" (책 15~16쪽, 방한모를 왜 쓰고 다니는지 묻는다.)

• 얼굴을 보여줄 수 있는지 묻는다.
(얼굴을 보려고 시도하면서도 친구들이 한 번도 묻지 않았던 질문)
• 얼굴을 보려고 시도한다. 단, 강제로 벗기지는 않는다.
(책 36~39쪽에서 시도한 내용)
• 강제로 방한모를 벗기고 얼굴을 본다. (책 61~63쪽 내용)

주장—왜나하면—예를 들어—다시 말해로 한 문장씩 써서 발표했다. 다른 모둠의 발표를 듣고 서로 질문했다. 다섯 모둠의 발표와 반대 질문이 비슷했다.

"방한모를 왜 쓰고 다니는지 묻거나 얼굴을 보여줄 수 있는지 묻는 말에 토미가 대답해준다면 상처를 받지 않은 것이다. 상처를 받는다면 굳이 대답하지 않을 테니까. 반대로 방한모를 왜 쓰고 다니는지 말하기 싫다, 얼굴을 보여주기 싫다고 대답해도 상처를 받지 않았다고 본다. 싫다는 말은 적극 거부하는 표현이기 때문에 의견이라고 생각한다. 그렇지만 아무 말도 하지 않으면 어떡할까? 질문에 상처를 받아 아무 말도 하지 않는 거라면?"

이 질문을 위해 상처 받은 아이가 어떤 특징을 보이는지 찾게 했다. 아이들이 상처 받은 아이의 특징을 잘 안다. 조용히 혼자 지낸다, 시무룩한 표정을 짓거나 슬픈 표정을 한다, 화장실이나 자기 방에 가서 운다 등의 소극적인 표현을 말한다. 욕한다, 다른 곳에 화풀이한다, 뒷담화를 한다, 대놓고 말한다 등의 적극적인 표현도 썼다. 아이들이 상처받을 때의 행동을 잘 알기에 다시 물었다.

"대상 도서에서 가장 상처 받은 인물은 누구일까?"

빌리 드 비어는 친구들에게 말을 하지 않는다. 얼굴을 가렸을 때 비로소 전교생 앞에서 발표한다. 상처 받았다는 증거이다. 토미는 일곱 번이나 전학 다니며 얼굴을 가렸으니 상처 받았다. 체리스는 공부를 잘하고 잘난 척하지만 주변에 친구가 없다. 마음속으로는 외롭고 힘들었을 것이다. 벤터 선생님은 아이들이 말을 듣지 않는다, 아이들이 무시한다고 생각하기 때문에 상처를 받았을 거라고 대답했다.

아이들과 자신을 감추고 싶었던 적이 있는지 이야기했다. 부담스럽고 부끄러운 순간을 말한다. 그럴 때 마음이 어땠는지, 어떻게 했는지도 말한다. 어떻게 이겨냈는지 물었더니 자기 장점이 드러나거나 친한 사람이 응원해줘서 이겨냈다고 한다.

독서 캠프를 요청한 선생님께서 독서 캠프 하기 전에 아이들이 책을 읽지 않는다고 알려주며 걱정하셨다. 첫날에 나도 아이들이 책을 제대로 안 읽었다고 느꼈다. 둘째 날 독서토론도 쉽지는 않았다. 그러나 상처 받은 아이에 대해 토론하면서 참 좋았다. 상처 받은 아이와 함께 서로에 대해 생각할 기회를 주어서 기뻤다.

책놀이—내용 파악 활동—토론—글쓰기 세트 독서 캠프 (10시간)

경기도 구리시에 있는 대안학교인 두레학교에서 이틀 낮 동안 독서 캠프를 했다. '두레'가 함께한다는 뜻이므로 함께 이웃을 돕는 내용의 책을 골랐다. 『책벌레들의 비밀 후원 작전』을 소개하고 아이들이 미리 읽기를 요청했다. 활동시간이 열 시간뿐이므로 음식을 만들거나 산에 가지는 못한다. 내용을 이해하는 활동을 하고 토론하고 글을 썼다.

두레학교 선생님들이 서너 명씩 아홉 개의 활동 두레를 짜주었다. 2개 두레는 세 명씩이고 7개 두레는 네 명씩이다. 두뇌 싸움까지는 서너 명씩 아홉 두레로 활동하다가 이야기 독서토론 때는 여덟아홉 명씩 4개 반으로 운영했다. 4개 반도 두레 학교 선생님들이 미리 정해주셨다. (200쪽 표 참고)

운영 개요

대상	두레학교 5-6학년 재학생 서른네 명
장소	도서관(책놀이), 넓은 교실(전체 활동), 교실(토론)
기간	12월 28일 10시-16시, 29일 10시-16시
대상 도서	『책벌레들의 비밀 후원 작전』

일정 및 활동 내용

첫째 날	10:10~12:20 도서관	책놀이로 친해지기 - 모둠 만들기 - 자기 소개하기 - 여러 가지 책놀이 활동
	13:20~15:00 넓은 교실	책 내용 이해하기 - 우리끼리 퀴즈, 선생님 퀴즈
	15:00~16:10 넓은 교실	두뇌싸움
	16:50~17:50	이야기 독서토론 발문 연수(교사 대상)
둘째 날	10:10~11:00 넓은 교실	책 읽자 놀이로 마음 열기
	11:00~12:30 4개 교실에서 진행	이야기 독서토론
	13:30~15:10 넓은 교실	독서감상문 쓰기 - 독서 보드게임 (독서감상문 다 쓴 아이들)
	15:10~16:10 넓은 교실	글 고치기

㉮ 친해지기 활동 — 책놀이(130분)

아이들이 원래 말이 많지만 대안학교 아이들은 더 자유롭다. 어찌나 활기찬지 도서관이 시끌시끌했다. 아이들이 서로를 잘 알고, 이미 모둠이 만들어졌기 때문에 모둠 만들기, 자기 소개를 하지 않았다. 각 두레마다 책상을 하나씩 정했다. 책놀이로 독서 캠프를 시작했다.

① 식물 이름이 들어가는 책 중에 제목이 가장 긴 책 찾아 오기

식물 이름이 들어가는 책은 과학(분류번호 400) 책장에 많이 있다. 어떤 아이는 책장의 이쪽 끝(분류번호 100—총류) 또는 저쪽 끝(분류번호 900 — 역사)에서 차례대로 찾기 시작했다. 총류와 역사에는 식물 이름이 들어간 책이 거의 없다. 시간을 2분 주었는데 거의 끝날 때가 되어서 과학 책장을 찾아갔다. 제한 시간 30초 전부터 30초, 20초, 10초, 9초 …… 2초, 1초 남았다고 알려주었다.

'나무', '식물'이라는 낱말이 들어가도 되느냐고 물었다. 나무는 식물이기 때문에 되지만 식물은 식물 이름이 아니라서 안 된다고 대답했다. 제목에 작은 글씨로 설명이 있고 다시 큰 글씨가 있으면 어떻게 하느냐고 묻는다. 『'초등학생을 위한' 나의 라임오렌지 나무』에서 '초등학생을 위한'은 0.5글자씩, 나의 라임오렌지 나무는 한 글자씩 인정했다. 즉 '초등학생을 위한'은 3.5글자이고 나의 라임오렌지 나무는 9글자여서 모두 12.5글자이다.

② 책을 펼쳐서 쪽을 확인하지 않고 200쪽에 가장 가까운 책 찾아 오기

『책벌레들의 비밀후원 작전』은 316쪽이다. 200쪽의 두께를 예상해보라 했다. 인쇄된 숫자가 있는 쪽까지만 인정한다고 안내하고 양심껏 하자고 말했다. 2분 시간을 주었더니 176쪽부터 250쪽이 넘는 책까지 가져왔다. 198쪽 찾아온 두레가 이겼다.

③ 우리 학교 ○○○선생님께 선물로 드릴 자동차 그림이나 사진이 있는 책 찾아 오기

두레 학교 과학 선생님께 선물로 드릴 자동차 그림이나 사진을 3분 동안 찾았다. 신기한 스쿨버스, 전기자동차, 오토바이, 자전거 사진을 찾아왔다. 책을 찾아온 아이들에게 자동차 홍보 시간을 주었다. 장점과 필요성을 설명했다. 과학 선생님이 인체의 신비에 관심이 있을 거라며 스쿨버스를 홍보한다. 다른 아이는 자전거는 환경파괴를 하지 않아서 북극곰이 죽지 않는다고 말한다. 과학 선생님이 자전거를 포함해서 세 대를 뽑았다. 가져온 책을 제자리에 넣어두라고 했다.

④ '두레학교' 각각의 낱말이 들어있는 책 네 권 가져오기

글씨 '두', '레', '학', '교'가 들어간 책 네 권을 찾아 오는 활동이다. 한 사람이 한 권씩 찾아도 되지만 네 명이 동시에 네 권을 찾는 게 빠르다. 『두근두근 걱정대장』『레미제라블』『책벌레들의 책 없는 방학』『날으는 교실』처럼 네 권을 가져오면 된다. 앞의 세 가지 활동은 정해진 시간 동안 책을 찾아온 뒤에 등위를 가렸다. ④번은 가장 빨리 가져오는 세 팀에게 점수를 주었다.

⑤ 앞서 했던 ④번 활동에서 가져온 책 세 권을 53cm 높이로 쌓기

시골 아이들은 쉽게 쌓았는데 두레 학교 아이들은 오래 걸렸다. 두껍고 단단한 책을 먼저 쌓은 뒤에 가볍고 얇은 책을 올려야 하는데 대부분 반대로 했다. 10분이 지나가도록 세우지 못한 두레도 있다. 53cm가 얼마인지 못 찾기에 신발, 손 뼘으로 길이를 재보라고 알려줬다. 그때부터 길이를 계산하면서 다시 책을 쌓았다. 오차가 1cm 이내인 두레가 있는 반면 10cm 이상 차이가 나는 두레도 있다.

⑥ 자신이 읽고 싶은 책 한 권씩 가져오기

앞 활동에서 가져온 책을 제자리에 넣고 자신이 읽고 싶은 책, 10분 이상 꼼짝도 하지 않고 읽을 책을 골라오라고 했다. 만화책도 되느냐기에

오늘은 다른 책을 읽으라고 말했다. 책을 찾아서 10분 동안 읽었다. 5분 쯤 지나자 모든 아이가 조용히 책을 읽는다. 10분 지난 뒤에 자기가 읽은 책을 같은 두레 친구들에게 소개했다.

서로의 소개를 듣고 두레를 대표하는 책 한 권을 정하고 책에 나오는 인물의 이름이나 장소, 낱말 세 개를 찾았다. 한 두레씩 각자 책을 들고 앞에 나가서 낱말 세 개를 친구들에게 알려주었다. 다른 두레는 앞에 선 친구들이 보여주는 책 네 권 중에 어떤 책에 나오는 낱말인지 찾아야 한다. 맞힌 점수와 보너스 점수를 주었다.

⑦ 『책벌레들의 비밀 후원 작전』은 아프리카에 사는 아이를 돕는 내용이다. 그래서 아프리카에 관한 책 가져오기를 한 명씩 릴레이로 하려고 했다. 그렇지만 서가 사이가 좁고 캠프에 참여한 아이가 많아서 다칠 위험이 높았다. 시간이 많이 지났기 때문에 하지 않았다.

㉯ 책 내용을 이해하기 위한 활동(100분)

넓은 교실로 자리를 옮겼다. 책 내용이 이해가 잘 되면 노랑, 이해하기 어려웠으면 분홍 붙임쪽지에 각자 이름을 써서 칠판에 붙였다. 책이 재미있었으면 초록, 재미없으면 주황 붙임쪽지에 이름을 써서 붙였다. 80퍼센트 학생이 이해했고 60퍼센트 정도가 재미있다고 했다. 대안학교 아이들이 평소에 책을 많이 읽어서 이런 결과가 나온 것 같았다.

이어서 '우리끼리 독서퀴즈'와 '선생님 퀴즈'를 했다. 아이들이 책을 꼼꼼하게 읽어서 모두 잘 맞혔다. 선생님 퀴즈로 낸 문제들 몇 가지를 소개한다.

선생님 퀴즈

	문제	정답
1	루스가 아프리카 아이를 돕기로 마음먹은 계기를 말해보자. 그때 무엇을 입고 있었을까?	개학날에 정신없이 준비하느라 교복 치마 안에 잠옷 윗도리를 입었다. 타이도 없고, 점퍼도 입지 않았다. 친구들이 볼까 봐 도서관에 숨었는데 너무 추웠다. 추위를 이기려고 따뜻한 나라에 대한 책을 찾다가 후원 기사를 읽게 되었다.
2	마틴의 동생인 아기 피터는 음식을 깨끗하게 먹지 않는다. 루스와 나오미가 어떤 방법으로 피터가 음식을 깨끗하게 먹게 만들었을까?	먹어달라고 사정하는 어른들과 달리 루스와 나오미는 피터에게 줄 음식을 자기들이 먹어치웠다. 몇 번 그러자 피터가 음식을 먹기 시작했다.
3	"생명이 있는 곳에는 늘 희망이 있는 거란다." 누가 한 말일까?	루스와 나오미에게 정원 가꾸기를 시킨 토비 할아버지
4	책에 나오는 동물은 모두 몇 종류인지 책을 찾아보자. (20종류)	사자, 개, 뱀, 앵무새, 양, 찌르레기, 고양이, 사슴, 청어, 소, 말, 당나귀, 칠면조, 곰, 돼지, 정어리, 염소, 오리, 토끼, 물떼새
5	링컨셔에 사는 피비가 컴브리아에 간 언니들에게 "루스 언니와 나오미 언니에게. 우리가 해냈어."라고 편지를 썼다. 무엇을 해냈다는 걸까?	이번 달에 보낼 후원금을 마련했다.
6	아프리카 아이를 돕기 위해 다달이 보내야 하는 10파운드는 실제로 얼마일까?	당시 환율로 20,000원~23,000원

(다) 책 내용을 심화하는 활동—두뇌싸움(70분)

우리 학교에서는 두세 시간 동안 두뇌싸움을 한다. 두레학교에서는 시간이 부족해 70분 동안 두 가지 주제로 활동했다. 발표할 때마다 점수를 주었다.

두뇌싸움 주제

번호		주제 설명	점수
1		네 자매 중에서 가장 마음에 드는 사람을 정하고, 그 사람이 한 일을 열 가지 적어보자.	1점
	-1	그 사람의 취미, 특기, 특징을 정리하고 어울리는 직업을 찾아보자.	찾으면 1점, 정말 공감할 내용이면 보너스 1점
	-2	30년 뒤에 네 자매가 어떤 사람이 되었을지 상상해서 표현해보자.	글, 그림, 노래, 연극 등으로 표현하면 1점, 공감을 일으키면 보너스 1점
	-3	우리 주변에서 닮은 사람을 찾아보자.	찾으면 1점, 정말 공감할 내용이면 보너스 1점

과제를 제시하자 모두 머리를 맞대고 마음에 드는 사람을 정했다. 정한 사람의 성격과 특징을 알아내고 찾아낸 취미, 특기, 특징에 따라 30년 뒤 모습을 상상해서 표현했다. 루스를 예로 들어보자.

- 취미 : 공상, 다른 사람 돕기, 한 번 결정한 일에 대해서 다시 걱정하지 않는다. 그림 그리기, 책 읽기, 편지 쓰기, 정원 가꾸기, 잡동사니 수집, 타협을 잘한다.
- 특징 : 친절하다. 엉뚱하다. 자연사를 좋아한다. 지혜롭다. 큰언니다. 뼈를 수집한다. 아기 돌보기를 잘한다.
- 어울리는 직업 : 자연사 선생님, 어린이집 교사, 박제사, 모험가, 정원사, 주부, 고고학자, 사장님, 수집가, 박물관 관련 직업
- 30년 뒤 모습 : 어머니, 자연사 박사, 유물 수집가, 노벨상(평화상), 세계 모험가, 정원사, 가정교사
- 닮은 사람 : 이○○, 전○○, 박○○, 오○○

두뇌싸움 주제

번호		주제 설명	점수
2		후원금을 벌기 위해 네 자매가 한 일(실제로 돈을 번 경우)을 모두 찾아보자.	5개 이상 1점, 7개 이상 2점
	-1	돈을 벌지 못한 경우를 찾아보자.	2가지 찾으면 1점
	-2	계획만 세운 경우를 찾아보자.	3가지 이상 1점
	-3	네 자매가 다른 사람을 도와주기 위해 사용한 방법 외에 다른 방법을 찾아서 계획서(또는 홍보물)를 만들어보자.	실행가능성, 창의성에 따라 1~3점

아이들 대부분 심부름, 용돈 절약을 말했고 일부는 벼룩시장에서 자기 물건 팔기, 모금 계획을 세웠다. 두레 선생님들께 아이들 계획을 실천해보라고 권했다. 그러면 살아있는 수업이 된다.

㉣ 이야기 독서토론 연수(60분)

아이들이 집으로 돌아간 뒤에 선생님들에게 독서토론 발문하는 방법을 알려드렸다. 토론 주제를 정하고, 두뇌싸움에서 했던 활동처럼 1-1, 1-2, …… 1-5, 1-6으로 질문을 차례차례 만들고, 쉬운 질문부터 어려운 질문으로, 간단한 질문부터 복잡한 질문으로 준비했다고 알려드렸다.[*6] 토론을 진행하는 방법을 알려드리며 잘 듣는 태도가 가장 중요하다고 말씀드렸다.

* 6 발문하는 자세한 방법은 『책벌레 선생님의 행복한 독서토론』 137~151쪽을 참고하기 바란다.

㉮ 책 읽자 놀이로 마음 열기

책 읽자 놀이를 했다. 서너 판 한 뒤에는 꼴찌가 다음 두레로 옮겨가게 했다. 아이들이 책 읽자 외친 친구를 쫓아가며 즐거워했다.

㉯ 이야기 독서토론(90분)

여덟아홉 명씩 4개 두레로 나누고 1개 두레는 내가, 3개 두레는 두레학교 선생님이 토론을 진행했다. 준비한 발문을 선생님들께 드렸다.

발문 1	웬디와 개빈 사이에 일어난 일을 말해보자.	
1-1	웬디와 개빈의 관계를 낱말, 색깔, 노래, 속담, 책 등으로 표현해보자. 왜 그렇게 표현했는지 설명해보자.	
1-2	웬디가 개빈에게 하는 것(버스에서 웬디가 개빈의 도시락을 먹고, 종처럼 부리고~)처럼 행동하는 친구를 본다면 어떻게 해야 할까?	
1-3	웬디와 개빈이 헤어진 뒤에 둘은 각각 무엇을 할까?	(웬디는 여성해방운동, 개빈은 새 관찰)
1-4	개빈이 새를 관찰하는 곳에 나오미가 같이 간 적이 있다. 왜 갔을까?	(조지 왕의 보물을 찾기 위해)
1-5	개빈과 나오미가 늪지대에서 발견한 보물은 무엇일까?	(석양의 아름다움)
1-6	사람들이 모르는 보물이 어딘가에 숨겨져 있다면, 어디일까?	날마다 삶에 놀라움이 있다는 것을 알려주고 싶어서 만든 질문이다.

발문 2	**동물원에 가 본 경험을 말해보자.**
2-1	피비는 기분 나쁘게 생각하는 사람을 자기가 만든 동물원에 가둔다. 피비의 동물원을 어떻게 생각하는지 말해보자.
2-2	피비가 동물원에 있던 사람을 다 꺼내주고 마지막에 엠마 할머니 이름을 쓴 종이를 잔뜩 넣는다. 왜 그랬을까? (할머니가 아무 말도 하지 않고 돌아가셔서)
2-3	피비의 동물원처럼 자신의 동물원을 만든다면 누구 이름을 써넣을까? 대상과 이유를 써보자.
2-4	여러분은 누군가에 대해 불만이 생기면 어떻게 해결하는지 말해보자.

발문 3	**후원금을 마련하는 일이 네 자매에게 점점 부담스러운 짐이 되어갔다. 그래도 끝까지 후원해야 할까? (찬성, 반대)**
3-1	'나도 해방되고 싶다.' 나오미는 이런 생각을 했다. 정원이 필요한 노부부, 교육이 필요한 아프리카 소년, 가둬 둬야만 하는 아무 짝에도 쓸모없는 자매들로부터 자유로워지는 그런 삶을 상상해 보았다. (278쪽) 이런 생각을 한 적이 있나? 언제, 왜 그렇게 생각했는지 소개해보자.
3-2	여러분은 무엇으로부터 해방되고 싶은지 써보자.

발문 4	**네 자매가 한 일 중에 꼭 해보고 싶은 일을 소개해보자.**
4-1	네 자매가 도와준 대상을 모두 찾고, 그 대상에게 어떤 도움이 필요했는지 설명해보자.

4-2	토비 할아버지가 말했다. "너희들이 아는 것보다 너희들은 우리한테 훨씬 많은 일을 해주고 있단다. 아, 어쨌든 언젠가 제대로 계산하자꾸나." 아이들이 할아버지, 할머니를 위해 무얼 해주고 있을까? (302쪽) (선생님들께 : 아이들이 눈에 보이는 것만 말한다면 보이지 않는 것을 찾아보자고 하자.)	- 외로움을 달래줬다. - 친구가 되어줬다. - 정원을 만들어줬다. - 아주 늙었다는 느낌이 더 이상 들지 않게 해줬다.

발문 5	엠마 할머니가 돌아가신 사실을 안 뒤에 루스와 나오미는 3일 동안 학교에 가지 않고 할아버지에게 갔다. 여러분이 교장이라면, 엄마라면 어떻게 할까? (나는 이렇게 할 것이다. 왜냐하면~ 예를 들어~ 다시 말하자면~ 형식으로 말하기)

발문 6	두 의견 중에 한 쪽을 선택해서 찬반토론을 해보자. (1) 네 자매처럼 행동해서라도 아프리카에 사는 아이를 도와주어야 한다. (2) 아프리카에 사는 아이를 돕지 못하더라도 네 자매가 바르게 행동하는 게 더 낫다.

토론할 때 쓰려고 질문을 준비했지만 그대로 하지는 않는다. 아이들 반응에 따라 순서와 내용을 바꾼다. 두레 학교 선생님은 제시한 발문 순서대로 토론했다. 그러나 나는 아이들이 책 읽은 소감으로 이웃돕기를 말했기 때문에 곧장 4번 질문을 했다.

네 자매가 조셉에게 보낼 돈을 구하다가 사건을 일으킨다. 이 과정에서 은연중에 이웃을 돕는다. 특히 토비 할아버지와 엠마 할머니가 도움을 많이 받았다. 아이들이 정원을 만들어줬고, 아이들 덕분에 외롭지 않았다. 어린 시절 추억을 떠올렸으며, 더 이상 아주 늙었다는 느낌이 들지 않게 되었다.

우리가 알게 모르게 서로 돕는 사람을 찾아보았다. 도와주고 싶었지만 돕지 못했던 사람, 도움이 필요한 사람도 찾아보았다. 길을 가다가, 지하

철에서 손을 내미는 사람부터 학교와 동네에서 만나는 사람들을 어떻게 바라보고, 어떻게 도와야 하는지 생각했다. 그러면서 토론 내용이 사람들 사이의 관계에 대한 이야기로 나아갔다. 그래서 준비한 질문 중에 2번 주제를 토론했다.

피비는 기분 나쁘게 하는 사람 이름을 종이에 써서 자기가 만든 동물원 쇠창살 안에 넣는다. 여덟 살 어린아이의 화풀이를 보고 엠마 할머니가 따라 한다. 지금까지 할머니를 힘들게 한 사람들의 이름을 동물원에 넣으면서 할머니가 즐거워한다. 아이들도 동물원에 넣고 싶은 이름이 있는지 물었다.

대부분 가족을 말한다. 몇몇 아이가 언니와 오빠가 없으면 좋겠다고 하자 다른 아이들이 동생 때문에 짜증 난다고 했다. 서로 바꿔서 동생이 있는 아이에게 언니와 오빠를 보내고, 언니와 오빠가 있는 아이에게 동생을 주면 어떻겠느냐 하니 모두 찬성한다. 서로 주위에 있는 사람이 얼마나 힘들게 하는지 호소한다. 동시에 자기에게 없는 형제자매를 데려오고 싶어 한다. 지금 있는 형제자매를 보내고 없는 형제자매를 데려오면 행복할까?

"네! 그 사람이 있으면 행복할 거예요. 이 사람은 너무 힘들어요! 어떻게 그럴 수 있는지 모르겠어요."

한다.

그러고 나서 아이들에게 만유인력의 법칙을 설명했다. 만유인력의 법칙은 $F=G\frac{m_1 m_2}{r^2}$ 로 나타낸다. 인력, 즉 서로에게 영향을 주는 힘은 두 물체의 질량($m_1 m_2$)에 비례하고 거리의 제곱(r^2)에 반비례한다. 두 물체가 가진 질량, 즉 영향력이 아무리 커도 거리가 멀면 큰 영향을 주지 못한다. 태양의 지름이 달의 지름보다 400배 크지만 달이 지구에 미치는 영향이 더 크다. 달이 태양보다 지구에 400배 더 가까이 있기 때문이다.

길거리에서 지나가던 사람이 욕하면 재수 없다고 말하면 된다. 관계의 거리가 멀기 때문에 상처가 되지 않는다. 그렇지만 가까운 가족이 욕하면 재수 없다는 것만으로는 해결이 안 된다. 너무 가깝기 때문에 크게 영향을 받는다. 관계가 가까운 사람이 주는 상처는 크게 다가온다. 아이들이 가족으로 삼고 싶은 그 사람은 멀리 있다. 만약 그 사람이 가까이 다가오면 아이들을 힘들게 할 게 틀림없다.

만유인력의 법칙으로 마음의 거리와 상처의 크기를 설명했더니 고개를 끄덕인다. 아이들에게

"가까이 있는 사람과 잘 지내야 한다. 물론 무조건 양보하고 참으라는 말이 아니다. 싫어하고 짜증내는 건 자기를 보호하는 행동이다. 그러나 가족은 너무 가까운 사이이기 때문에 자기를 보호하는 행동이 상대를 찌르고 아프게 하는 경우가 많다. 차라리 피비처럼 동물원을 만들고, 상대가 모르게 또는 웃어넘기는 방법으로 아픔을 씻어내는 게 낫다."

하고 말했다.

토론을 마치며 소감을 물었다.

- 주인공 마음에 다가갔다. 주인공 입장이 되어볼 수 있었다.
- 내 마음을 솔직하게 표현할 수 있어서 좋았다.
- 피비가 이해가 안 되었는데 이해가 되었다.
- 동물원을 안 좋게 봤는데 좋은 방법이라고 생각한다.
- 속이 시원하다. 인생이 만만치 않다고 느꼈다.
- 네 자매가 왜 이러나 했는데 이젠 행동을 이해하게 되었다.
- 내 삶을 다시 돌아볼 수 있었다.

토론이 끝난 뒤에 토론 과정을 지켜본 두레학교 선생님이 조용히 나를 불렀다. 사람 사이의 관계를 만유인력의 법칙으로 설명한 내용과 아이들의 토론 모습을 보면서 당신의 아픔을 이야기하셨다. 책놀이, 내용을 재미나게 알아보는 퀴즈, 두뇌싸움이라는 이름으로 책 내용을 자세하게 알아본 건 이야기 토론을 위해서이다. 아이들이 나눈 이야기는 토론을 지켜본 교사의 마음도 움직였다.

㉰ 독서감상문 쓰기(40분)

김득신 이야기로 독서감상문을 어떻게 쓰는지 설명했다.*7 『책벌레들의 비밀 후원 작전』은 작가가 책을 쓴 까닭을 찾으면 글이 달라진다고 알려주었다.

"작가가 책을 쓴 까닭을 알면 생각하지 못한 글을 쓸 거야. 이틀 동안 활동하면서 내가 알려주고 싶었던 게 바로 작가가 책을 쓴 까닭이야. 이걸 붙잡고 글을 써봐!"

라고 말해주었다. 진지하게 토론해서 그런지 금세 아이들이 글쓰기에 빠져들었다.

김수

아, 스트레스

항상 쌓여있는 스트레스~ 이 책의 피비가 슬픈 거, 스트레스 푸는 방법!!

동물원과 같은 우리를 만들어 싫어하는 사람 가두어 놓기. 우리 이름도 재치 있게 쓰면 스트레스가 줄어든다. 자신의 스트레스를 마음에 품기보다 속 시원하게 그때그때 풀어버리기. '나도 만들어볼까?' 이런 생각이 들었다.

피비는 가족, 엄마, 아빠, 언니…… 많은 중요한 사람들이 자신을 속상하게 했다고 동물원을 만들어 가두어 놓았다. 자기 마음을 풀고 싶어서 한다 해도 가장 가까운 사람, 중요한 사람을 가두는 행동은 잘못인 것 같다. 하지만 상처를 받는 것도 자신과 가깝기 때문에 상처를 받는 것이다. 그리고 나도 한편으로는 동물원을 만들기까지 하면서 자신의 생각과 마음을 조절하고 절제하는 피비의 행동을 본받고 싶다.

예전에 나도 비밀 일기장을 만들어서 내 비밀, 좋아하는 사람, 더 어렸을 때는 싫어하는 사람도 적었다. 그러면 조금이나마 마음이 풀렸던 기억이 난다. 이런 것이 피비의 행동 같은 게 아닐까 하는 생각이 든다. 그리고 마지막에 피비가 동물원 갇힌 사람을 모두 풀어주고 엠마 할머니만 가두어 놓은 장면도 많이 생각난다. 나도 갑자기 떠나버린 수아와 구리 주변 고등학교에 간 수아의

*7 『책벌레 선생님의 행복한 책이야기』 145~166쪽을 참고하기 바란다.

오빠가 너무 미워서 많이 울었던 기억…… 다 가깝기 때문인 것 같다. (…)

피비는 동물원에 가두면서 슬픔을 없앴지만 나는 그냥 무시하고 내가 좋아하는 피아노, 수학 풀기, 영어회화 연습하기, TV 보기, 뒹굴뒹굴거리면서 슬픔을 푼다. 나는 모두가 행복하면 좋겠다. 각자만의 슬픔을 푸는 방법으로 웃음이 가득하면 정말 좋겠다.

독서감상문을 다 쓴 아이들은 보드게임 '딕싯'을 응용한 놀이를 했다. 도화지에 책 내용을 그려 만든 보드게임이다. 아이들과 보드게임을 할 동안 두레학교 선생님들이 아이들이 쓴 글을 사진으로 찍어 빔 프로젝트로 보여주셨다.

독서 캠프 마지막 활동으로 아이들이 쓴 글을 어떻게 고치는지 설명했다. 아이들 글을 보면서 주제, 글의 전개방식, 문체, 더 써야 할 내용과 빼야 할 내용 등을 알려주었다. 실제 독서토론 할 때는 앞에서 했던 독서감상문 쓰기 대신 후기를 쓰고 끝내면 된다. 아이들을 좌절시키지 않으면서 글 고치는 방법을 알려줄 사람이 있을 때 해야 한다. 마지막으로 30분 동안 소감문을 썼다.

책을 일상으로 만드는 진짜 독서 캠프(2박 3일)

처음 독서 캠프를 할 때 무얼 할지 몰라서 책에 나오는 내용에 관한 활동을 그대로 했다. 전국에서 모인 스물네 명의 아이들과 교사 여덟 명이 2박 3일 동안 책으로 놀았다. 지금까지 한 수십 번의 독서 캠프 중에서 가장 기억나는 캠프이다.

㉮ 프로그램을 준비한다

학교에서 독서 캠프를 하면 지난해 계획이나 인터넷에서 찾은 프로그램 그대로 하는 경우가 많다. 무엇이건 잘 알수록 자신 있게 가르친다. 그림 잘 그리는 분은 독서 캠프에서도 그림을 그린다. 운동 좋아하는 분은 아이들과 운동장에서 논다. 나는 미술에 자신이 없어서 미니북 만들기, 독서감상화 그리기를 피하고 내가 잘하는 것들로 프로그램을 만들었다.

2박 3일 독서 캠프 일정표

시작	첫날	둘째 날	셋째 날
07시		기상 및 세면	기상 및 세면
08시		아침 식사 (조별로)	아침 식사 (조별로)
09시		요상한 독서퀴즈대회	글 고치기
10시			독서토론 2
11시		조별 활동 발표하기	
12시		점심 식사	캠프 후기 쓰기
13시	자기소개, 조 정하기	간식 만들기	점심 식사
14시		자연을 읽어보자. (미션 수행)	헤어짐의 시간
15시	목공 활동		집으로
16시			
17시	조별 계획 짜기		
18시	저녁 식사	저녁 식사	
19시	독서카드 만들기	편지쓰기	
20시	독서토론 1 (이야기식 독서토론)	독서 보드게임	
21시			
22시	모닥불 피우기	독서감상문 쓰기	
23시	잠자기	잠자기	

'책상에 앉아서 지루한 활동'을 하는 캠프는 싫었다. 어른들은 책을 읽으면 다양한 경험을 한다고 말하지만 실제로 겪게 하진 않는다. 자신도 읽지 않으면서 읽으라고 강요한다. 책에 나온 놀이를 하고, 주인공들이 먹은 음식을 먹고, 등장인물과 같은 경험을 하면 아이들이 진짜로 책을 읽는다. 직접 겪게 해주고 싶었다.

㉯ 캠프 시작하기 전에 두 가지 과제를 냈다

교사들에게 두 가지 과제를 냈다. 먼저 교사 여덟 명이 하나씩 조사하도록 여덟 가지 과제를 만들어 독서 캠프 3일 전까지 보내달라고 했다. 두 번째는 이야기 독서토론 발문을 부탁했다. 독서토론은 발문이 가장 중요하다. 책을 읽고 아이들에게 어떤 질문을 할지 미리 생각한 사람은 토론을 대하는 자세가 다르다.

나는 숙소, 모닥불 피울 곳, 등산 장소를 답사했다. 목공 재료와 도구를 준비하고 상품, 점화기, 장작, 고구마, 호일, 색연필, 싸인펜, 전지, 색상지, A4 용지, 빔 프로젝터, 스크린을 준비했다. 대상 도서에 나온 음식 재료(감자, 베이컨, 달걀)와 까나페 만들 재료, 독서토론 발문지, 독서감상문 쓸 종이, 독서카드(두꺼운 도화지 한 장을 16칸으로 자른 것), 글쓰기 용지를 챙겼다.

선생님들에게 조사하라고 한 과제를 정리하면 아래와 같다.

① 책에 등장하는 인물 이름 조사 : 루스, 나오미, 레이첼, 피비, 웬디, 그레이엄 등의 이름 뜻과 유래

② 책에 나오는 식물 조사 : 데이지, 미나리아재비, 소리쟁이, 장미, 라즈베리, 스위트피, 로간베리, 래디시, 까치밥나무, 파슬리, 양상추, 콩, 토마토, 서양자두나무, 물푸레나무, 양딱총나무, 검은딸기 등의 사진과 설명

③ 책에 나오는 노래 : Amazing Grace, Moonlight and Roses, Lilli Marlene 가사와 악보, 노래가 생긴 배경 조사

④ 책에 나오는 요리와 재료 확인 : 네 자매가 베이컨, 달걀, 감자를 가지고 바닷가에서 하는 요리와 다른 요리 확인

⑤ 조상들의 일기예보 방법 조사 : 그레이엄이 네 자매에게 섬이 보이면 비가 오고, 섬이 안 보이면 지금 비가 오고 있다는 거라고 말한다. 우리

조상들이 자연 현상을 보고 날씨를 알아낸 것과 비슷해서 조사했다.

⑥ 책에 나오는 삽화를 모두 스캔해서 출력한다.

⑦ 책 제목으로 POP를 만들어 온다.

⑧ 책에 나오는 정보 조사 : 고디바 부인(존 콜리어가 1898년에 그린 그림) 등

㉰ 독서 캠프 첫째 날

① 친해지기 활동

전국 곳곳에서 학생과 교사가 모였다. 다들 너무 멀리서 왔다. 세 시간, 네 시간, 여섯 시간 버스를 타고 온 분들을 보고 부담되었다. 후기를 받기 전까지 내내 이런 마음이었다. 참가자들도 낯선 곳에서 낯선 사람과 있으려니 긴장되나 보다. 이미 알고 있는 사람과 독서 캠프를 한다면 책 관련 별칭 정하기 같은 활동을 하겠지만 모르는 사람과는 어색하다. 친해지는 활동을 했다.

모두 둥글게 앉은 뒤에 얼굴에 스티커 붙이기 놀이를 했다. 각자 스티 커를 스무 개씩 갖고 돌아다니면서 아무나 만난다. 상대방에게 자기를 소개하고 가위바위보를 해서 이긴 사람이 진 사람 얼굴에 스티커를 하나 붙인다. 짝을 바꿔가며 같은 활동을 되풀이한다. 가지고 있는 스티커를 모두 사용하면 앉고 싶은 자리에 앉는다. 얼마 지나면 참가자 모두 얼굴에 스티커를 잔뜩 붙인 채 앉는다.

얼굴에 스티커 붙인 채로 둥글게 앉은 뒤에 손님 모셔오기를 했다. 참가자보다 의자를 하나 더 놓고 둥글게 앉았다. 의자가 하나 더 많으므로 빈 의자가 생긴다. 빈 의자 좌우편 사람이 일어나서 한 사람을 정해 다가간다. 그 사람 좌우에 서서 한쪽씩 손을 잡고 자기들이 앉았던 자리로 모셔온다. 모셔온 사람을 빈 의자에 앉히고 두 사람은 양쪽 제자리에 앉는다. 손님으로 온 사람이 자기를 소개한다. 그 사람이 처음에 앉아있던 자리가 비게 되므로 좌우편 사람이 같은 방식으로 누군가를 데려와서 계속 소개한다.

얼굴에 스티커 붙이면서 친해졌고, 손님 모시러 다니면서 골고루 섞여 앉았다. 이어서 모둠을 정했다. 교사 한 명, 학생 세 명이 둥글게 앉

아서 하얀 거짓말 놀이로 자기 소개하기를 했다. 스티커 붙이고 손님 모셔오고 하얀 거짓말 하면서 두 시간 만에 친해졌다.

② 독서카드 만들기

저녁 먹고 조별모임을 했다. 도화지 한 장을 열여섯 조각으로 자른 조각에 그림을 그려 독서카드를 만드는 활동이다. 인물, 장소, 배경, 사건…… 책과 관련된 건 뭐든 좋다. 삽화를 따라 그려도 되고 상상해서 그려도 된다. 책에 나오는 그림과 똑같이 그려도 되고 느낌을 추상화해서 그려도 된다. 다양한 그림이 많을수록 좋다.

만난 지 여섯 시간밖에 안 되었는데 뭐가 그리 재미난지 깔깔대고 재잘대며 그렸다. 어떤 장면을 그리는지 물어보고 무엇을 그리는지 서로 맞히기도 한다.

"이거 그려서 뭐해요?"

물어도

"내일 알게 될 거야! 많이 그릴수록 내일 재미있어질 거야!"

했다. 그림 잘 그리는 학생은 정확하고 꼼꼼하게, 부족한 학생은 느낌을 설렁설렁 그렸다. 다양한 표현이 가득한 카드로 보드게임을 하면 어떤 표정일지 기대가 되었다. 카드로 무엇을 할지 끝까지 말해주지 않았다. 내일을 기대하며 잠자리에 들면 행복할 테니까.

③ 이야기 독서토론

저녁 8시부터 독서토론을 했다. 긴장을 풀고 마음을 열게 하기 위해 책을 읽지 않고도 대답할 수 있는 배경지식에 관한 질문으로 시작한다. 여섯 가지 발문을 모두 할 필요는 없다. 참가한 아이들에게 어울리는 질문은 자세하게 묻고, 맞지 않는다고 생각하면 생략한다.

배경지식에 관한 질문

발문 1	대부분 방학을 좋아하지만 싫어하는 아이도 있습니다. 여러분은 방학을 좋아하나요? 싫어하나요? 이유를 들어 말해보세요.
발문 2	지금까지 몇 번 방학을 겪었습니까? 가장 기억나는 방학은 언제인가요? 그때 무엇을 했나요?
발문 3	책을 스스로 읽는 편인가요, 누군가 강요해서 읽나요? 언제 주로 책을 읽나요? 어떤 책을 읽나요? 말해보세요.
발문 4	여러분이 아는 사람 중에 특별한 사람이 있나요? 어떻게 특별한지 소개해주세요. 책을 좋아하는 것도 특별한 거랍니다.
발문 5	여러분만의 취미가 있나요? 소개해주세요.
발문 6	방학 동안 여행을 간다면 누구와 어디에 가고 싶나요? 특별히 가고 싶은 장소, 만나고 싶은 사람이 있나요?

방학을 좋아하는지, 가장 기억나는 방학은 언제인지 물었다. 한 문장으로 짧게 대답한다. 책을 좋아하는지 물으니 대부분 별로 좋아하지 않는다고 한다. 독서카드 만들 때는 재잘대며 편하게 말하더니 토론에서는 정답 알아내기처럼 말한다. 네 자매 취미를 물어도 역시 단답형이다. 방학 동안 어디로 여행가고 싶은지 물었더니 계속 간단하게 말한다. 긴장했나 보다.

이어서 본격 토론을 시작했다.

대상 도서 내용으로 시작해서 자기 이야기로 이어지는 질문

발문 1	네 아이가 나옵니다. 누구일까요?
1-1	네 자매의 특징을 각각 말해보세요.
1-2	네 자매 중에 한 명을 가족으로 데려온다면 누굴 선택하겠습니까?
1-3	네 아이가 한 일을 말해봅시다.(핑퐁게임)
1-4	네 아이가 한 일을 말했죠? 그 중에 직접 해보고 싶은 것이 있나요? 왜 그걸 하고 싶은지 이유를 말해보세요.
1-5	네 자매가 부모님과 함께 집에 있을 때 했던 어떤 행동을 했나요? 여러분 친구들이 그렇게 행동한다면 어떻게 생각하나요? (또는 어떻게 하겠습니까?)

발문 2	네 아이 외의 등장인물은 누가 있나요?
2-1	각 사람이 어떤 일을 했는지 말해보세요. (핑퐁게임)
2-2	여러분 주변에 등장인물과 비슷한 사람이 있다면 소개해주세요.
2-3	부모님이 네 자매를 할머니 집으로 보낸 이유를 네 아이의 특징과 관련지어 말해보세요.
2-4	아이들이 부모님과 함께 있을 때와 할머니 집에 있을 때 이웃 간의 관계가 달라집니다. 어떻게 달라질까요?
2-5	고향 링컨셔와 할머니가 사는 컴브리아의 다른 점을 말해보세요.

발문 3	네 아이는 왜 할머니 집에 가게 되었나요?
3-1	여러분에게 1000만원이 생긴다면 무얼 하고 싶나요?
3-2	여러분 부모님은 1000만원으로 무얼 하고 싶으실까요?
3-3	네 자매는 자기 몫의 돈을 각자 받고 싶어 합니다. 부모님은 집을 고치려고 합니다. 여러분이라면 각자 받고 싶나요? 부모님 의견에 따를 겁니까?

발문 4	할머니에 대한 아이들의 생각은 어떻게 달라지나요?
4-1	할머니의 좋은 점과 나쁜 점을 찾아봅시다.
4-2	할머니가 아이들에게 책을 주지 않은 건 잘한 일일까요? (찬반)
4-3	왕할머니가 여러분과 한 달 동안 살게 된다면 할머니는 여러분을 위해 무얼 해주실까요? 자매들을 위해 책을 다락방에 올려놓으신 것처럼 여러분을 위해 무엇을 치워버릴까요? 무얼 하라고 할까요?
4-4	할머니가 아이들에게 끼친 좋은 영향은 무엇일까요?
4-5	아이들은 할머니를 위해 어떤 일을 해드리나요?
4-6	여러분은 사랑하는 사람을 위해 기억에 남는, 의미가 있는 일을 해준 적이 있나요?
4-7	가족에게 여러분은 어떻게 사랑을 표현하나요?

발문 5	"갑자기 루스는 영광을 얻는 일이 그다지 재미있는 일이 아니라는 생각이 들었다. 명성을 유지하려면 영웅적인 행동을 계속해야 하는 것인가? 말벌 다음에는 또 무엇을 해야 한다는 걸까?"
5-1	어떤 상황에서 나온 말일까요?
5-2	인기나 명성을 유지하려면 정말 영웅적인 행동을 해야 할까요? (찬반토론)
5-3	허세를 부리다가 낭패를 겪은 적이 있다면 말해보세요.

발문 6	피비의 예상이 맞았다. 콘로이 부인은 레이첼을 때렸다.(53쪽)
6-1	레이첼은 무엇 때문에 맞았을까요?
6-2	여러분도 맞아본 적이 있나요?
6-3	아이가 잘못했을 때 때릴 수 있다. (찬반토론)
6-4	여러분이 잘못했을 때 부모님이나 선생님이 어떤 방법으로 가르치면 좋을까요?

발문 7	책에 나오는 인물은 성격에 맞지 않게 평소와 다른 행동을 합니다. 어떤 행동이 있나요? (양동이낚시처럼 아이들이 하는 이상한 행동이 아니라 아이 성격에 맞지 않게 변한 행동 - 나오미가 동굴에 다시 간 일, 기브스를 한 채로 밤에 정원에서 이랑을 만드는 일 등을 말함)
7-1	책에서 네 자매는 할머니와 그레이엄을 잘못 판단합니다. 어떻게 잘못 판단하나요?
7-2	여러분은 누군가에게 오해 받은 적이 있나요?
7-3	여러분이 누군가를 잘못 판단한 적이 있나요?

발문 8	책을 읽고 어떤 생각이 들었나요?
8-1	힐러리 매케이는 왜 이 책을 썼을까요?

준비한 질문은 대상 도서 내용을 확인하고, 아이들의 삶과 연결하도록 만들었다. 책 내용에서 자기 이야기로 자연스럽게 이어지도록 질문하고 토론했다.

네 자매 특징을 말하고 한 명을 가족으로 데려온다면 누굴 원하는지 말할 때까지는 여전히 분위기가 무겁다. 두 편으로 나눠 네 아이가 한 일로 핑퐁게임을 하면서 긴장이 풀렸다. 말을 하지 않으면 지기 때문에 점점 활발하게 대답한다.

네 자매는 말썽을 자주 일으킨다. 구더기 경주를 하다가 구더기가 마당을 돌아다니게 만든다. 옷에 물감을 왕창 묻혀 오고, 쓰레기처럼 보이는 만들기 작품을 질질 끌고 온다. 지저분하고 더럽고 시끄럽다. 콘로이 씨는 아이들을 자유롭게 키운다. 엄마는 아이들 말을 무시하며 듣지 않는다. 부모 태도가 좋지는 않지만 이해한다. 네 자매가 지나치기 때문이다. 캠프에 참가한 아이들도 네 자매가 지나치다고 생각할 줄 알았는데 아니었다. 피비는 여섯 살, 레이첼은 여덟 살이니 당연히 지저분하고 이상한 짓을 한다고 말한다.

예상과 다른 대답을 듣고 질문을 바꾸었다.

❶부모가 네 자매를 대하는 태도를 물었다. 아빠는 일을 열심히 하지만 아이들을 방치한다. 선물 주고, 잠깐 놀아주고, 이벤트 한번 하면 된다고 생각한다. 엄마는 아이들 뒤치다꺼리를 하지만 의견을 무시하고 들어주지 않는다. 자기 말만 계속한다. 아이들 이야기를 들어보니 한국 부모와 똑같다.

❷할머니는 어떤지 물었다. 할머니는 아이들이 책을 좋아한다고 감춰버린다. 비가 오는데 내쫓고 음식 재료만 주고 알아서 먹으라고 한다. 억지로 산에 끌고 가고 계속 일과 심부름을 시킨다. 그런데도 할머니가 엄마보다 낫다고 한다. 아이들을 이해하기 때문이라고 대답한다. 할머니는 눈앞의 일에 매이지 않고 멀리 내다보며 아이들을 이끌어간다. 자신만의 자녀양육 철학이 있다는 뜻이다. 할머니가 엄마와 다른 까닭을 물으니 아이를 길러보았기 때문이라고 한다.

"할머니도 엄마일 때는 콘로이 부인처럼 무시하고 자기 말만 했을 텐데 어떻게 변했을까?"

"로버트!"

로버트는 할머니 아들, 네 자매의 삼촌이다. 청소년 시절에 가출해서 지금까지 소식이 없다. 할머니는 로버트를 보면서 아이를 어떻게 키워야 하는지 생각하게 되었을 것이다. 무조건 오냐오냐하진 않지만 아이들 마음을 알아준다.

두 번째 쟁점은 링컨셔와 컴브리아의 차이이다.

네 자매는 부모님과 링컨셔에서 살다가 방학에 컴브리아에서 할머니와 지낸다. 링컨셔에서 아이들은 학교와 집을 오갔다. 다른 장소가 나오지 않았다. 이웃도 나오지 않고 친구와 교직원만 나온다. 마을이 어떻게 생겼는지, 학교 오가는 길에 무엇이 있는지 언급하지 않는다. 컴브리아에선 이웃 사람들이 여럿 나온다. 그레이엄을 만나고 그레이엄 집에 초대받아 갔다. 그레이엄 할아버지를 집에 모셔다드렸다. 마을 사람을 만나고 이야기를 나누었다. 바닷가, 들판, 가게, 산과 동굴이 연이어 나온다.

두 곳은 확실히 다르다. 도시인 링컨셔는 차갑고 딱딱하다. 시골인 컴브리아는 따뜻하고 정겹다. 컴브리아 사람들은 네 아이를 자기 마음대로 판단하고 배타적이지만 정이 많다. 뒤늦게 등장하는 소방대장도 따뜻하다. 해변에서 모닥불을 피워 음식을 해 먹어도 되고, 산에서 오소리 굴을 찾을 수도 있다. 문명의 혜택을 조금 덜 누리지만 아름다운 곳이다.

엄마와 할머니가 다르다. 링컨셔와 컴브리아는 많이 다르다. 두 곳에서 아이들은 다른 모습으로 자랐다. 아이를 어떤 환경에서 어떻게 키우는 게 나을까? 어떤 방식으로 아이를 대하고 가르쳐야 할까?

❶아이들과 이야기를 나누며 '아빠는 도대체 무엇하는 분인가?' 물었다. 돈 벌기 위해 열심히 일하지만 아이들에게는 관심이 없는 아빠! 늘 바쁘고 힘들어하면서 잔소리를 끝없이 해대는 엄마! 학교와 학원과 집을 오가는 아이들! 우리와 비슷하다. 토론을 마치며 아이들이 컴브리아에서 할머니를 만나고 싶다는 마음을 표현했다.

❷링컨셔와 컴브리아에서의 생활을 바꿔 물었다.

"스마트폰과 인터넷 같은 문명의 혜택을 누리며 경쟁 속에 사는 게 나을까? 스마트폰 없고 인터넷 잘 안 되지만 경쟁이 없는 곳에서 사는 게 나을까?"

아이들은 문명의 혜택과 경쟁을 선택했다. 링컨셔에서 스마트폰 갖고 인터넷 게임하며 살고 싶다는 뜻이다. 앞에서는 링컨셔보다 컴브리아가 낫다고 했지만 실제로 선택하라고 하니 모두 링컨셔를 선택했다.

삼척 아이들은 문명의 혜택을 포기하더라도 경쟁이 없는 곳에서살고 싶다고 했다. 왜 차이가 날까? 삼척 독서반 아이들은 나와 2년 정도 함께 책을 나누었다. 독서반 초기에는 삼척 아이들도 문명 혜택을 부러워했다. 2년 동안 책 읽고 토론하고 글을 쓰면서 문명의 혜택보다 여유를 갖고 생각하며 사는 게 낫다고 결정하게 되었다. 반면 이번 캠프에는 책을 별로 읽지 않는 아이들이 참가했다. 도시에서 문명의 혜택을 즐기며 살던 아이들이 문명의 혜택을 포기하지 못하는 게 당연하다.

토론을 지켜보는 교사들이 놀랐다. 자연스럽게 이야기하면서 이 정도까지 나누다니 대단하다고 말했다. 나도 놀랐다. 토론을 위한 질문지가 생각의 범위를 제한하는 담이 되면 안 된다. 사회자가 언제든지 질문지를 뛰어넘어야 한다. 대화가 이끌어가는 곳으로 자연스럽게 따라가야 한다. 그럼 교사와 아이 모두 놀라는 지점까지 이야기를 나누게 된다.

일곱 가지 주제로 발문을 준비했지만 실제에서는 1, 2, 4번 주제만 토론했다. 그래도 괜찮다. 이것만으로도 아이들은 책 한 권으로 어디까지 이야기를 할 수 있는지 느꼈을 것이다. 줄거리만 아는 수준을 뛰어넘어 책이 삶에 깊이 연결되어 있다는 걸 깨달았을 것이다.

이근호

독서 캠프에 대해 부정적인 생각을 가졌다. 어릴 적에는 그나마 책을 꽤 많이 읽었지만 중학생이 되면서 책에 대한 관심이 줄었다. 엄마가 독서 캠프 이야기를 해주셔서 힘들었지만 꾸역꾸역 책을 읽었다. 책을 집중하여 읽지 못하는 성격이라 내용에 흥미도 못 느꼈다. 그런데 독서 캠프에 와서 첫째 날 토론을 하면서 굉장히 많은 생각을 하게 되었다.

지금 도시와 시골의 문명 발달에 대해서 알기도 했고 가족의 중요성도 느꼈다. 같이 토론하고 이야기한다는 것 자체가 좋다. 누군가와 이야기를 나눈다는 게 정말 좋은 일이라는 걸 다시 한번 느꼈다. 서로의 생각을 공유하고 문제점을 제시할 수 있고 같이 해결해 나간다는 게 매력적이다. 평소에 글쓰기를 잘하는 편이 아닌데 생각을 꾸준히 적는 건 좋아하는 편이다. 몰랐던 사실을 알 수 있어서 좋았고 같이 활동할 수 있어서 만족스러웠다. 또 우리 학교 학생만 있었다면 적응이 안 되었을 것이다.

토론 끝나고 선생님 한 분이 "우리 조에 책을 열 번 읽은 학생이 있어요. 토론하다가 모르는 내용이 나오면 그 학생이 정확하게 말해주는데 깜짝 놀랐어요. 책을 열 번이나 읽을 줄은 상상도 못 했어요." 한다.

내 첫째 딸은 『책벌레들의 책 없는 방학』을 50번 넘게 읽었다. 나오미 왼쪽 팔이 부러졌는데 삽화는 오른쪽 팔에 깁스가 되어 있다(231쪽)

고 알려줄 정도로 자세하게 봤다. 책에 풍덩 빠져서 책이 삶이 되고, 삶에 책이 묻어난다. 그러면 대화가 자연스럽게 토론이 된다.

토론을 특별한 프로그램으로 생각하지 말자. 유행하는 여러 가지 독서법을 몰라도 된다. 책 읽고 계속 이야기하면 충분하다. 정답을 찾으려 하지 말고 다양한 생각을 만나도록 안내하면 된다. 책을 여러 번 읽으면 이야기하기 쉬워진다. 독서토론하면서 많은 교사와 학생이 책을 꼼꼼하게 읽어야겠다는 말을 했다. 이걸 느끼는 것만으로도 토론한 보람을 느꼈다.

④ 모닥불 피우기

네 자매가 베이컨, 달걀, 감자로 요리하는 장면이 나온다. 세 가지 재료를 주며 마음대로 요리하라고 했다. 아이들이 정말 마음대로 요리했다. 삶고, 굽고, 섞었다. 산에 가져가서 먹었다.

㉣ 독서 캠프 둘째 날

아침에 일어나니 아이들이 바깥에서 뛰어다니며 소리를 지른다.

"선생님, 여기 짐승 발자국이 있어요. 뭐예요?"

고라니가 눈 위에 발자국을 남겼다. 『책벌레들의 책 없는 방학』에서 루스가 오소리 굴을 찾아다녔다. 아이들이 고라니를 찾아다니는 모습이 루스 같다. 발자국이 이어진 곳을 따라가니 풀이 우묵하게 주저앉은 곳이 있다. 고라니가 앉았던 곳이라 하니 귀 기울여 듣는다. 발자국을 남긴 고라니에게 감사한 아침이다.

① 우리끼리 독서퀴즈대회

아침 먹고 독서퀴즈대회를 했다. 쉬운 문제와 어려운 문제를 하나씩 만들어 우리끼리 독서퀴즈대회를 했다. 눈치작전이 치열하다.

"우리가 지금 꼴찌잖아. 그러니까 좀 맞혀봐!"

"지금 문제 내는 조가 1등이잖아. 우리 다 틀리자. 솔직하게 우리는 정답 안 쓸 거야. 다 틀려서 쟤들 떨어뜨리자!"

하면서 작전을 편다. 책 내용을 알게 되어 좋고, 스릴이 넘쳐서 재미있다.

내가 문제를 낼 때는 보통 퀴즈대회 같았다. 아이들 스스로 만든 문제로 할 때는 퀴즈대회가 아니라 런닝맨 하는 것 같다. 보너스 받으려고 서로 맞혀라, 말아라 하며 웃고 떠들고 즐겼다. 두 시간 동안 퀴즈대회하면서 지루하기는커녕 '언제 시간이 이렇게 지났지?' 했다. 잘하는 아이들만의 잔치가 아니라 모두 엎치락뒤치락 즐겁게 놀았다. 이어서 선생님 퀴즈를 냈다.

② 모둠 활동

독서퀴즈대회를 하면서 친해졌다. 어제 조별모임 할 때는 쭈뼛거리더니 오늘은 오래 사귄 친구처럼 대한다.

"두 시간 동안 조별 활동하고 발표할 거야. 『책벌레들의 책 없는 방학』과 관련된 활동이면 무엇이건 좋아. 주인공의 20년 후 모습을 소개해도 좋고, 릴리 마를렌을 연주해도 좋아. 기대할게."

라고 했다.

독서 캠프는 교사와 학생이 함께 만들어간다. 모둠활동은 아이들이 개성과 창의성을 보여줄 기회이다. 퍼즐을 만들고, 책 내용에서 한 부분을 골라 상상하고, 광고를 만들고 마음껏 생각을 펼쳤다. 처음 10~20분은 떠들기만 했다. 그러더니 한 사람이 아이디어를 꺼내면 덧붙여 온갖 아이디어가 나왔다. 자유로운 캠프 분위기 때문인지, 자연환경이 좋아서인지, 아이들이 원래 창의성이 뛰어나서인지 생각이 기발하다. 아이들이 낸 아이디어이다.

광고	• 할머니에게 드릴 책 바자회 광고 • 맨섬 수영대회 안내광고 • 어린이 컴브리아 대회 안내문 만들기
	• 연극을 만들어 해보자.
상상	• 그레이엄과 함께 간 채석장 동굴의 역사 지어내기 • 오소리 굴 안에서 일어난 일 지어내기 • 네 자매의 미래 모습 상상하기 • 가출한 삼촌 로버트는 무얼 하고 있을까? • 아이들이 왕할머니처럼 되는 미래 모습 상상하기 • 그레이엄 할아버지가 들려주는 이야기 만들기 • 네 자매의 학교생활 (아이들 일기 또는 교단일기) 쓰기
노래	• 네 자매 특징이 드러나게 4절 가사로 개사하기
연주	• 릴리 마를렌 연주, 어메이징 그레이스 연주
미술	• 책 내용 그리기, 등장인물 캐릭터 만들기
수학	• 책에 나온 숫자 활용해서 무언가 하기
	• 링컨셔와 컴브리아 비교 분석표

모둠활동 시간을 마친 뒤에 개인 별칭과 모둠 이름을 소개하며 활동 결과를 발표했다. 한 모둠은 등장인물의 성격을 반영해서 재미나게 상상해냈다. 다른 모둠은 악기를 연주해서 박수를 받았다. 가사를 바꿔 노래하면 함께 부르기도 했다. 독서퍼즐을 발표할 때는 아이들이 당장 맞히겠다고 덤벼들었다. 컴브리아 대회를 안내했을 때는 1년 뒤에 모두 참가하겠다고 소리를 질렀다. 어떤 공연보다 멋지고 짜릿했다.

나는 피비의 30년 뒤 모습을 상상한 내용이 좋았다. 피비가 왕할머니를 닮아 살아가는 모습을 표현했다.

"30년 뒤에 피비는 왕할머니를 좋아해서 점점 왕할머니를 닮아간다. 피비는 자신이 즐기던 취미를 다른 사람들에게도 널리 알리기 위해 학원을 연다. 학원이라기보다 아이들의 사랑방이어서 아이들이 많이 몰려온다. 양동이 낚시 학원! 양동이 낚시를 편안하게 즐기지 못하는 학생에게 팁을 주거나 혼을 내기도 한다. 무엇보다 피비는 할머니가 살던 컴브리아에 내려와 살면서 아이들에게 왕할머니 같은 존재가 되었다. 때론 포근하고 때론 무섭지만 아이들을 누구보다 잘 알아주고 취미를 존중해주는 멋진 아줌마가 되었다."

가장 기발했던 건 '컴브리아 대회 안내문'이다.

제4회 어린이 컴브리아 대회 안내문

- 참가연령 : 7~15살까지
- 대회기간 : 내년 6월 4일(土) 오후 1시-4시 30분
- 대회 내용과 장소
  1) 루스상(루스의 취미) : 뼈 찾기, 해변가
  2) 나오미상(나오미가 한 일) : 래디시 캐기, 농장
  3) 레이첼상(레이첼의 특징) : 달걀 빨리 먹기, 농장
  4) 피비상(피비의 취미) : 구더기 빨리 몰기, 농장
  5) 왕할머니상 : 산에 빨리 올라가기, 농장 앞산

※ 수익금은 왕할머니 서재를 만드는 일에 기부됩니다.

네 학생이 '제4회 어린이 컴브리아 대회 안내문'을 만들었다. 참가 연령을 15세까지로 두고 내년에 대회를 꼭 해보자고 한다. 대회 내용으로 정한 다섯 가지 종목은 등장인물이 잘하거나 등장인물에게 의미가 있는 활동이다. 책 내용을 잘 드러냈다. 게다가 수익금을 왕할머니 서재 만들기에 기부한다니 기가 막히다.

혼자 억지로 읽던 책이 아니라 풍덩 뛰어들어 헤엄치며 다니는 책, 짜릿한 책이 돼버렸다. 생각을 모으고 준비하고 함께 나누는 모습이 아름다웠다. 발표 끝나고 중1 남학생이 자기가 책을 읽고 이렇게 집중해서 무언가를 한 게 처음이라고 말했다. 스스로 생각하고 준비했기 때문이다.

③ 왕할머니랑 산에 오르기

왕할머니는 책을 굉장히 좋아하지만 책만 읽는 건 좋지 않다고 생각한다. 그래서 책을 다락방에 감추고 아이들을 집 밖으로 내보낸다. 수영하러 보내고 산에 데려갔다. 우리도 점심 먹고 산에 갔다. 대관령 가까이 있는 선자령은 한국의 알프스로 불리는 곳이다. 눈이 와서 미끄러지고 푹푹 빠질 테니 더 신난다. 성수산에서 캠프할 때는 베이컨, 감자, 달걀로 만든 요리를 간식으로 가져갔다.

양떼목장이 내려다보이는 능선을 따라 눈길을 걸었다. 양떼목장 안에서는 보지 못하던 전체 모습이 한눈에 들어왔다. 여자아이들은 반짝이는 눈송이에 감탄하며 사진을 찍었다. 남자아이들은 눈을 던지고 언덕에서 데굴데굴 굴렀다. 능선이 멀리 이어지고 풍력발전기가 줄줄이 선 곳에서 간식을 먹었다. 정말 멋있었다.

왕할머니 따라 산에 오르던 네 자매도 이런 마음이었을 것이다. 처음엔 힘들지만 오소리 굴을 뒤지고 동굴을 탐험하며 산이 주는 묘미에 빠져들었을 것이다. 나오미는 고소공포증을 이겨내기 위해 혼자 다시 산에 올라갔다. 나와 함께 걸은 학생 중에 누군가가 추억을 되짚으며 선자령에 다시 오면 좋겠다.

④ 편지 쓰기

"저(제) 돈을 빠리(빨리) 보내주세요."

네 자매가 할머니와 지내는 동안 링컨셔에 남은 아빠와 엄마에게 꾸준히 편지를 보냈다. 피비는 종이의 나머지 여백을 키스로 채우고 뒷장에 돈을 그린 편지를 부모님께 보냈다. 레이첼은 '할머니가 소시지만 주는데도 잘 지내고 있다'고 은근히 불만을 표현하는 편지를 썼다. 루스는 할머니가 하인처럼 부린다고 썼고, 나오미는 자기들에게 유리한 이야기를 과장해서 빨리 집으로 데려가 달라고 편지를 썼다. 아이들을 잘 아는 콘로이 씨와 엄마는 아이들 말을 무시하고 할머니와 잘 지내라는 답장을 보냈다.

피비가 "돈이 다 떨어졌어요."라는 편지를 보낼 때까지 아이들의 편지가 계속 이어진다. 아이들은 좁은 시각으로 생각해서 편지를 썼고, 부모는 아이들 생각을 무시하고 잔소리를 써서 답장을 보냈다. 오가는 편지가 참 재미있다.

산에 다녀온 느낌이 사라지기 전에, 한참 재미있을 때에 우리도 편지를 썼다. 대부분 부모님께 편지를 썼고 자신이나 친구에게 쓰기도 했다. 네 자매가 편지를 끝내며 쓴 "사랑과 키스를 보내며"라는 말을 쓴 사람이 많았다. 아이들이 쓴 편지도 네 자매가 쓴 편지처럼 재미있다.

⑤ 독서카드로 보드게임

어제 아이들이 직접 만든 독서카드로 보드게임 '딕싯'을 응용해서 서로의 마음을 알아보는 시간이다. 네 명 모둠을 여섯 명으로 바꿨다. 독서캠프 첫째 날 그린 독서카드를 조별로 골고루 나눠줬다. 각자 카드를 일곱 장씩 갖고(6명×7장=42장) 남은 카드(42장 이상)를 한쪽에 쌓아놓았다. 자기 카드를 상대방이 보지 못하게 하며, 한쪽에 쌓아놓은 카드도 보이지 않게 엎어 놓아야 한다. 각자 말을 하나씩 준비한다.

이야기꾼이 "지금 내 마음!"이라고 말하며 자기 마음을 가장 잘 나타내는 카드를 보이지 않게 뒤집어서 낸다. 다른 사람은 자기 카드에서 이야기꾼이 말한 내용에 어울리는 카드를 골라 보이지 않게 낸다. 이야기꾼이 카드를 섞은 뒤에 그림이 보이게 한 줄로 펼쳐놓는다. 모둠원들이 이야기꾼의 카드를 예상해서 자기 말을 올려놓는다. 이때 자신이 낸 카드 위에 말을 올려놓으면 안 된다. 다만 모든 조원이 똑같은 카드에 한꺼번에 말을 올려놓자고 결정할 때는 말을 올려놓아도 된다.

이야기꾼의 마음을 잘 알면 어떤 카드를 냈는지 맞힐 것이다. 이야기꾼 카드에 말이 하나라도 올라가 있으면 이야기꾼과 말을 올린 사람 둘 다 2점을 얻는다. 이야기꾼 카드를 모두 맞히거나 아무도 맞히지 못하면 이야기꾼을 제외한 모든 사람이 1점을 얻는다. 자기가 낸 카드에 다른 사람이 말을 올려놓으면 말 숫자만큼 카드 낸 사람이 점수를 얻는다.

참가자가 말을 다 놓으면 돌아가면서 자신이 어떤 이유로 카드를 선택했는지 말한다.

"선생님 표정이 밝아요. 즐거운 것 같아서 피비가 웃는 카드를 냈어요."

참가자 모두 카드를 선택한 까닭을 말하고 나면 각자 어떤 카드를 냈는지 말한다.

"선생님은 독서 캠프 진행하느라 힘드실 것 같아서 깜깜한 터널 그림을 냈어요."

점수 얻는 것보다 이야기 나누는 재미가 더 크다.

점수를 계산하고 바닥에 놓인 카드를 모아서 치운다. 옆에 쌓아둔 카드를 각자 한 장씩 갖고 이야기꾼 오른쪽에 앉은 사람이 새로운 이야기꾼이 된다. '공부할 때 내 마음, 독서 캠프 끝나고 돌아갈 때 마음……'을 계속 말한다. 조원이 모두 한 번씩 이야기꾼을 하면 놀이가 끝난다. 카드가 다 없어질 때까지 해도 되고, 시간을 정해놓고 해도 된다.

우리는 여섯 조(대여섯 명씩)가 동시에 보드게임을 하고 있어서 20분 지날 때마다 신호를 보냈다. "가장 점수가 많은 사람이 옆 모둠으로 가겠다. 다음에는 가장 점수가 적은 사람이 간다." 이러면 참가자가 바뀌어 새로워진다.

독서 보드게임을 마친 뒤에도 재미있다면서 시간 날 때마다 한다. 식사하고 남는 시간에도 하고 잠 시간을 줄여가며 한다. 한 아이는 후기에서

"사람 심리를 가지고 했던 카드게임을 거의 일곱 시간 정도 한 것 같다. 그 정도로 재미있고 집에 가서 또 하고 싶다."

하고 썼다. 평소에 말수가 적은 학생도 이때만큼은 자기를 표현한다. '아, 그렇구나!' 하며 소통하는 모습이 아름다웠다.

⑥ 독서감상문 쓰기

글과 책이 가진 가치는 자신을 어떻게 표현하고 돌아보느냐에 달려있다. 성적이나 경쟁 정도로 낮춰버리면 아이들은 글쓰기를 싫어하고 독서를 지겨워한다. 나는 '나만의 주제'를 붙들어 글을 쓰라고 가르친다.

그랬더니 글쓰기를 싫어한다던 아이들이 진지하게 글을 썼다. 쓰다가 막히면 내게 묻는다. 그럼 무얼 쓰고 싶은지, 생각을 잘 전하려면 어떻게 표현해야 하는지 이야기해주었다.

"무얼 쓰고 싶었어?",

"여기 이 내용은 뭐야?",

"어울리지 않는 내용이 있지. 이걸 뒤로 보내고……"

하면서 이야기를 나누었다.

이듬해 같은 책으로 전라북도 성수산에서 독서 캠프를 했다. 이때 아이돌 가수를 좋아하는 여학생을 만났다. 부모보다 가수 오빠들이 더 좋다고 말했다. 그룹 멤버는 물론이고 가족들 직업까지 줄줄 외웠다. 책은 1년에 한 권도 읽을까 말까 한다고 했다. 그 학생이 후기에 이렇게 썼다.

"독서 캠프를 마치고 나니 뭔가 시원한 것 같다. 난 책을 엄~청 싫어해서 안 읽는데 독서 캠프를 통해 책 한 권을 읽게 되었다. 내가 책을 읽었다는 게 놀랍고 신기하다. 처음에는 따분하고 지루할 줄 알았는데 막상 해보니 나에게 남는 게 많은 거 같아서 좋다. 스스로 글도 써보고, ㅎㅎ 놀랍다. 앞으로 집에서도 할 일 없을 때 폰만 하는 게 아니라 책을 읽으며 지식을 쌓아야겠다."

함께 참가한 선생님이 이듬해에 문자를 보내왔다.

"선생님, 아이들이 가끔 선생님 이야기를 하더라고요. 그만큼 독서 캠프가 인상에 많이 남았나 봐요. 특히 ○○이가요. 선생님 말씀처럼 아이들을 더 많이 사랑하겠습니다."

부모님보다 가수 오빠들을 더 좋아하는 학생이 한 해가 지난 뒤에도 독서 캠프를 떠올린다니 참 좋다.

캠프에서 독서감상문 쓰는 시간이 가장 좋았다. 아이들은 정성 들여 글을 썼고 나는 부족한 부분을 보충해주었다. 아이들 글을 너무나 아끼기 때문에 이 시간이 평안하고 즐거웠다. 선생님들도 자신이 쓴 글을 읽어달라고 한다. 멀리서 배우러 온 선생님이 필요로 하는 것을 알려주게 되어 기뻤다.

강의로 독서감상문 쓰는 방법을 배우면 내가 아이들을 어떻게 대하는지, 글을 쓰는 분위기가 어떤지 모른다. 글쓰기는 눈높이를 맞추고 마음을 열어야 하는데 강의로는 이걸 알려주기 어렵다. 아이들이 글을 쓰는 자리에서 지도하는 모습을 직접 보면서 선생님들이 많이 배웠다고 했다. 그래서 밤이 이슥하도록 아이들 글을 함께 읽으며 선생님들과 이야기를 나누었다.

한 학생의 독서감상문을 소개한다.

이예은(5학년)

나는 어떤 기회가 주어지면 항상 피하려고만 한다. 성공을 하려면 많은 경험이 필요하고 나에게 도움을 줄 테지만, 새로운 일을 도전하는 것은 너무 어렵다. 그런 면에서 나는 이 책의 주인공인 책벌레들 루스, 나오미, 레이첼, 피비가 부럽다. 네 자매가 다른 사람이 보기엔 버르장머리 없고 아무 생각 없이 보일지 몰라도, 나는 이들이 모험심 많고 새로운 일을 주저하지 않고 도전하는 멋진 아이들로 보인다.

외할머니가 피비한테 유리창을 깨라고 했을 때, 진짜로 깨는 것을 보고 나라면 아마 조용히 들어와서 죄송하다고 했을 텐데…… 요즘 사람들에게 자기가 옳다고 생각한 일은 끝까지 해내는 끈기가 필요하다고 생각한다. 네 자매는 어떻게 이런 성격이 됐는지 궁금하다. 아마 많은 책을 보면서 생생하게 체험하며 강인한 마음을 키웠을 것이다.

하지만 아이들이 이해가 되지 않는 것도 있다. 할머니는 아이들이 책을 너무 많이 읽어서 이상하다고 생각해 책을 못 읽게 감추어 두고 항상 할 일을 시키면서 가만히 못 있게 한다. 그런데 알고 보니 이 할머니도 책벌레였다. 책을 많이 보면서 책을 많이 보면 안 된다고 하는 건 너무 이상하다. 혹시 나도 이런 이상한 말을 하면서 말도 안 되게 누군가를 막고 있다면 그 사람 입장에서는 정말 내가 싫을 것 같다. 나는 내가 이제 더 이상 뒤에 숨지 말고 내 자신에게 당당하며 남들에게도 잘해주고 싶다.

예은이는 후기에 "제일 기억에 남는 건 독서감상문 쓸 때인 것 같다. 나는 글 쓰는 것을 별로 안 좋아하는데 제일 좋은 게 독서감상문 쓸 때라니 나도 이상하다. 처음에 첫 문장을 어떻게 해야 하는지 오래 고민을 해서 쓰기 시작했는데 거의 마지막까지 남아서 글을 썼다. 그래도 잘 썼다고 해주셔서 기분이 정말 좋았다. 다른 사람들도 다 잘 썼다고 했겠지만 그래도 좋았다."라고 썼다.

㉴ 독서 캠프 셋째 날

① 글 고치기, 아니, 글 고치게 만들기

아이들이 글쓰기를 싫어하지만 글 고치기는 더 싫어한다. 생각을 짜내서 글을 썼는데 고쳐 쓰라고 하니 힘들어한다. 글을 고치려고 해도 맞춤법, 띄어쓰기, 어색한 문장 고치기 외에 새로운 내용을 생각하기 어렵다. 글을 고치려면 글의 장단점을 분석하고 새로운 방향을 찾는 통찰력, 고인 웅덩이 어디에 물길을 내야 시원하게 흘러갈지 알아내는 분석력이 필요하다.

글을 귀하게 여기고 어디를 살리며 어디를 고칠지 찾아야 한다. 무엇보다 글을 사랑하고 글쓴이의 변화를 기대하는 마음이 중요하다. 아이들이 더 나은 글을 쓰도록 격려하는 마음으로, 조금 고쳐 쓸지 아예 방향을 바꿔야 할지 도와준다. 스스로 목표를 바라보게 하면 윽박지르지 않아도 먼 길을 스스로 걷는다.

아이들이 왜 글을 이렇게 썼는지 알려주고, 생각을 어디에 맞춰 글을 써야 좋아지는지 말해주었다. 어떤 방식으로 표현하면 마음이 잘 전달될지 알려주었다. 그러나 정말 중요한 것은 아이들이 저마다의 생각을 어떻게 펼쳐낼지 기대하는 마음이다. 나는 아이들이 글을 쓸 때마다 '네 생각을 읽고 싶다'고 신호를 보낸다. 간절한 눈빛이 통하면 글이 달라진다.

글 고치는 방법을 알아도 글을 고치기가 어렵다. 글이 새롭게 바뀌는 모습을 직접 보면 마음이 달라진다. 자기들 글이 빔 프로젝터를 통해 비치자 당황한다. 글을 하나씩 보여주며 어떻게 고칠지 알려주었다. 각자의 성격과 태도가 드러난 다양한 글을 나눌 때 아이들이 글을 뚫어지게 바라보았다. 마지막 날이지만 피곤하고 힘든 마음을 잊고 완전히 몰두했다.

특히 선생님들이 글 고치기 시간에 많이 배웠다고 말했다. 고도욱 선생님은

> "글 고치기 시간을 통해 직접 쓴 글을 마술처럼 나은 글로 고치는 작업이 신기했다. 이젠 책 읽는 시간과 책 나누는 시간이 더 풍성하고 즐거워질 것 같다."

라고 했다. 교사가 글을 귀하게 여기고 다가가면 아이들도 귀하게 받아들일 것이다.

글에는 글쓴이의 성격과 세상을 바라보는 태도가 드러난다. 글을 다듬으려면 글 고치는 기술이 아니라 아이들의 성격과 태도를 살펴야 한다. 주어와 서술어의 호응관계, 맞춤법과 띄어쓰기, 문장력과 표현력, 문단 구성과 연결, 주제에 대한 일관성과 공감 정도가 중요하지만 어색한 표현에 감춰진 글쓴이의 마음을 귀하게 여겨야 한다. 그 마음을 알아주지 않는 글쓰기 방법은 허사다.

글 고치기는 글쓴이의 마음을 잘 전하기 위해 하는 것이지 멋지게 보이려고 하는 게 아니다. 글 고치기가 아니라 '글 고치게 만들기'가 맞는 말이다. 그러기 위해서는 마음을 살핀 뒤에 글 고치는 방법을 알려줘야 한다. 독서 캠프에 참가한 교사 모두 후기에 '기술'보다 '마음'을 배웠다고 적었다. 교사가 만나는 학생, 부모가 대하는 자녀는 인격이다. 우리는 기술을 습득하는 대상이 아니라 느끼고 생각하고 표현하는 인격을 만난다. 독서와 글쓰기, 교육은 사람이 우선이다.

② 독서토론(형식을 갖춘 토론)

형식을 갖춘 토론을 하려면 자료 준비를 많이 해야 한다. 논제를 충분히 이해하고 자료를 준비하지 않으면 말싸움에 머무른다. 캠프에서는 자료를 준비하기 어려우므로 모둠에서 찬반토론을 하면서 의견을 정리하게 했다.

	토론 주제
1	네 자매가 새로운 경험을 하게 하려고 할머니가 책을 감춘다. 책을 감춰둔 왕할머니 행동을 이해할 수 있나?
2	레이첼이 옷을 더럽혀 오자 엄마가 레이첼을 때린다. 체벌이 필요한가?
3	링컨셔(도시)와 컴브리아(시골) 중에 어느 곳이 아이들 성장에 더 좋은 환경일까?

박지현(6학년)이 쓴 독서 논술문

책에서 왕할머니는 네 자매가 책을 못 읽도록 자기 방에 있는 비밀 방, 그러니까 차고 2층으로 이어진 곳에 책을 못 읽도록 숨겨두셨다. 루스, 나오미, 레이첼, 피비가 책벌레라서 미친 듯이 책을 읽자 중독이라고 생각하셨기 때문이다. 하지만 나는 이런 왕할머니의 행동을 이해할 수 없다.

TV에서도, 책에서도 심지어 학교에서도 책을 많이 읽으라고 학생에게 요구한다. 학교에서 공부하는 모든 과목의 바탕이 독서라는 말이 있다. 이렇게 우리 주변에서 모두가 독서의 중요성과 필요성을 이야기한다. 대부분의 아이들이 "책 읽어라"라는 말을 들었을 것이다. 그러나 책을 읽지 않는 아이들과 책을 아예 좋아하지 않는 학생도 있다. 책을 좋아하지 않는 아이들은 분명히 글 읽는 것 자체를 싫어하거나 부모님이나 학교 선생님들에 의해서 억지로 읽는 것일 것이다.

이 아이들을 위해서 먼저 책에 흥미와 관심을 가지도록 만드는 것이 중요하다고 생각한다. 책에 대해 흥미를 가지게 만들기 위해서는 아이들이 원하는 책을 읽으면서 점점 책의 난이도를 높여가는 것이 좋을 것 같다. 레이첼, 피비, 루스, 나오미 또한 어렸을 때부터 책을 접해 왔을 것이다. 현재 학생의 독서 습관과 네 자매의 독서 습관을 비교하면 네 자매는 좋은 독서 습관을 가지고 있다.

루스, 나오미, 레이첼, 피비 이 네 명 모두가 하루라도 책을 읽지 않으면 안 되는 아이들인데 독서를 많이 하면 분명히 중고등학생 때 좋은 현상이 일어나게 될 것이다. 그래서 나는 책 중독인 왕할머니가 네 자매에게 하루 종일 책만 읽고 앉아 있더라도 네 자매에게 나쁜 영향을 끼치는 것이 아니므로 책을 읽게 하는 것이 좋다고 생각한다.

윤은희 선생님이 쓴 후기 중에서

점점 캠프를 진행하면서 책과 만나게 되고 사고를 자극하는 질문들이 재밌어졌다. 책과 관련하여 여러 활동들이 유기적으로 연결되니 하는 활동들이 의미있어졌다. 그리고 아이들이 스스로 생각하고 하는 모습을 지켜보는 게 흥미진진했다. 사고를 발전시키는 모습에서 나도 흥분되고 몰입이 되었다.

여러 가지 활동 중에서 특히 기억에 남는 것은 독서토론이었다. 첫째 날 한 독서토론(이야기 독서토론)은 각자의 생각들을 가볍게 말할 수 있는 시간이라 아이들도 편하게 접할 수 있었다. 좀 내성적인 아이들도 질문이 다가오자 자기 생각들을 수줍지만 분명하게 나타내었고 되도록 그 이유까지 말해주려고 노력했다. 생각을 끄집어내기 시작하자 발동이 걸렸는지 점점 더 말하고 싶어 하는 표정이었다.

둘째 날 한 독서퀴즈도 어느 면에서 보면 첫째 날의 독서토론과 약간 닮아 있었다. 보다 단편적이고 지엽적이긴 하지만 내가 읽은 책의 한 부분을 다시 회상하려 하고 다시 보고 싶다는 마음을 들게 하는 것 같았다. 그리고 좀 더 자세히 읽을걸 하는 마음도…. 모든 아이들이 그렇게 생각하는지는 모르겠다. 그래서 아이들의 심정은 어떠했을지 궁금하다. 일단 최소한 나는 그런 느낌이 들었다.

셋째 날 독서토론을 하면서 가장 흥미진진했다. 평소에 독서토론처럼 형식을 갖추고 한 것은 아니지만 어떤 한 주장에 대해 왜 그렇게 생각하는지 다르게 생각하는 사람은 없는지, 이유는 뭔지 보충하고 싶은 말은 없는지 계속 묻는다. 그렇게 반 아이들의 사고를 자극하고 싶어 한다. 자기의 생각을 정리하게 하고 싶어 한다.

그런데 오늘 독서토론을 보면서 좀 더 형식을 갖춰서 하면 아이들의 흥미를 더 끌 수 있고 보다 전문적인 능력을 기를 수 있을 것 같다. 앞으로 독서토론에 대해 배워서 반에서 활용하고 싶다는 생각이 많이 든다. 오늘 아이들은 이 활동들을 계속해 온 것은 아니기에 아직 익숙지 않고 약간 주변을 맴도는 듯한 느낌이긴 하다. 그러나 이런 활동을 꾸준히 하면 재미있을 것 같다. 서로 말하고 듣고 생각을 정리하고 더 섬세하게 더 폭넓게 생각할 수 있을 것 같다.

③ 후기 쓰기

독서토론을 마치고 후기를 썼다. 즐거운 기억은 아이들을 건강하게 자라게 한다. '책과 함께 즐겁게 지내자! 대단한 의미를 주려고 하면 즐기지 못한다. 즐겁게 놀면서 스스로 의미를 찾도록 하자'는 목적으로 캠프를 했다. 캠프 끝나고 디베이트 토론 강사인 정진우 선생님이 페이스북에 글을 남겼다.

"권일한 선생님이 내게 물으셨다. 디베이트는 어떻게 하느냐고? 난 대답할 수 없었다. 물론 차이는 있다. 주제가 정해지면, 한 권의 책을 넘어서 다양한 시각으로 다양한 리서치 활동을 한다는 점이 다르다. 하지만 아이들과 책과 자연이 하나가 되어 소통하고, 마지막으로 디베이트로 완성되어지는 모습에 난 할 말을 잃었던 것이다. 아이들에게 필요한 건 바로 이런 것이 아닐까 하는 생각이 든다. 내가 이번 독서 캠프를 통해 느낀 점은 바로 이거다. 그냥 단지 아이들을 가르치는 것이 아니라 아이들과 함께 책을 통해 소통하고 삶을 나누며 멋진 추억을 만들 때 비로소 아이들이 책을 통해 변할 수 있다는 것이다."

후기를 들으면서 감사했다. 늘 방법과 기법이 아니라 과정을 겪어내야 한다고 말하면서도 전체 진행을 맡다 보니 좋은 '결과'를 주어야 한다는 부담에 짓눌렸다. 선생님들이 독서 캠프를 하면서 천천히 즐기는 과정이 좋았다고 하셔서 안심했다. 아이들도 즐거웠다고 하니 더욱 좋다.

독서 캠프를 마칠 때 『책벌레들의 책 없는 방학』을 쓴 힐러리 매케이의 다른 책들을 조별활동 상품으로 나눠주었다. 『책벌레들의 비밀 후원 작전』 『금요일의 개 프라이데이』 『새피의 천사』 『인디고의 별』을 준비했는데 책에 미친 아이들처럼 달려들었다.

4 가족 독서 캠프

소달초등학교에서 독서 캠프를 여섯 번 했다. 처음 할 때 아이들은 책만 읽는 줄 알고 부담스러워했다. 나는 전교생 중에 어느 학년에 눈높이를 맞춰야 할지 몰라 걱정했다. 처음엔 책놀이를 많이 했다. 첫 캠프를 마칠 때 아이들이 다음 독서 캠프는 언제 하는지 물었다. 다음 캠프 할 때마다 책놀이에 활동을 하나씩 추가했다. 학교를 떠나는 해엔 뜻깊은 시간을 만들어주려고 가족 독서 캠프를 했다.

부모님들이 오기 전까지 그림책 『선생님은 너를 사랑해 왜냐하면』으로 독서 활동을 했다. 그림책을 읽어주고 우리 학교 선생님들이 아이들을 사랑하는 까닭을 생각해보라 했다. 아이들 대답, 선생님들 대답, 책에 나온 대답을 견주어 보았다. 부모님들이 오신 뒤에는 선생님이 아이들을 사랑하는 까닭을 발표했다. 아이들과 선생님이 사랑하는 모습을 바라보는 학부모들 표정이 밝고 따뜻했다.

이어서 그림책 『엄마를 화나게 하는 10가지 방법』을 읽어주고 엄마들과 아이들 생각을 발표했다. 아이, 어른 할 것 없이 모두 즐거워했다. 이를 응용해서 아빠를 화나게 하는 열 가지 방법, 선생님을 화나게 하는 열 가지 방법도 찾았다. 마지막으로 그림책 『엄마 까투리』를 보면서 가족의 소중함을 느끼는 시간을 준비했다.

선생님은 너를 사랑해, 왜냐하면

『선생님은 너를 사랑해 왜냐하면』은 그림책이다. 선생님이 아이들을 사랑하는 까닭을 담아놓았다. 선생님은 무슨 까닭으로 아이들을 사랑할까? 책을 읽기 전에 의논해서 다섯 가지를 찾아보라고 했다. 선생님들도 아이들을 사랑하는 까닭을 의논했다. 그림책에 나오는 내용, 선생님들이 찾은 내용과 같으면 점수를 받기로 했다.

그림책에는 여덟 가지 까닭이 나온다.

"아기 새를 가여워하는 따뜻한 마음을 가져서, 새로운 소식을 제일 먼저 알려줘서, 정의를 위해 힘을 쓸 테니까, 다른 사람을 잘 관찰하고 배우려 하기 때문에, 친구들에게 웃음을 주려고 노력하니까, 자신에 대해 자부심을 가져서, 시작한 일을 끝내므로, 모두 사랑스러운 아이들이어서."

우리 학교 아이들은 이렇게 썼다.

"너희들이 내 마음을 녹이니까, 웃음으로 가득 채워주니까, 내 자식 같은 학생이니까, 너희들이 날마다 행복하니까, 너희들이 영웅이니까, 보는 것만으로도 행복하니까, 내가 준 사랑을 남에게도 주라고, 너희같이 착한 아이들이 없으니까, 너희에게 좋은 사람으로 남고 싶어서, 너희들이 귀여워서, 너희와 행복하게 공부를 해서, 슬플 때 위로해주어서."

선생님들은 이렇게 썼다.

"너희가 모두 사랑스러운 아이들이기 때문에, 너희들이 아이들이라서, 책을 많이 읽어서, 인사를 잘해서, 친구들과 사이좋게 지내서, 재미있게 놀아서, 도전하는 모습이 좋아서."

"너희가 모두 사랑스러운 아이들이기 때문"이라는 까닭은 그림책, 선생님, 아이들 모두 찾아냈다. 선생님들이 모여 아이들을 사랑하는 까닭을 찾고, 아이들이 모여 선생님들이 자기들을 사랑하는 까닭을 찾으며 정말 우리가 가족 같다고 생각했다. 전교생이 열한 명뿐이라고 해마다 폐교 여부를 묻는다. 마을 사람들은 교사와 학생이 가족처럼 지내는 학교에서 아이들이 얼마나 행복한지 알기 때문에 계속 반대한다. 경제 논리를 내세워 선생님과 학생이 서로 사랑하는 공동체를 무너뜨리지 않으면 좋겠다.

가족 활동, 하얀 거짓말

저녁을 먹고 학부모와 함께 '가족 독서 활동'을 시작했다. 전교생이 가족 같아 서로를 잘 아는 것 같지만 서로 모르는 것도 많다. 서로를 알기 위해 가족끼리 모여 '하얀 거짓말'을 만들었다. 일곱 가족이 모였고, 두 아이는 선생님들과 같이했다. 가족이 겪은 일을 네 가지 쓰되, 한 가지는 거짓말로 써야 한다. 학부모와 자녀가 함께 추억을 떠올리며 문제를 만들었다. 가족이 머리를 맞대고 활동하는 모습을 보기만 해도 뿌듯했다.

조부모와 깊은 산골에서 사는 희진이네 가족은 아무도 오지 않았다. 선생님 두 분이 엄마, 아빠를 자청해서 아이와 함께 하얀 거짓말을 만들었다. 희진이가 "나는 멧돼지, 오소리, 너구리, 고양이, 가재를 먹어봤다." 하고 말했다. 한 가족씩 나와서 문제를 내고 맞히면서 "아, 그랬구나!", "그걸 좋아하는구나!" 하면서 서로를 알아갔다.

엄마를 화나게 하는 열 가지 방법

그림책 『엄마를 화나게 하는 10가지 방법』에는 아이가 엄마를 화나게 하는 장면이 그려져 있다. "무조건 어지르기, 온종일 비디오 게임하기, 불량식품 입에 달고 살기, 서둘러야 할 때 꾸물대기, 못 들은 척하기, 괴상망측한 표정 짓고 못된 말만 하기, 늦게 자기, 어른들 이야기에 쓸데없이 끼어들기, 안 씻기, 곳곳에 흔적 남기기"를 소개한 뒤에 엄마를 기쁘게 하고 싶다면 정반대로 하라고 소개한다.

가족과 함께 모였던 아이들을 다시 모둠별로 모았다. 엄마를 화나게 하는 열 가지 방법을 의논한 뒤에 결과를 종이에 적었다. 엄마가 없는 아이는 엄마 같은 분을 생각해서 썼다. 엄마들은 카드를 한 장씩 들고 아이들 맞은편에 앉았다. 아이들 의견을 하나씩 읽어주며 정말 화가 나는 내용이면 카드를 들라고 부탁했다. 절반 이상의 엄마가 손을 들면 점수를 주었다. 엄마들은 "형 동생과 싸우기, 잘 때 안 자고 형한테 까불기, 말대꾸하기, 버릇없이 행동하기, 욕하기, 어른들 얘기에 끼어들기, 밤에 핸드폰하기"에 화가 난다고 손을 들었다.

"공부 안 하기, 엄마를 깨울 때, 청소하라고 할 때, 라면 끓여달라고 할 때, TV 시청 시간 어기기, 옷 더럽히기, 엄마 화장품 가지고 놀 때, 엄마가 아끼는 물건 깨뜨릴 때, 나가서 말썽 피울 때, 집안 어지럽힐 때, 다쳤다고 전화할 때, 우리가 속상할 때, 우리가 누구에게 맞을 때, 숙제 미루기, 떼쓰기, 엄마 돈 훔치기, 늦게 들어오기, 외박하기"는 엄마들이 별로 손을 들지 않았다. 외박을 하면 걱정이 되어서 화 낼 생각도 나지 않는다고 했다. 엄마를 깨울 때, 엄마 화장품 가지고 놀 때라는 의견에는 모두 크게 웃었다.

가족 독서 캠프에 두 아이 엄마가 오지 않았다. 우리 학교 선생님이 한 아이, 교장 선생님이 다른 아이 엄마가 돼 주셨다. 한 아이는 엄마를 생각하며 대답을 썼다. 엄마를 한 해에 한두 번 만나는 아이는 자기를 돌봐주는 할머니를 화나게 하는 방법을 썼다. 만약 엄마가 계시지 않는 아이가 힘들어할 거라 생각하면 다른 책으로 바꾸어야 한다. 『선생님은 너를 사랑해 왜냐하면』을 보여주고 까닭을 열 가지 찾거나, 『그래서 모든 게 달라졌어요』를 보여주고 뭐가 달라지면 좋을지 쓴다.

엄마 까투리

『엄마 까투리』는 권정생 선생님 그림책이다. 영화로도 제작되었다. 엄마 까투리가 새끼 열 마리를 기르는 산에 산불이 났다. 엄마 까투리는 새끼를 놔두고 혼자 도망갈 수 없어 새끼를 품에 안는다. 산불이 꺼진 뒤에 엄마 품에 숨어있던 새끼 꿩들은 모두 살아나지만 엄마는 죽었다. 새끼들이 엄마의 흔적 곁에서 점점 자라 꿩이 되었다는 이야기이다.

그림책을 스캔해서 큰 화면에 한 장씩 보여주었다. 표지부터 보여주며 새로운 이야기로 바꿔서 들려주었다.

"엄마 까투리가 새끼와 함께 살았어요. 그런데 그만 불이 나고 말았어요. 귀중한 물건을 챙겨가려고 살펴보았어요. 여러분이라면 무얼 가져갈지 열 가지 적어보세요."

아이들은 모두 아빠, 엄마, 오빠, 누나 등 가족을 먼저 쓰고 일기장, 장난감, 사진첩 등을 썼다.

그림책을 한 장 더 넘겨 읽어주고 "점점 위험해지죠? 여러분이 선택한 것을 모두 가져가기 힘들겠어요. 하나를 버리세요."라고 했다. 아이들이 하나를 지우면 그림책을 한 장 넘겨 읽고 다시 하나를 버리라고 했다. 이렇게 그림책을 넘기면서 물건을 버리다 보니 가족만 남았다.

나와 마음이 잘 통한 아이들이나 고학년들과 『엄마 까투리』를 나눌 때는 아이들이 도저히 선택하지 못하겠다고 해도 끝까지 선택하라고 한다. 아무렇지 않게 생각하던 사람이 얼마나 귀중한지 깨닫는 시간이 되기 때문이다. 그러나 우리는 1학년부터 부모님까지 함께 있기 때문에 도중에 선택을 포기할 권리를 주었다. 가족 중에 누구를 선택하고 누구를 버릴지 도무지 결정하지 못하겠다는 아이들은 도중에 포기하고 4학년만 세 명 남았다.

우리 학교 4학년은 세 명이 전부이다. 한 명이라도 포기하면 함께 포기했을 텐데 아무도 포기하지 않았기 때문에 끝까지 남은 것 같다. 남학생이 동생을 포기하고 아빠를 포기해서 마지막에 엄마만 남겼다. 4학년 여학생도 결국 엄마만 남겼다. 다른 여학생은 엄마, 아빠를 남기고 싶은데 부모님이 다른 걸 남기라고 눈치를 줘서 그걸 남겼다. 아이에게 부모님 뜻대로 하지 말고 자기 뜻대로 하라고 권했다. 부모님 눈치 보지 말고 중요하게 생각하는 걸 남기라고 했지만 부모님이 원하는 걸 남겼다. 아이 아빠는 좋아했지만, 아이는 엄마와 아빠를 버렸기 때문에 서럽고 슬퍼서 울었다.

활동이 끝나고 학부모님과 함께 『엄마 까투리』 영화를 보려고 했는데 시간이 너무 많이 지났다. 그래서 다음 날 아이들만 영화를 봤다. 아이들이 진지하게 영화를 보았다. 옆에서 교장 선생님과 선생님이 훌쩍이며 울어서 더 빠져든 것 같기도 하다.

가족과 함께 연극하기

미로초등학교에서 가족 독서 캠프를 했다. 그림책 이름 알아맞히기, 그림책 연극, 가족 책놀이, 『엄마를 화나게 하는 10가지 방법』 찾기를 했다. 그림책 이름 알아맞히기는 그림책 제목 중에서 일부를 지우고 제목을 찾는 놀이다. 정답을 발표할 때 해당 그림책을 소개했다. 이어서 가족과 함께 책놀이를 하며 놀았다.

세 번째 활동으로 그림책 연극을 했다. 『곰아, 자니?』는 심심한 오리가 잠자는 곰을 찾아가 말을 거는 내용이다. 『곰아, 놀자!』는 오리가 집에서 뒹굴거리는 곰을 찾아가 놀자고 조르는 내용이다. 『곰아, 돌아와!』는 혼자 낚시를 간

곰이 혼자 텐트를 치고 혼자 낚시하다가 오리를 그리워하는 내용이다.

위의 세 책은 '단짝 친구 오리와 곰 시리즈'이다. 곰과 오리가 계속 대화를 나눈다. 곰과 오리 대신 두 사람이 번갈아가며 읽으면 재미있게 그림책 연극을 할 수 있다. 두 사람이 그림책을 읽는 간단한 활동인데도 가족들이 참 좋아했다. 아빠와 아들이, 엄마와 딸이 놀자고 조르는 이야기, 혼자 텐트 치고 낚시하며 상대를 그리워하는 이야기를 읽으며 마음도 좋았다.

『아빠와 피자놀이』는 아빠가 피자를 만드는 내용의 그림책이다. 피자를 만드는 재료로 다름 아닌 아이를 사용한다. 아이를 책상 위에 올려놓은 뒤에 뭉쳐서 반죽하고, 돌리고, 뒤집고, 피자 재료를 아이 위에 올리고 굽는다. 아빠가 아이를 책상에 올려놓고 마사지하듯 주무르고 안마하면서 즐거워했다.

앞에서 소개한 책 외에도 연극하기에 좋은 그림책이 많다. 『레모네이드가 좋아요』 『그래 책이야』 『비둘기야 핫도그 맛있니?』 『아무것도 아닌 단추』 『산타할아버지는 정말 있어?』 『똑똑해지는 약』 『진짜 사나이』 『친구는 좋아』 『왜냐면…』으로 연극을 하면 부모와 자녀가 좋아할 것이다.

여기 소개한 것 외에도 가족과 함께 하고 싶은 독서 활동이라면 무엇이건 하면 된다. 동화책을 읽기 힘들면 그림책으로 활동하라고 권한다. 그림책 한 권을 읽는 데 5분이 걸리지 않는다. 『구름빵』을 읽고 가족에게 주고 싶은 빵을 그려서 선물한다. 직접 빵을 만들면 더 좋다. 『알사탕』을 읽고 가족들 마음에 감춰진 소리를 찾아본다. 『돼지책』을 읽고 집에서 아빠, 엄마, 아이들이 하는 일의 목록을 써서 견주어본다. 어떤 일이 생길지 궁금하지 않은가?

『왜냐면…』을 읽고 서로에게 질문하고 대답을 듣는다. 『아이는 웃는다』를 읽고 느낌을 말한다. 가족이 언제 웃는지, 예전과 달리 잃어버린 것이 무엇인지 찾는다. 『프레드릭』을 읽고 우리 가족 중에 한 사람을 프레드릭과 바꿔 이야기를 만들어본다. 『그래서 모든 게 달라졌어요!』를 읽고 가족들이 서로 닮은 점, 다른 점을 찾는다. 차이점이 주는 장점과 단점을 발표하고 서로 이해하는 시간을 갖는다. 『문제가 생겼어요』를 읽고 다리미 모양으로 새로운 모양을 생각해서 계속 그려보자. 그림들을 기차처럼 늘어놓고 연관성을 설명하면 감탄하는 시간이 된다.

도서관에서 그림책을 몇 권 살펴보면 가족과 함께 하고 싶은 활동이 떠오르는 그림책이 있을 것이다. 그걸로 가족들과 캠프를 하면 된다. 어렵게 생각하지 말고 꼭 해보시면 좋겠다. 가족 독서 캠프는 분위기를 잘 만들면 뜻깊은 시간을 만든다. 부모들은 자녀와 함께 책을 읽고 함께 시간을 보내는 것만으로도 좋아한다. 부담이 되겠지만 꼭 한번 해보라고 권한다.

나가며

해마다 우리나라 주요 도시들을 다니며 2박 3일 독서 연수를 했다. 함께 내용을 파악하고 토론했다. 두 시간 연수를 할 때는 지루해하는 분이 있지만 2박 3일 연수는 아무도 힘들어하지 않았다. 책놀이를 하면서 어린아이처럼 웃었다. 내용을 알아보면서 시간 가는 줄 몰랐다. 토론할 때는 상담하듯 진지하게 이야기를 주고받았다. 많이 웃었고 울기도 했다.

똑같은 강사가, 똑같은 내용을 두 시간 동안 설명할 때는 지루해하는데 2박 3일 동안 직접 겪을 때는 왜 즐거워했을까? 위로받고 회복되었다고 말할까? 그림의 떡을 눈앞에 꺼내 놓으면 반응이 달라진다. 책놀이, 독서 행사, 독서 캠프를 직접 해보는 건 그림의 떡을 꺼내 놓는 정도가 아니다. 그림으로 보는 호랑이와 사자가 밖으로 뛰쳐나와 곁에서 돌아다니는 것과 같다. 짜릿하고, 떨리고, 긴장되고 …… 시간 길이가 달라진다.

이곳에 소개한 책놀이, 내용을 알아보는 놀이, 두근두근 독서 행사, 아이들이 기다리는 독서 캠프는 아이들과 함께 몸으로 직접 겪고 썼다. 설명으로만 읽으면 그림의 떡, 종이에 갇힌 맹수와 같다. 직접 해봐야 진짜를 안다. 떡을 눈앞에 꺼내 만져보고 먹어보라. 호랑이가 책 밖으로 뛰쳐나와 으르렁거리게 하라. 책놀이를 하고, 내용을 알아보는 퀴즈를 하고, 독서 행사와 캠프를 해보시라. 책이 다르게 보일 것이다. "꼭 해보세요!"

부록

학년별 교과별
책놀이 활동

국어

국어과 성취기준에 따라 알맞은 책놀이를 소개한다. 그러나 국어과 책놀이는 아래에 소개하는 몇 가지로 제한되지 않는다. 모든 책놀이는 우리말과 글로 이루어진다. 수학, 사회, 과학 교과 책놀이에서도 알게 모르게 국어과 성취기준이 이루어진다. 그러므로 국어 교과에서 1~2학년은 책으로 재미나게 노는 놀이를, 3~4학년은 책 내용을 살펴보는 놀이를, 5~6학년은 책과 우리 삶을 연결하는 놀이를 하면 좋겠다.

가) 1~2학년

- 듣기·말하기 성취기준은 상황에 어울리는 인사말하기, 상대의 말을 바른 태도로 듣고 내용을 이해하여 바르고 고운 말로 자기 생각 말하기이다. 책놀이를 하면 친구들 앞에 나와서 책을 보여주고 소개해야 한다. 듣는 사람이 잘 보이게 책을 들고, 바른 태도로 말해야 한다. 1~2학년은 말하기는 좋아하지만 듣는 집중력이 부족하다. 책놀이는 재미있어서 아이들이 더욱 집중하게 해준다.
- 읽기 성취기준은 글을 알맞게 띄어서 바르게 읽고, 주요 내용을 확인하고, 인물의 마음과 처지를 짐작하며, 즐겁게 읽는 태도를 지니는 것이다. 책놀이를 하면서 배운 낱말을 찾고, 제목을 읽으면 읽기에 흥미를 갖는다. 그림책으로 주인공 찾기, 주인공이 한 일 말하기, 책에 나온 그림 말하기, 책 내용 핑퐁게임을 하면 즐겁게 주요 내용을 확인한다. 내용을 잘 이해하면 인물의 마음을 잘 나눈다.
- 쓰기 성취기준은 글자를 바르게 쓰고, 생각을 문장으로 표현하고, 짧은 글을 쓰고, 생각이나 느낌을 표현하면서 쓰기를 즐거워하는 태도를 갖는 것이다. 책놀이에서 쓰기는 하지 않는다. 그러나 책놀이를 즐겁게 하면 느낌 한 줄 쓰기, 두 줄 쓰기, 일기 쓰기, 책놀이 후기 쓰기를 즐거워한다.
- 문법 성취기준은 한글 자모의 소릿값과 발음 알기, 소리와 표기가 다른 낱말 바르게 쓰기, 알맞은 문장부호 사용하기, 글자와 낱말과 문장에 흥미를 갖기이다. 특정 소리가 나는 낱말 책 찾기, 소리와 표기가 다른 제목의 책

찾기, 문장부호 찾는 책놀이를 할 수 있다. 책놀이를 하면 글자와 낱말과 문장에 대한 흥미가 높아진다.

• 문학 성취기준은 글을 듣고, 글을 감상하고, 자기 생각을 글로 표현하며 글에 흥미를 갖는 것이다. 말놀이를 통해 말의 재미를 느끼는 것도 있다. 책놀이로 친구에게 들려주고 싶은 책, 듣고 싶은 책을 찾아 읽는다. 일기 제목으로 좋은 책 제목 찾아 글쓰기, 자기 마음을 나타내는 책 찾기도 좋다. 특히 독서 캠프에서 소개한 활동을 하고 글을 감상하면 감상 내용이 달라진다.

2-1학기 국어과 책놀이 사례

단원명	단원학습 목표	책놀이 활동
1. 시를 즐겨요	인물의 마음을 상상하며 시를 읽을 수 있다.	• 도서관에서 5분 안에 시집 찾기 • 시집에서 마음에 드는 시 찾기 • 친구에게 읽어주기(시의 제목 알아내기) • 시를 쓴 사람의 마음을 표현하면 보너스 • 시 낭송하기
2. 자신 있게 말해요	여러 사람 앞에서 자신 있게 말할 수 있다.	• 3분 안에 그림책 세 권 가져오기 • 세 권 모두 읽기 • 한 권을 친구에게 소개하기 (어떤 책을 소개하는지 알아내기)
3. 마음을 나누어요	마음을 나타내는 여러 가지 말을 알고 글에 나오는 인물의 마음을 말할 수 있다.	• 마음을 나타내는 말(교과서 46-51쪽)이 나오는 책 찾기 • 그 책에서 마음을 나타내는 문장 찾기 • 그 문장을 사용하는 상황 말하기
4. 말놀이를 해요	교과서 내용(여러 가지 말놀이)이 재미있어 책놀이를 하지 않음.	

5. 낱말을 바르고 정확하게 써요	알맞은 낱말을 사용해 마음을 전하는 글을 쓸 수 있다.	• 선생님이 말하는 낱말과 소리가 비슷한 낱말이 들어있는 책 찾기 (거름, 걸음 두 권 찾으면 2점)
6. 차례대로 말해요	일이 일어난 차례를 생각하며 겪은 일을 이야기로 표현할 수 있다.	• 시간을 표현하는 낱말의 제목이 있는 책 찾기 • 찾아온 책을 시간 순서대로 늘어놓기 • 그 시간을 이용해서 시간 차례대로 문장 만들기
7. 친구들에게 알려요	글에서 주요 내용을 확인하고 주변에 있는 문건을 설명할 수 있다.	• 그림이 많은 책 찾기 • 책에서 그림을 하나 골라 어떤 그림인지 설명하기(친구가 그림을 맞히면 출제자, 정답 발표자 1점)
8. 마음을 짐작해요	글쓴이의 마음을 짐작하며 글을 읽을 수 있다.	알맞은 책놀이 없음.
9. 생각을 생생하게 나타내요	꾸며주는 말을 사용해 생각이나 느낌을 자세하게 나타낼 수 있다.	• 제목에 꾸며주는 말이 있는 책 찾기 • 제목 패러디하기 • 위의 책 제목 활용해서 문장 지어 말하기
10. 다른 사람을 생각해요	듣는 사람의 기분을 생각하며 대화를 나누고 일기를 쓸 수 있다.	• 자신이 겪은 일을 표현한 제목의 책 찾기(칠판 앞에 나가기 싫은 적이 있다면 『칠판 앞에 나가기 싫어!』) • 겪은 일 설명하기 • 설명하는 친구가 어떤 기분이었을지 말하기
11. 상상의 날개를 펴요	인물의 마음을 상상하며 이야기를 읽을 수 있다.	• 등장인물이 가장 많을(또는 적을) 것 같은 그림책 찾기 • 등장인물 수 찾아내기(위의 규칙에 맞으면 1점) • 인물의 마음 생각하며 다시 읽기

2-2학기 국어과 책놀이 사례

단원명	단원학습 목표	책놀이 활동
1. 장면을 떠올리며	시나 이야기를 읽고 장면을 떠올리며 생각이나 느낌 말할 수 있다.	• 친구에게 소개하고 싶은 시집이나 이야기 책 찾기 • 읽고 싶은 시집이나 이야기 책 찾아 친구에게 소개하기 • 『훨훨 간다』 (교과서 18쪽)를 쓴 권정생 선생님 책 찾기 • 내가 겪은 일과 비슷한 제목이나 내용
2. 인상 깊었던 일을 써요	인상 깊었던 일을 생각이나 느낌이 잘 드러나게 글로 쓸 수 있다.	• 그림이나 제목이 인상 깊은 책 찾기 • 내가 겪은 일과 비슷한 일을 보여주는 책 찾기 • 아이가 직접 쓴 일기가 들어있는 책 찾기
3. 말의 재미를 찾아서	말의 재미를 느끼며 말놀이를 할 수 있다.	• 제목이 재미있는 책 찾기, 어떤 부분이 재미있는지 말하기 • 위의 책 제목이나 그림으로 책 내용 상상하기 • 제목이 한 낱말인 책 가져와서 다섯 고개 (또는 열 고개)로 놀이하기 • 흉내 내는 말이 있는 책 찾기 • 수수께끼 책, 수수께끼 같은 제목의 책 찾기 • 책 제목 끝말잇기(5권 빨리 잇기)
4. 인물의 마음을 짐작해요	글을 읽고 인물의 마음을 짐작해 자신의 생각을 쓸 수 있다.	• 표정이 재미있는 인물이나 동물이 나온 책 찾아 인물의 마음 짐작하기 • 편지를 쓰고 싶은 대상이 나온 책 찾기 • 내 마음(기쁨, 슬픔, 아쉬움 등)을 잘 표현한 책 찾기 • 마음(기쁨, 슬픔, 아쉬움 등)을 표현한 책을 칠판 앞에 세워놓고 마음 표현 놀이하기(한 사람이 감정을 표현하면 친구들이 책을 찾는 놀이)
5. 간직하고 싶은 노래	겪은 일을 떠올려 시나 노래로 표현할 수 있다.	• 시집에서 마음에 드는 시 찾기 • 자신이 겪은 일을 표현한 시 찾기 • 내용을 바꾸고 싶은 시 찾기 • 끝까지 읽고 싶은 시집 찾기

6. 자세하게 소개해요	주변 사람을 소개하는 글을 쓸 수 있다.	• 친구에게 소개하고 싶은 책 찾기 • 인물이 나온 책 3~5권을 칠판 앞에 세우고 인물 한 명을 설명하기(설명을 듣고 어떤 책인지 찾기) • 표지에 여러 사람이 나온 책을 찾아 한 사람 설명하고 찾는 놀이하기 • 제목에 글자와 다르게 소리 나는 낱말이 들어있는 책 찾기 • 자기를 나타내는 책 찾기(책과 특징을 연결하여 소개하는 글쓰기)
7. 일이 일어난 차례를 살펴요	인물의 모습을 상상하며 이야기를 듣거나 읽고, 일이 일어난 차례대로 말할 수 있다.	• 친구들에게 퀴즈로 내고 싶은 동물이 있는 책 찾기, 책에 있는 동물 설명하는 퀴즈 내기 • 마음에 드는 캐릭터가 있는 책 찾기, 친구들이 캐릭터를 그리도록 특징을 자세하게 설명하기 • '거인'이 나오는 책 찾기 • 『쇠붙이를 먹는 불가사리』처럼 잘 알려지지 않은 우리나라 옛 이야기 찾기 • 읽고 싶은 이야기 책 찾기
8. 바르게 말해요	바른 말로 대화를 할 수 있다.	• '적다 작다, 다르다 틀리다, 잊다 잃다, 가르치다 가리키다'처럼 바르게 사용해야 하는 말이 나온 책 찾기 • 바른 낱말 사용을 안내하는 책 찾기
9. 주요 내용을 찾아요	글을 읽고 주요 내용을 말할 수 있다.	• 분류기호 300, 400에서 알고 싶은 내용을 설명하는 책 찾기, 설명이 짧은 내용 읽고 내용 간추리기(모둠) • 책 광고, 광고하는 내용이 있는 책 찾기, 어떤 광고인지 이야기하고 자신의 생각 말하기

10. 칭찬하는 말을 주고받아요	바르고 고운 말을 사용해 칭찬하는 말을 하고 칭찬하는 글을 쓸 수 있다.	• 들으면 기분 좋은 말이 있는 책 찾기 • 칭찬하는 말이 있는 책 찾기 • 칭찬하고 싶은 일이 나온 책 찾기 • 칭찬해주고 싶은 등장인물이나 작가가 나온 책 찾아 대상에게 편지 쓰기
11. 실감 나게 표현해요	인형극을 보고 실감 나게 인형극을 할 수 있다.	• 인형극을 하고 싶은 책 찾기, 의논해서 책을 정해 인형극 하기 • 인물의 표정이나 몸짓, 말이 실감나게 표현된 책 찾기

나) 3~4학년

- 듣기·말하기 성취기준은 대화 나누기, 의견 나누기, 원인과 결과 이해하기, 내용 요약하기, 적절한 표정과 몸짓과 말투로 예의를 지키며 듣고 말하는 태도 지니기이다. 책놀이에서 두 번째로 소개한 '특정한 사람과 책을 연결하는 활동', 세 번째로 소개한 '가져온 책으로 내용 알아보기 활동'을 하면 된다. 책 내용을 알아보는 활동 중에서 낱말 눈치게임, 이마 폭탄 제거하기도 성취기준을 만족시키기에 좋은 활동이다.
- 읽기 성취기준은 문단과 글의 중심 내용을 파악하고 간추리기, 생략된 내용 짐작하기, 사실과 의견 구별하기, 글을 읽은 경험을 다른 사람과 나누기이다. 책 내용을 알아보는 활동으로 성취기준을 이룰 수 있다. 친구에게 읽어주고 싶은 책, 소개하고 싶은 책, 내가 겪은 일을 나타낸 책, 사실을 다룬 책, 의견을 내세우는 책 찾기 등을 한다.
- 쓰기 성취기준은 중심 문장과 뒷받침 문장을 갖추어 문단 쓰기, 시간에 따라 사건이나 행동이 드러나게 글쓰기, 주제에 따라 글쓰기, 읽는 이를 생각하며 마음 표현하기, 자신감을 갖고 글을 나누기이다. 책놀이보다는 책으로 활동을 한 뒤에 글을 쓰고 나누는 과정에서 배운다. 독서 캠프에서 쓴 글은 평소와 많이 달랐다. 아이들이 책에 온통 빠져든 경험을 하고 글을 쓰기 때문이다. 독서 활동뿐만 아니라 아이들이 푹 빠져드는 활동을 하고 쓰는 글은 깊이가 다르다. 어떤 놀이를 하느냐보다 어떤 마음으로 하느냐에 달려있다. 이 차이

는 선생님의 경험과 마음가짐에 따라 달라진다.

- 문법 성취기준은 국어사전 찾기, 낱말과 낱말의 의미 관계 파악하기, 문장의 짜임 이해하기, 높임법과 언어예절 알기, 한글을 소중히 여기는 태도 갖기이다. 책놀이로 알맞은 기준이다. 책을 다섯 권 가져와서 제목을 국어사전 찾기 순서대로 놓기—한 권 더 가져와서 국어사전 순서로 다섯 권 사이에 끼워 넣기—여섯 권 책 제목 중에서 낱말 열 개 골라 국어사전 순서대로 쓰기—모둠 친구들이 함께 열 가지 낱말의 뜻 찾기…… 국어사전 찾기가 정말 재미있어진다. 높임 표현이 있는 책 찾기, 비슷한 말이나 반대말 제목 찾기(낱말과 낱말의 의미 관계), 무엇이 어떠하다(문장의 짜임)로 쓰인 제목이나 내용 찾기 등을 한다.
- 문학 성취기준은 글을 이해하고, 자신의 생각을 말하며, 이어질 내용을 생각하는 것이다. 모둠별로 두뇌싸움을 하거나 이야기 토론을 하면 성취기준을 이룬다. 부록에 제시한 한 학기 한 권 읽기 사례를 참고하라.

다) 5~6학년

- 듣기·말하기 성취기준은 의사소통하기, 토의와 토론, 매체를 활용하여 조사한 자료 발표, 추론하며 듣기, 공감하며 듣기이다. 몇 개의 낱말로 추론하여 책 찾기, 우리끼리 독서퀴즈, 두뇌싸움, 독서토론으로 성취기준을 이룰 수 있다. 찾아온 책을 활용하는 책놀이를 하면 발표 능력과 듣는 태도를 기를 수 있다.
- 읽기 성취기준은 배경지식 활용하여 읽기, 내용 요약하기, 글쓴이의 주장과 주제 찾기, 내용과 표현 판단하기, 적용하며 읽기, 스스로 글을 찾아 읽는 태도 갖기이다. 핑퐁게임으로 주제 찾기, 줄거리를 한 줄로 요약하기, 제목 보고 글쓴이가 주장하는 내용 추론하기, 30분 동안 집중해서 읽을 책 찾기 등을 한다.
- 쓰기 성취기준은 절차를 이해하고 글, 목적이나 주제에 알맞은 내용으로 쓰기, 설명하는 글, 주장하는 글, 감상이 드러나는 글, 읽는 이를 배려하는 글을 쓰기이다. 두뇌싸움을 하면서 '**왜냐하면—예를 들어—다시 말해**'를 활용하면 주장하는 글을 쉽게 쓴다. 감상이 드러나는 글은 책놀이나 독서 활동 후기 쓰기

로 충분히 배운다. 그러나 다른 성취 기준을 만족시키려면 이걸로 부족하다. 『책벌레 선생님의 행복한 글쓰기』를 참고하라.

- 문법 성취기준은 언어의 기능 이해하기, 어휘력 높이기, 상황에 따라 낱말이 다양하게 쓰이는 점 알기, 관용 표현 알기, 문장 성분과 호응 관계에 맞게 문장 쓰기, 국어를 바르게 사용하는 태도 기르기이다. 책놀이를 하면 어휘력이 높아진다. 언어의 기능을 활용하며, 상황에 따라 낱말을 다양하게 사용한다. 관용 표현, 문장성분과 호응 관계를 따로 공부해야 한다.
- 문학 성취기준은 문학의 가치 알기, 작품과 현실 비교하며 감상하기, 비유적 표현 알기, 일상의 경험을 극으로 표현하기, 작품으로 다른 사람과 소통하기, 작품으로 바람직한 삶의 가치 내면화하기이다. 책놀이는 다른 사람과 책으로 소통한다. 연극으로 표현하고 싶은 책을 찾아 실제로 해보고, 책 내용과 현실을 비교하는 책놀이도 할 수 있다. 문학의 가치, 바람직한 삶의 가치는 토론을 해야 가능하다.

수학

수학은 크게 수, 덧셈과 뺄셈, 도형, 시각과 시간, 규칙 찾기, 곱셈과 나눗셈, 분수와 소수(덧셈과 뺄셈, 곱셈과 나눗셈), 표와 그래프, 다각형의 넓이, 합동과 대칭, 여러 가지 단위, 도형의 넓이, 비율 등을 배운다. 대부분 원리를 이해하고 계산해야 한다.
분수와 소수, 다각형의 넓이처럼 복잡한 원리와 계산은 책놀이로 적용하기 어렵다. 수학에서 책놀이는 내용이 간단한 1~2학년에만 어울린다. 수학을 책놀이로 배우면 아이들이 수학을 즐겁고 편안하게 생각한다. 1~2학년 책놀이를 소개한다.

가) 수 단원 책놀이

1) 1~9까지(50까지, 100까지)의 수를 책 표지와 내용에서 찾기
2) 두 사람이 책을 펼쳐 100쪽에 더 가까운 사람이 이기기
3) 100쪽에 가장 가까운 책 찾아 오기(인쇄된 마지막 쪽수로 확인하며 책을 펼치지 않고 찾아야 한다.)
4) 각자 책을 한 권씩 가져와서, 선생님이 가진 책을 펼쳐 몇 쪽인지 알려주면, 그보다 10쪽, 20쪽, 30쪽 더 많은 쪽수 펼치기
5) 4)에서 100쪽, 200쪽, 300쪽 더 많은 쪽수 펼치기
6) 책 표지에서 세 자리 숫자 찾기, 각각의 숫자가 얼마를 나타내는지 말하기
7) 책 표지와 내용에서 가장 큰 세 자리 수 찾기(쪽을 제외할지 포함할지는 진행자가 결정함)
8) 두꺼운 책을 찾아 친구가 보여주는 쪽 수를 읽기
9) 친구와 쪽수 대결하기 놀이
   - 더 크거나 작은 수를 펼친 사람이 이긴다.
   - 두 모둠 모두 백보다 작은 쪽수를 펴면 큰 수가 이긴다.
   - 두 모둠 모두 백보다 큰 쪽수를 펴면 작은 수가 이긴다.
   - 한 모둠은 백보다 작은 쪽수, 다른 모둠은 백 보다 큰 쪽수를 펴면 백에 가까운 모둠이 이긴다.
10) 다른 모둠과 만나 쪽수 어림하기 : 다른 모둠 친구가 책을 보여주면 책의

쪽수를 예상해서 백 쪽 단위(100쪽, 200쪽, 300쪽)로 말한다. 0~99쪽까지는 100, 100~199쪽까지는 200…… 으로 말한다.

카) 10번 활동에서 단위를 바꿀 수도 있다.

1~49쪽은 0, 50~149쪽은 100, 150~249쪽은 200…….

나) 여러 가지 도형 단원 책놀이

1) 친구가 설명하는 모양이 그려진 책 찾기
2) ○ △ □ 모양을 재미있게 표현한 그림책 찾기
3) ○ △ □ 모양이 들어있는 책 찾아 오기
4) 오각형, 육각형 모양 찾아 오기
5) 가장 각이 많은 도형 찾아 몇 각형인지 알아보기
6) 여러 가지 모양이 잘 드러난 사진이나 그림 찾아 오기

다) 덧셈과 뺄셈 단원 책놀이

1) 책 제목으로 가르기와 모으기 하기
- 칠판에 숫자 5를 쓰고 선생님이 2를 말하면 제목이 세 글자인 책 가져오기
- 앞과 똑같은 방법으로 하되, 숫자를 10으로 바꾸어 책놀이 하기

2) 책을 열 권 가져와서 가르기와 모으기 놀이하기
- 책 열 권을 징검다리처럼 바닥에 놓고 교사가 3을 부르면 아이가 세 권을 뛰어넘기
- 앞과 똑같은 방법으로 하되, 3이라 말하면 일곱 권을 차례로 뛰어넘은 뒤에 세 권 남기고 멈추기
- 바닥에 책을 놓고 뛰어넘는 대신 모둠 책상 위에 쌓아도 된다.

3) 50쪽이 넘지 않는 책(그림책이 좋다)을 찾아 두 사람이 각각 책을 펼친다. 선생님이 큰 수 또는 작은 수를 말하면 두 사람 중에 누가 더 큰 수나 작은 수가 있는 쪽을 폈는지 확인한다.
- 앞과 똑같은 방법으로 하되, 두 사람이 책을 펼친 다음 두 사람이 가위바위보를 해서 이긴 사람이 '큰 수' 또는 '작은 수'라고 말한다. 누가 이겼는지 확인한다.
- 두 사람이 책을 펼친 다음, 상대에게 펼친 부분 쪽수를 보여주고

상대와 자신의 쪽수를 더할지 뺄지 서로 의논해서 더하거나 뺀다.

각자 계산하고 누가 맞혔는지 확인해서 두 사람 모두 정답이면

둘 다 2점씩, 한 사람이 맞히면 그 사람만 1점을 받는다.

4) 선생님이 책을 펼쳐서 말하는 쪽수에 더하거나 빼서 백이 되는 수 만들기

(90쪽을 펴면 '더하기 10'을 쓰고 110쪽을 펴면 '빼기 10'을 쓴다.)

5) 두 사람(또는 두 모둠)이 만나, 백보다 작은 숫자의 쪽을 펴고, 상대방과 자신이 편 쪽수를 더한다. 두 사람이 모두 정답을 맞히면 둘 다 2점씩, 한 사람이 맞히면 그 사람만 1점을 받는다.

- 위와 같은 방법으로 큰 수에서 작은 수를 뺀다.

라) 길이 재기 단원 책놀이

1) 선생님이 보여주는 책보다 표지 길이가 긴 책 찾기

(선생님 책보다 길고, 길이 차이가 가장 짧은 책일수록 이긴다.)

2) 선생님이 보여주는 책을 손으로 들어보고 더 무거운 책 찾기 (저울 준비하기)

3) 선생님이 말하는 길이와 비슷한 길이의 책(또는 책에 나온 물건의 길이) 어림하여 가져오기

4) 선생님이 보여주는 책을 다 덮을 수 있는 책(위에 올려놓고 선생님 책이 안 보이는 책) 찾기

5) 단위길이의 세 배, 다섯 배만큼 되는 책(의 가로 또는 세로 길이) 찾기

6) 1cm, 5cm, 10cm 길이에 가까운 그림 찾기

7) 내 허리보다, 키보다 책 높이 쌓기

8) 선생님이 말하는 길이와 똑같은 길이(책의 가로와 세로 또는 책에 나온 그림이나 사진의 길이)를 자로 재서 가져오기

9) 선생님이 불러주는 길이만큼 책 높이 쌓기

- 두 사람이 책을 쌓아 불러준 길이에 더 가까운 사람이 이기기

마) 분류하기 단원 책놀이

1) 한 가지 기준을 정해서 기준에 맞는 책을 서너 권 가져와 보여주고, 분류 기준 알아맞히기 (노란색 표지인 책, 제목이 다섯 글자인 책, 과학에 대한 책, 식물에 대한 책 등)
2) 선생님이 알려주는 기준에 알맞은 책 서너 권 가져오기
3) 세 명(또는 세 명)이 한 모둠이 되어, 각자 기준을 정해 알맞은 책을 세 권 가져와서, 세 명(또는 네 명)이 책을 모두 섞는다. 두 모둠이 서로 자리를 바꿔 상대편이 책을 가져온 기준 세 가지(또는 네 가지) 먼저 찾아내기

3~4학년은 우리가 살아가는 곳(고장), 우리가 살아가는 모습(환경과 시대에 따라 다른 삶의 모습), 우리 지역의 어제와 오늘, 다양한 삶의 모습과 변화(촌락과 도시, 생산과 교환, 문화 다양성)을 배운다. 5~6학년은 국토와 우리 생활, 인권 존중과 정의로운 사회, 역사(나라의 등장, 고려, 조선, 일제 침략과 광복, 대한민국 정부 수립과 6・25 전쟁), 정치, 경제, 세계의 여러 나라, 한반도의 미래와 지구촌의 평화를 배운다. 책놀이로 복잡한 내용을 이해하긴 어렵다.
단원을 시작할 때 배우는 내용과 관련된 책을 찾는다. 배우는 내용을 폭넓게 알아보고 관련 책에 관심을 갖게 된다. 찾은 책 중에 일부를 교실에 가져가면 아이들이 관심을 갖고 읽는다. 한편, 사회과에서는 개념(낱말의 뜻)을 이해해야 한다. 특히 정치, 경제, 역사 단원에서 기억해야 할 낱말이 많다. 삼권분립, 희소성, 신진사대부 등은 낯선 낱말이다. 책놀이를 하면 즐겁게 낱말을 찾고 기억한다. 책 찾기 퀴즈로 핵심 낱말과 내용을 확인하면 단원 정리에 효과적이다.

가) 낱말 이해

1) 책에 나올 만한 쉬운 낱말(법원, 국회, 고려, 조선, 유물, 기업 등)이 있는 제목의 책 찾아 오기를 한다.
2) 어려운 낱말(삼권분립, 권문세족, 병자호란 등)은 두 가지 책놀이 방법이 있다.
- '삼권분립'을 칠판에 쓰고, '삼' '권' '분' '립' 각각의 글자가 제목에 있는 책 네 권을 가져온다. 먼저 가져오기 시합이다.
- 각 모둠에서 단원의 주요 낱말을 정하고(예:권문세족) 각 낱말(권, 문, 세 ,족)이 제목에 있는 책 네 권을 가져와서, 네 명이 책 한 권씩 들고 친구들 앞에 선다. 친구들은 책 네 권에서 순서대로 한 글자를 골라 네 글자로 된 낱말을 찾는다. 이렇게 하면 낱말을 쉽게 잊지 않는다.

나) 관련 내용 알아보기

1) 우리가 살아가는 고장
- 우리 고장에서 볼 수 있는 것을 나타내는 책 찾기
- 우리 고장을 설명하는 책 찾기

- 우리 고장과 비슷하거나 다른 모습의 고장을 소개하는 책 찾기
- 우리 동네 사람들 직업과 관련된 책 찾기
- 살고 싶은 동네 모습을 보여주는 책 찾기
- 옛날 마을, 미래 마을 모습을 나타낸 책 찾기
- 교통수단의 발달 모습을 보여주는 책 찾기
- 우리 동네에 꼭 필요한 사람이 나온 책 찾기
- 여러 가지 직업을 나타내는 책 찾기
- 옛날과 오늘날의 풍습(결혼, 제사, 생활모습 등)을 보여주는 책 찾기
- 공공기관을 소개하는 책 찾기
- 도시와 농촌을 보여주는 책 찾기

2) 세계 여러 나라, 지구촌 관련 내용

- 다른 나라 이름이 나온 책 찾기
- 다른 나라를 소개하는 책 찾기
- 가고 싶은 나라에 대해 알려주는 책 찾기
- 알고 싶은 나라에 대해 알려주는 책 찾기
- 전통 의상 사진이나 그림이 나온 책 찾기
- 세계 여러 나라의 집, 음식 등을 보여주는 책 찾기
- 다른 나라 아이들이 노는 모습, 장난감이 나타난 책 찾기
- 위의 책들을 칠판 앞에 세워놓고 인사말, 나라에 대한 설명, 전통 의상 등으로 어떤 책인지 찾아내기

과학과

3~4학년은 동물(한살이, 사는 곳에 따라), 식물(한살이, 물에 의한 지표의 변화), 물질(성질, 상태-액체, 고체, 기체), 자석의 이용, 소리의 성질, 지구의 모습(육지와 바다, 공기, 달), 지층과 화석, 물체의 무게, 혼합물의 분리를 배운다. 5~6학년은 온도와 열, 태양계와 별, 식물의 구조와 기능, 용해와 용액, 날씨와 우리 생활, 산과 염기, 물체의 빠르기, 우리 몸의 구조와 기능, 지구와 달의 운동, 생물과 환경, 렌즈의 이용, 여러 가지 기체, 전기의 작용, 계절의 변화, 연소와 소화를 배운다.

사회 과목은 동화, 소설, 사회, 과학 등 여러 분야의 책에서 관련 내용을 찾을 수 있다. 그러나 과학 과목은 과학 분야 외의 책에서 관련 내용을 찾기 어렵다. 사회 과목에서 소개한 낱말 찾기 책놀이 외에는 관련 그림이 있는 책을 찾아 오는 활동 정도만 가능하다. 사회과와 마찬가지로 단원 도입 시간에 관련 책을 찾고, 관련 낱말을 찾으며 흥미를 갖게 하는 책놀이를 한다.

2학년 1학기 통합교과 책놀이

2학년 1학기 통합교과는 「알쏭달쏭 나」 「봄이 오면」 「이런 집 저런 집」 「초록이의 여름 여행」의 네 단원으로 구성되었다. 각 단원은 모두 40시간이며 처음 세 시간은 단원 내용을 알아보고 탐색하는 수업이다. 교과서를 살펴보며 어떤 내용을 배울지 전체 그림을 그리는 시간이다. 책놀이로 내용을 살펴보면 훨씬 재미있다. 책놀이로 찾은 책을 수업 자료로 활용하면 수업에 대한 관심이 높아진다.

수업 내용을 묶어 한 번에 책놀이를 다 하는 방법과 수업할 때마다 조금씩 하는 방법이 있다. 한 번에 세 시간 동안 책놀이를 하면 이때 찾은 책을 교실에 가져가서 한곳에 진열한다. 이 책들을 남은 37시간 수업 자료로 활용한다. 이와 달리 각 수업 시간마다 5분씩 책놀이를 하고 수업해도 좋다. 이럴 경우에는 도서관에 갔다 와야 해서 번거로울 수 있다.

여기에는 2학년 1학기 통합교과를 활용해 단원별로 어떤 책놀이가 가능한지 정리해 두었다. 이를 참고해 1학년 통합교과와 2학년 2학기 통합교과 책놀이를 자기만의 방식으로 마련해 보기 바란다.

가) 「알쏭달쏭 나」 단원 내용 알아보기

- '우리 몸, 봄, 집과 가족, 여름'과 관련된 책 찾기
- 위에서 찾은 책 읽고 처음 알게 된 내용 친구에게 소개하기
- 우리 몸의 각 부분 이름을 나타내는 책 찾기
- 자신과 비슷하거나 다른 몸의 사진이나 그림이 있는 책 찾아, 어떻게 비슷하거나 다른지 설명하기
- 우리 몸이 하는 일을 설명하거나 보여주는 책 찾기, 가져온 책을 친구들에게 보여주며 몸이 어떤 일을 하는지 한 문장으로 말하기, 친구들은 어떤 책에 나온 내용인지 알아내기
- 책으로 오감놀이하기 : 시각, 미각, 청각, 촉각, 후각이 나타난 책 찾기
- 우리 건강을 해치는 병균이 나온 책 찾기
- 우리 몸을 건강하게 하는 방법을 나타낸 책 찾기
- 몸이 아플 때 대처하는 방법을 설명하는 책 찾기

- 병원을 소개하는 책 찾기
- 이를 빼는 내용이 나오는 책 찾기
- 우리가 어릴 때의 모습을 나타내는 책 찾기
- 기쁨, 슬픔, 화남, 졸림, 편안함, 행복함, 뿌듯함, 설렘, 신남, 긴장, 놀람, 부끄러움, 외로움, 서운함 등의 표정이 나타난 사진이나 그림 찾기
- 마음을 건강하게 하는 방법을 나타낸 책 찾기
- 나(성격, 외모, 꿈, 좋아하는 것, 싫어하는 것 등)를 나타내는 책 찾기
- 앞의 책을 하나씩 보여주며 "저는 야구선수가 되고 싶습니다."라고 자기 꿈을 말한다. 누구를 나타내는지 다른 모둠 친구들이 알아낸다. 한 사람이 설명해야 한다.
- 앞에서 야구선수가 되고 싶다고 설명한 것을 몸으로 표현한다.

나) 「봄이 오면」 단원 내용 알아보기

- 봄과 관련된 책, 봄 사진이 나오는 책 찾기
- 봄에 하고 싶은 일, 봄에 한 일이 나오는 책 찾기
- 봄 날씨를 나타내는 책 찾기
- 봄에 알맞은 옷차림 사진이나 그림이 나온 책 찾기
- 날씨를 나타내는 제목이나 사진이 있는 책 찾기
- 봄에 사람들이 하는 일을 보여주는 책 찾기
- 위에서 사람들이 일할 때 필요한 도구를 보여주는 책 찾기

다) 「이런 집 저런 집」 단원 내용 알아보기

- 옛날 집, 요즘 집, 우리나라 집, 외국 집 사진이나 그림 빨리 찾기
- 내가 살고 싶은 집 사진이나 그림 찾고 까닭 말하기
- 가족 이름(아빠, 엄마, 할머니, 할아버지 등)이 나오는 책 찾기
- 여러 가지 가족을 보여주는 책 찾기
- 가족이 살아가는 모습을 나타내는 책 찾기
- 내가 잘할 수 있는 집안일 또는 하고 싶은 집안일을 나타내는 책 찾기
- 가족이 하는 일, 가족의 생활모습을 보여주는 책 찾기

- 우리 가족 자랑에 어울리는 책 찾기
- 집짓기, 집 꾸미기와 관련된 책 찾기(분류기호 600)

라) 「초록이의 여름 여행」 단원 내용 알아보기

- 여름과 관련된 책, 여름을 나타내는 책 찾기
- 여름에 보이는 동식물을 알려주는 책 찾기
- 종이접기 책 찾기 (분류기호 600)
- 우리가 보기 편한 동물도감, 식물도감, 곤충도감 찾기
- 여름에 조심해야 할 것을 알려주는 책 찾기
- 개구리를 설명하는 책 찾기
- 물을 깨끗하게 하는 방법, 물에 사는 생물을 도와주는 방법을 알려주는 책 찾기
- 과일과 채소를 보여주는 책 찾기
- 여름을 건강하게 보내는 방법을 알려주는 책 찾기
- 방학 동안 하고 싶은 일을 나타낸 책 찾기

책놀이에 함께한 책

책벌레 선생님의 행복한 책놀이

초판 2쇄 발행 2022년 4월 5일
지은이 권일한
펴낸이 한상수
편집 장현주 문현경
디자인 우유니게
캐리커처 신소리

펴낸곳 (사)행복한아침독서
주소 경기도 파주시 경의로 1240번길 31. 6층
전화 031-943-7566
팩스 031-944-7569
출판등록 2007년 10월 26일
홈페이지 www.morningreading.org
전자우편 morningreading@hanmail.net

ISBN 979-11-85352-63-3 04370
ISBN 979-11-85352-50-3 (세트)